Évelyne AMON
Certifiée de Lettres Modernes

Yves BOMATI
Certifié de Lettres Classiques

FRANÇAIS
6e

Littérature et Méthode

Illustrations de
Maïté Laboudigue

HATIER

SOMMAIRE

1 L'UNIVERS DES LIVRES
Interview Jean Dutourd

I. Qu'est-ce qu'un livre ?
Observons : un objet de papier 8
Approfondissons : un objet de rêve 12
Exerçons-nous 15

II. Choisir ses livres
Observons : laissez-vous séduire 20
Approfondissons : laissez-vous convaincre 24
Exerçons-nous 26

AIDE-MÉMOIRE 31   TRAVAUX PRATIQUES 32

2 LA LECTURE
Interview Michel Tournier

I. Déchiffrer un texte
Observons : l'apprentissage de la lecture 38
Approfondissons : lire avec méthode 41
Exerçons-nous 47

II. Comprendre un texte
Observons : les différentes façons de lire 50
Approfondissons : lire et comprendre 53
Exerçons-nous 55

III. Aimer la lecture
Observons : le plaisir de lire 58
Approfondissons : les raisons de lire 61
Exerçons-nous 64

AIDE-MÉMOIRE 66   TRAVAUX PRATIQUES 67

3 ÉCRIRE
Interview Paul Guth

I. La formation des lettres
Observons : l'histoire de l'écriture 72
Approfondissons : le dessin des lettres 76
Exerçons-nous 79

II. Les richesses du vocabulaire
Observons : les ressources du dictionnaire 84
Approfondissons : choisir ses mots 86
Exerçons-nous 88

III. Le plaisir d'écrire
Observons : exprimer des sentiments 94
Approfondissons : inventer 96
Exerçons-nous 98

AIDE-MÉMOIRE 102   TRAVAUX PRATIQUES 103

4 LA LECTURE EXPLIQUÉE
Interview Robert Sabatier

I. L'approche des textes
Observons : la présentation d'un texte 110
Approfondissons : la variété des textes 112
Exerçons-nous 118

II. L'étude des textes
Observons : qu'est-ce qu'un extrait ? 122
Approfondissons : 1. L'intérêt d'un extrait – 2. L'explication de texte 126
Exerçons-nous 132

AIDE-MÉMOIRE 137   TRAVAUX PRATIQUES 138

HATIER PARIS AVRIL 1990
Toute représentation, traduction, adaptation ou reproduction, même partielle, par tous procédés, en tous pays, faite sans autorisation préalable, est illicite et exposerait le contrevenant à des poursuites judiciaires. Réf. : Loi du 11 mars 1967.
ISBN 2-218-02593-8.

5 LA LECTURE SUIVIE : LE CONTE
Interview Francis Bebey

I. L'univers des contes
Observons : un monde à part 144
Approfondissons : le merveilleux, les personnages, les situations, l'expression . 146
Exerçons-nous 154

II. La lecture d'un conte
Observons : la présentation du conte 158
Approfondissons : les différentes étapes du conte . 160
Exerçons-nous 170

AIDE-MÉMOIRE 173   TRAVAUX PRATIQUES 174

6 RACONTER
Interview Andrée Chédid

I. Construire un schéma narratif
Observons : qu'est-ce qu'un schéma narratif ? 180
Approfondissons : dégager le schéma narratif d'un texte ... 182
Exerçons-nous 185

II. Raconter une histoire
Observons : les détails d'une histoire 187
Approfondissons : comment développer une histoire ? ... 192
Exerçons-nous 194

AIDE-MÉMOIRE 198   TRAVAUX PRATIQUES 199

7 LA PAROLE
Interview Fanny Ardant

I. S'exprimer clairement
Observons : la prononciation 204
Approfondissons : les voyelles et les consonnes .. 207
Exerçons-nous 210

II. Mettre le ton
Observons : l'intonation 216
Approfondissons : la ponctuation 219
Exerçons-nous 221

AIDE-MÉMOIRE 226   TRAVAUX PRATIQUES 227

8 L'IMAGE ET LE TEXTE : LA B.D.
Interview PEF

Observons : lire une bande dessinée 234
Approfondissons : les secrets de la bande dessinée 236
Exerçons-nous 246

AIDE-MÉMOIRE 251   TRAVAUX PRATIQUES 252

9 DÉCRIRE
Interview Henri Troyat

I. Les hommes et les animaux
Observons : qu'est-ce qu'un portrait ? 258
Approfondissons : l'art du portrait 260
Exerçons-nous 263

II. Les lieux et les choses
Observons : qu'est-ce qu'une description ? 267
Approfondissons : l'art de la description 271
Exerçons-nous 274

AIDE-MÉMOIRE 279   TRAVAUX PRATIQUES 280

INDEX
– des auteurs 283
– thématique 285
– notionnel 287

AVANT-PROPOS

Conformément aux Instructions officielles, un manuel de Français ne peut se limiter à un simple recueil de textes. Instrument de travail indispensable à la classe, il doit aussi permettre aux élèves d'acquérir **des connaissances littéraires** et surtout **des méthodes de lecture, d'explication de textes et de rédaction**. « Littérature et Méthode-Français 6e » a l'ambition de répondre à ces exigences. Il entre dans une collection de quatre ouvrages qui couvrent l'ensemble des classes de Français du premier cycle.

Quels sont ses objectifs?

Il se propose trois missions essentielles :
— faire le pont avec le CM2,
— vérifier et consolider les acquis,
— répondre aux urgences de la classe de 6e.

Que contient-il?

• Quatre-vingt huit textes littéraires français et étrangers. Choisis avec le plus grand soin en fonction du goût des élèves, de leur niveau et de leurs besoins, ils sont empruntés à toutes les époques, de l'Antiquité à nos jours. Tous les genres littéraires sont représentés : roman, poésie, théâtre. Outre de nombreux extraits, on trouvera, dans le chapitre consacré au conte, un texte intégral.
• Neuf interviews avec des personnalités du monde littéraire et artistique. Prises sur le vif, elles parrainent chaque chapitre et ouvre le manuel à un autre type de discours. Elles sont l'occasion, pour les écrivains et les artistes, d'exprimer leur point de vue professionnel sur chacune des questions traitées, d'évoquer leurs souvenirs d'école et de s'adresser directement aux enfants.
• De nombreux extraits de bandes dessinées qui délivrent les secrets d'une technique et encouragent la création personnelle.
• Des articles de presse qui sensibilisent les élèves à l'écriture journalistique.
• Une illustration à vocation esthétique, culturelle et pédagogique.
• Des exercices qui, faisant appel au sens de l'observation et à la créativité, stimulent l'intérêt et appellent la participation de toute la classe. Chaque exercice propose un ensemble de questions parmi lesquelles le professeur pourra choisir les mieux adaptées au niveau de ses élèves.

Comment est-il organisé?

Neuf chapitres méthodologiques
L'originalité de ce manuel tient au regroupement des textes en neuf chapitres méthodologiques :
— quatre chapitres consacrés à la lecture et à l'explication : « L'univers des livres », « La lecture », « La lecture expliquée », « La lecture suivie : le conte » ;
— un chapitre consacré à l'oral : « La parole » ;
— un chapitre consacré à l'image et au texte : « La bande dessinée » ;
— trois chapitres consacrés à la rédaction : « Écrire », « Raconter », « Décrire ».

Des objectifs bien précis
En ouverture de chaque chapitre, la rubrique « Vous allez apprendre à » expose les notions qui seront abordées en une, deux ou trois étapes.
Chaque étape est organisée en trois séries d'exercices :
— *Observons* : phase de sensibilisation à l'objectif ;
— *Approfondissons* : phase d'acquisition de la méthode ;
— *Exerçons-nous* : phase de production, de création et d'évaluation des acquis.

Des aide-mémoire
Les neuf Aide-Mémoire proposent pour chaque chapitre un tableau récapitulatif des notions étudiées. Les élèves peuvent à tout moment les consulter, et y trouver des réponses aux questions qui leur paraissent difficiles.

Des travaux pratiques
A la fin de chaque chapitre, un exercice pratique réalise la synthèse des notions abordées, et permet à l'élève de s'évaluer.

Quelle est son ambition?

Pour une entrée réussie au collège, « Littérature et Méthode Français 6e » souhaite donner aux élèves des connaissances, des structures de pensée, et l'habitude du travail personnel.

Évelyne AMON et Yves BOMATI

1 l'univers des livres

1. Qu'est-ce qu'un livre ? **2.** Choisir ses livres

Vous allez apprendre à :
- connaître le monde des livres
- choisir vos livres

INTERVIEW PAGES 6-7

L'INTERVIEW

Jean Dutourd : « Quand on cherche des livres, on les trouve ! »

1 A l'époque où vous étiez un élève de sixième, les livres tenaient-ils une grande place dans votre vie ?

JEAN DUTOURD. Quand j'étais petit, j'avais le sentiment qu'il y avait un complot des grandes personnes pour me faire voir le monde tel qu'il n'était pas. Je me suis vite aperçu que les livres étaient en complète contradiction avec ce que les adultes me racontaient. En revanche, les livres pensaient de la même façon que moi. Ils me montraient le monde tel que je le voyais ou que je le présentais.

2 Que lisiez-vous quand vous aviez dix onze ans ?

Je n'avais pas de livres préférés. Je lisais comme un jeune peintre va au musée : pour voler, c'est-à-dire pour voir ce que faisaient les maîtres et leurs recettes.

3 Existait-il à l'époque des « livres pour la jeunesse » ?

Il y a toujours eu des collections pour la jeunesse : la rose, la bleue, la verte, la collection Nelson ! J'ai lu toute la collection Nelson ! L'avantage des collections pour la jeunesse, c'est qu'elles ne coûtaient pas cher. Mais je crois, voyez-vous, qu'il ne faut rien faire pour la jeunesse. Le peintre Degas a eu une parole profonde et tellement juste : « Il faut décourager les vocations. » Il faut les décourager, parce que les vraies vocations persistent malgré les obstacles et les difficultés.

4 Où trouviez-vous vos livres ?

Il y avait une bibliothèque chez moi, mais ce n'était pas les livres que j'avais envie de lire. Alors, avec mon argent de poche, je m'achetais des livres qui m'intéressaient. J'ai acheté beaucoup de livres moi-même. Et puis, mes copains m'en prêtaient. De toute façon, quand on cherche des livres, on les trouve : quand on cherche quelque chose, on le trouve toujours !

5 **Pensez-vous qu'on ait davantage de plaisir à lire un livre dans une belle édition, avec une couverture luxueuse ?**
Ce qui est important, c'est ce qu'il y a dans le livre, ce n'est pas ce qu'il y a autour ! Mais évidemment, il y a des livres qui font plaisir aux enfants et aux bibliophiles. Quand j'étais petit, j'avais un *Bonaparte* illustré par Job : c'était un livre magnifique ! C'était beau ! Il me faisait plaisir comme un objet...

6 **Vous ne pensez pas qu'un livre est une bonne idée de cadeau ?**
Non. Je crois qu'un livre, il faut y aller tout seul. C'est comme la culture. Elle ne s'apporte pas sur un plat, comme un bifteck !

7 **Comment savez-vous qu'un livre vaut la peine d'être lu ?**
Je lis la première ligne, ça suffit. Quand vous entendez quelqu'un parler, vous vous dites tout de suite : c'est un imbécile ou c'est un type intelligent. Dès ses premières paroles. Eh bien, c'est pareil pour les livres.

8 **Vous possédez une très belle bibliothèque : savez-vous exactement où se trouve chaque ouvrage ?**
Bien sûr ! Quand les gens viennent ici, ils me demandent souvent : Vous avez lu tout ça ? Je leur réponds : Oui, mais pas en même temps !

9 **Il paraît que vous n'aimez pas les bibliothèques publiques ?**
Non, en effet. C'est étrange, n'est-ce pas ? Je trouve assommant de demander, d'attendre, de rendre le livre à la sortie.

Les gens qui sont dans les bibliothèques ont un air sérieux qui me glace. La lecture, c'est gai, et pas triste ! Les bibliothèques, ce n'est pas la réalité.

10 **Auriez-vous une recette à proposer pour que les enfants lisent davantage ?**
Aucune. Du reste il n'y en a pas. Ceux qui liront, seront ceux qui auront envie de lire : vous ne ferez pas boire un âne qui n'a pas soif.

11 **Si vous aviez un livre à conseiller à un élève de 6e, quel titre lui recommanderiez-vous ?**
Les Trois Mousquetaires, toujours !

Entretien réalisé par Évelyne Amon et Yves Bomati le 23 septembre 1989.

1. Qu'est-ce qu'un livre?

OBSERVONS

UN OBJET DE PAPIER

L'histoire du papier

1. Abattage
2. Stockage et transport du bois.

1. bois découpé mécaniquement en filaments.
2. l'une des matières qui constituent le bois.
3. le livre dont on a extrait le texte.

Aujourd'hui, le papier est une matière de première nécessité dans le monde entier. Il fait donc appel à des méthodes industrielles efficaces. Notre papier n'est plus vraiment fait de chiffons, mais plutôt de fibres de bois[1], qui doivent être soumises à divers traitements. Il faut d'abord bien choisir ses arbres. Heureusement pour les forêts, tous ne conviennent pas. Parmi les meilleurs se trouvent les résineux de Scandinavie ou d'Allemagne. C'est la cellulose[2] qu'ils renferment qui donnera au papier toutes ses qualités. On utilise également, selon les besoins, certains feuillus.

Suivons donc le parcours de l'arbre qui a servi à faire les pages de *Un Livre, des hommes*[3]. Un bûcheron l'a un jour abattu, quelque part au nord de l'Europe. Pour simplifier son transport, et par souci d'économie, le tronc, dépouillé de ses branches, va voyager

L'UNIVERS DES LIVRES

Le lissoir, gravure sur bois, fin XVIIᵉ s. Coll. particulière. Droits réservés.

Le pourrissoir, gravure sur bois, fin XVIIᵉ s. Coll. particulière. Droits réservés.

3. Écorçage.
4. Défibrage.
5. Lessivage et préparation de la pâte.

4. grand voyage.

le long du courant d'une rivière proche. En Suède comme au Canada, on peut ainsi voir, au fil des torrents et des fleuves, des « trains » de troncs d'arbres flottant et dérivant jusqu'au port le plus proche. Des hommes, véritables acrobates appelés « flotteurs de bois », accompagnent le bois tout au long de son périple[4], sautant d'un fût à l'autre et s'assurant qu'en dépit des obstacles, le convoi arrivera à bon port.

Le bois, très humide, est ensuite transporté, par la route ou le chemin de fer, jusqu'à l'usine de pâte à papier. Là, notre arbre va être plusieurs fois traité. On le débarrasse d'abord de son écorce rugueuse et colorée qui risquerait de teinter le papier. Cette opération porte le nom d'écorçage ou, mieux, de râpage, car le bois est en effet soumis à l'action d'une râpe, un peu comme on le fait avec le fromage de gruyère. Il est ensuite transformé en copeaux : on le « défibre ». Dans d'énormes cuves, on va ensuite le lessiver, le

9

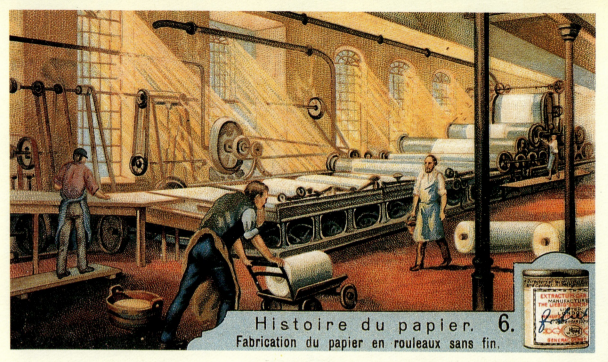

Fabrication du papier, chromolithographie fin XIXe s.

cuire et le raffiner selon la nature du papier que l'on souhaite obtenir. Au terme de ces traitements, nous aurons une pâte à papier faite essentiellement de cellulose. Une fois séchée, elle se présentera sous forme de feuilles épaisses qui serviront ensuite pour l'étape finale, celle de la fabrication du papier.

Notre pâte à papier a été fabriquée dans une usine spécialisée. Elle va maintenant partir vers une autre usine, la « papeterie », qui produira industriellement le papier dont nous avons besoin pour *Un Livre, des hommes*.

Dans un premier temps, la pâte à papier est à nouveau fortement humidifiée. Elle se transforme ainsi en un mélange très liquide et laiteux [...]. A ce stade, la pâte à papier contient 1 % de fibres... et 99 % d'eau! Confié à la « caisse de tête[5] » de la machine à papier, ce mélange va se répandre en nappe sur toute la surface de la machine et suivre un parcours soigneusement programmé.

La machine à papier est un monstre mécanique asservi[6] par l'électronique, très large et très long, qui entraîne la pâte sur un parcours soigneusement étudié. Au cours de ce voyage, celle-ci s'égoutte, s'essore en avançant d'abord sur une « toile métallique » [...], puis sur un feutre fin; la pâte devient plus opaque et plus ferme. Elle perd au cours de ces opérations jusqu'à 80 % de son humidité. Presque tout le reste s'évaporera lors du séchage, un peu à la manière d'une crêpe qui prend corps en séchant dans la poêle!

GÉRARD FINEL, DANIEL SASSIER,
Un livre, des hommes,
Éd. Savoir Livre.

5. réservoir qui contient la pâte à papier sous forme liquide avant d'être séchée et transformée en papier.

6. contrôle, dirigé.

Machine à fabriquer le papier journal (Italie) « Formeur Horizontal Bel Baie III » ®

1. Interrogez le texte

a/ Les idées

Aujourd'hui, le papier est une matière de première nécessité dans le monde entier (l. 1-2) : pourquoi le papier est-il si important ? A quoi sert-il ? Par quoi peut-on le remplacer ?
Quel danger notre consommation de papier fait-elle peser sur les forêts ? Citez une phrase dans laquelle les auteurs expriment leur inquiétude.

b/ Les personnages

Quel est le rôle du bûcheron ? Recherchez une fable de La Fontaine qui met en scène un bûcheron.
Quelles qualités physiques le métier de *flotteur de bois* exige-t-il ?

c/ Les lieux

Quels sont les pays producteurs de bois cités dans le texte ?

d/ Le vocabulaire

Recherchez dans votre dictionnaire le sens des mots suivants : *fût* (l. 20), *copeaux* (l. 28), *raffiner* (l. 30).

2. De l'arbre au papier

a/ Les arbres

Quelle différence faites-vous entre les *résineux* (l. 7) et les *feuillus* (l. 10) ? Citez deux noms d'arbres appartenant à chaque espèce.
Comment s'effectue le transport des troncs d'arbres ?

b/ La pâte à papier

Par quelles opérations successives obtient-on la pâte à papier ? Relisez le troisième paragraphe et relevez les mots qui expliquent ces opérations.
Sous quelle forme se présente la pâte à papier ?

c/ Le papier

Que signifie le mot *industriellement* ? Quelles sont les deux opérations essentielles permettant de transformer la pâte à papier en papier ?

3. Du papier au livre

Une fois le papier obtenu, que faut-il faire, à votre avis, pour fabriquer un livre ?

APPROFONDISSONS

UN OBJET DE RÊVE

Les trésors de l'oncle Henri

Olivier est un petit garçon orphelin qui a été recueilli par son oncle et sa tante. Un beau jour, il pénètre, avec son cousin Marceau, dans le bureau de son oncle...

À cinq heures, Marceau prépara le thé. Il dégota une boîte de métal pleine de petits-beurre qu'ils grignotèrent. Puis ils pénétrèrent dans le bureau de l'oncle Henri. [...]
Ce jour-là, Olivier découvrit de lui des images insoupçonnées. Marceau ouvrit la porte d'un placard. Là se trouvaient de nombreux livres, mais ils n'étaient pas reliés, et leurs dos étaient souvent éclatés. Quelques-uns, posés à plat, montraient des couvertures bariolées. On trouvait aussi de minces brochures[1], imprimées sur mauvais papier et qui avaient l'apparence de romans-feuilletons[2], comme on en lisait rue Labat[3].
« Regarde ce qu'il lit. Il s'enferme sous prétexte de travail et il bouquine. Des romans populaires. Des romans détectives. Des illustrés. Il y a de tout. La cape et l'épée. L'aventure. Le mystère. Je lui en ai souvent fauché...
— Ah ? » fit Olivier intéressé. [...]
« Je parie que le bouquin de Maurois[4] le barbe, dit Marceau. Ma mère a une haute idée du littéraire. Il lui faut de l'élevé, du qui-pense, du grand genre, quoi ! Alors, pour pas avoir d'histoires, mon père lit du roman à la mode. Et dès qu'il est seul, ni vu ni connu, en avant Jean de La Hire et Paul d'Ivoi. »
Olivier qui ne saisissait pas très bien les différences entre les genres[5] écoutait, incrédule, mais quand Marceau ajouta : « Des illustrés, je t'en passerai », il se sentit très satisfait.
« Les illustrés, c'est chouette. Moi, je lisais *Cri-Cri* et *L'Épatant*.
— Moi, je ne lis plus ça, confia Marceau, et il ajouta comme un secret : Moi, je lis les poètes !
— Je connais, dit Olivier, c'est quand ça rime.
— Mais non ! Pas forcément. Enfin, je t'expliquerai. »
Il ajouta en prenant un air supérieur :
« Il faut que je fasse ton éducation. »

1. petit ouvrage avec une simple couverture de papier.
2. romans qui paraissent par extraits dans un journal.
3. la rue populaire où habitait Olivier avant d'arriver chez son oncle et sa tante.
4. sur le bureau de l'oncle, se trouve un livre de l'écrivain André Maurois.
5. ici, les différentes sortes de livre.

Illustrations de L. Forton, 1907.
Droits réservés.

Dans les semaines qui suivirent, à défaut de poésie rimée ou non, Olivier découvrait, grâce à Marceau, grâce aux trésors de l'oncle Henri, des bouquins jaunis, datant d'une autre génération, avec des personnages étonnants qui se nommaient *Nick Carter, Nat Pinkerson* ou *Harry Dickson, Kit Carson* ou *Buffalo Bill, Fantomas, Judex* ou *Rocambole*, sans oublier les chevaliers de *Lagardère* et de *Pardaillan*, tous gens qui l'entraîneraient, des mystères des villes à ceux de l'histoire, dans de si glorieuses aventures.

ROBERT SABATIER,
Trois Sucettes à la menthe, Éd. Albin Michel.

1. Interrogez le texte

a/ La lecture du texte
Par quels signes de ponctuation les paroles échangées entre les deux cousins sont-elles signalées ? Sur quel ton devrez-vous lire ces passages de dialogue pour les rendre vivants ?

b/ Les personnages
A quels détails de cette scène voit-on que Marceau est plus âgé qu'Olivier ? Comment imaginez-vous l'oncle Henri ?

c/ L'action
Que découvre Olivier dans cette scène ?

d/ L'expression
Que pensez-vous du vocabulaire de Marceau : *il bouquine* (l. 12), *fauché* (l. 14), *barbe* (l. 16) ? Remplacez ces termes par des mots de même sens.

2. Un objet de rêve

a/ Un objet
Qu'appelle-t-on un livre *relié* (l. 6) ? Recherchez dans votre dictionnaire le sens de cette expression.
Citez deux phrases dans lesquelles l'auteur montre que les livres sont des objets fragiles.

b/ Des livres en tous genres
L'oncle Henri lit des *romans populaires*, des *romans détectives*, des *illustrés* (l. 12-13) tandis que sa femme préfère *du qui-pense* (l. 17-18) : quelle différence faites-vous entre ces deux catégories ? Laquelle préférez-vous ? Pourquoi ?

c/ Le rêve et l'évasion
A votre avis, pourquoi l'oncle Henri recherche-t-il *l'aventure* et *le mystère* dans les livres (l. 13) ?
Relevez dans la dernière phrase du texte un verbe montrant que les livres font rêver Olivier.

3. Conclusion

Rédaction : c'est votre anniversaire. Vous ouvrez vos cadeaux. Dans un paquet rouge, un livre ! Vous l'ouvrez, vous le feuilletez. Racontez...

EXERÇONS-NOUS

1. d'une blancheur maladive.

2. petits vaisseaux qui ressemblent aux nervures des feuilles.

L'huître

Quelquefois je m'approchais pour observer ces boîtes qui se fendaient comme des huîtres et je découvrais la nudité de leurs organes intérieurs, des feuilles blêmes[1] et moisies, légèrement boursouflées, couvertes de veinules[2] noires, qui buvaient l'encre et sentaient le champignon.

JEAN-PAUL SARTRE,
les Mots,
Éd. Gallimard.

La pomme

On peut prendre un livre comme un fruit ; on le tâte, on le soupèse ; sa couverture est une peau luisante et fraîche, pomme ronde, sans aucune tache ni rousseur, à maturité, pomme à manger au couteau, pagination ouverte, le mystère n'est plus dans le regard mais dans la lecture. On ne lit pas un fruit, mais on dévore un livre des yeux.

JEAN CAYROL,
Lectures,
Éd. du Seuil.

Un objet vivant

a/ L'huître, la pomme et le livre

Quels sont les caractères communs de l'huître et de la pomme ?
D'après le texte 1, pourquoi un livre peut-il faire penser à une huître ?
D'après le texte 2, en quoi un livre et une pomme se ressemblent-ils ?

b/ Les choses et les livres

A votre tour, écrivez un petit texte dans lequel vous comparerez le livre à un objet précis en soulignant bien ce qu'ils ont en commun.

Les métiers du livre

LECTEUR/CORRECTEUR

REPRÉSENTANT

IMPRIMEUR

ILLUSTRATEUR

ÉDITEUR

CRITIQUE

MAQUETTISTE

AUTEUR

Illustrations de François Place
pour *Un Livre, des Hommes*, Éditions Savoir Livre, Paris, 1988.

Un travail d'équipe

En vous aidant au besoin du dictionnaire, expliquez en quoi consiste le rôle de chacun des membres de l'équipe présentée ci-dessus.
Dans quel ordre interviennent-ils ?
Parmi ces métiers, lequel aimeriez-vous faire ? Pourquoi ?

EXERCICE 3

A la bibliothèque

1. appétit incontrôlé, grande faim.

Acheter tous les livres dont vous avez envie peut constituer une dépense importante. Alors, si vous avez une boulimie[1] de lecture, pourquoi ne pas les emprunter ? Il existe en France 1 100 bibliothèques municipales, sans compter les bibliothèques centrales de prêt (départementales) dont dépendent par exemple les bibliobus, mais aussi les bibliothèques spécialisées, comme celles des universités, les bibliothèques d'entreprise ou tout simplement, plus près de vous, celles des collèges et lycées.

Établissons le portrait-robot de la bibliothèque d'une ville moyenne, où vivent donc 10 000 à 30 000 personnes. Elle propose environ 50 000 ouvrages, auxquels viennent s'ajouter tous les ans 3 000 nouveautés. Pour tous les âges, pour tous les goûts, pour toutes les sensibilités : voilà la devise[2] d'une bonne bibliothèque.

2. règle.

3. publications qui présentent les auteurs et les livres.

Le bibliothécaire, aidé de plusieurs personnes (sous-bibliothécaires et agents d'exécution), a la responsabilité de ce petit monde des livres. C'est lui qui choisit, dans les revues littéraires[3] et les catalogues des éditeurs, les titres dont la bibliothèque va faire l'acquisition.

4. la catégorie à laquelle il appartient (roman, théâtre, poésie, essai, etc.).

A son arrivée dans une bibliothèque, le livre n'ira pas directement dans les rayons. Il faut avant tout l'indexer, c'est-à-dire le numéroter et le classer en fonction de son genre[4]. On lui applique un code, où chaque chiffre représente une matière. Par exemple, le 9 correspondra aux livres d'histoire et de géographie, globalement, le 91 plus précisément à ceux de géographie, le 914, à la géographie de l'Europe, et ainsi de suite. On rédige ensuite pour chaque titre plusieurs fiches, qui vous aideront à le trouver : une pour le classement par noms d'auteurs, une pour le classement alphabétique, une ou plusieurs pour le classement par sujets...

Les livres d'une bibliothèque sont manipulés par de nombreux lecteurs et « souffrent » vite. Ils doivent donc être bien équipés d'une couverture renforcée qui les protègera mieux. Si vous les empruntez, il faut aussi que l'on sache qui vous êtes et que vous, vous sachiez à quelle date limite les rendre : ils comportent donc une ou plusieurs fiches, où sont inscrits à chaque fois ces renseignements.

GÉRARD FINEL, DANIEL SASSIER,
Un livre, des hommes,
Éd. Savoir Livre.

Illustration de Gustave Doré (1832-1883) extraite de *Histoire de la sainte Russie*, de Grandville. Bibliothèque de Strasbourg, Cabinet des Estampes.

Vive les bibliothèques !

a/ Les différentes sortes de bibliothèques
Quelle différence faites-vous entre une librairie et une bibliothèque ?
Faites la liste des bibliothèques présentées dans le texte. A votre avis, lesquelles sont les plus importantes ? Pourquoi ?

b/ Les livres de bibliothèque
Pour tous les âges, pour tous les goûts, pour toutes les sensibilités (l. 12-13) : quel genre de livres peut-on emprunter à la bibliothèque ? Donnez des exemples précis en examinant la bibliothèque de votre collège.

Papa m'a dit que maman dévorait un livre par jour

c/ Le rôle du bibliothécaire
D'après ce texte, en quoi consiste le métier de bibliothécaire ? Vous plairait-il d'exercer cette profession ? Pourquoi ?

d/ Le fonctionnement d'une bibliothèque
Comment un lecteur peut-il trouver le livre qu'il veut emprunter ?
Chaque fois que vous empruntez un livre vous devez remplir une fiche : quels renseignements peut-on y trouver ? A votre avis, sont-ils indispensables ? Pourquoi ?

et qu'elle avait un livre épuisé dans sa bibliothèque.

Illustrations d'Alain Le Saux, extraites de *Papa m'a dit que son meilleur ami était un homme-grenouille*, de A. Le Saux.
© Éditions Rivages, 1987.

A la librairie

La Librairie peinture de Dominique Chouaba.

Promenez-vous !

Rédaction : Vous entrez dans cette librairie. Une étrange aventure vous y attend… Racontez.

2. Choisir ses livres

OBSERVONS

LAISSEZ-VOUS SÉDUIRE

A. L'attrait de la couverture

Illustrations de Enki Bilal et Jame's Prunier.
© Éditions Gallimard-Folio Junior.

La couverture

a/ Les lecteurs

Examinez attentivement la couverture recto verso du *Voyage au centre de la terre*. A quel public précis ce livre est-il destiné ? Comment le savons-nous ? Pourquoi est-il essentiel de relever ces informations avant de choisir un livre ?

b/ Le nom de l'auteur

Qui est Jules Verne ? Avez-vous déjà entendu parler de lui ? Pourquoi son nom peut-il vous donner envie de le lire ?

c/ Le titre

Faites une remarque sur la grosseur du titre : *Voyage au centre de la terre*. Ce titre peut-il donner envie de lire le livre ? Pourquoi ?

d/ L'illustration

Décrivez les différentes scènes représentées dans l'illustration : quelle impression générale dégagent-t-elles ? Quelles sont les couleurs dominantes ? A quoi vous font-elles penser ?

e/ Le résumé

Pourquoi, selon vous, le résumé ne révèle-t-il pas la fin de l'histoire ?
Par quels mots le résumé essaie-t-il d'intéresser la curiosité du lecteur ?
D'après ce résumé, qui est le personnage principal du *Voyage au centre de la terre* ? Avez-vous envie de mieux le connaître ? Pourquoi ?

f/ Conclusion

Expliquez brièvement comment la couverture d'un livre peut influencer votre choix.

B. Le début de l'histoire

I

Le 24 mai 1863, un dimanche, mon oncle, le professeur Lidenbrock, revint précipitamment vers sa petite maison située au numéro 19 de Königstrasse, l'une des plus anciennes rues du vieux quartier de Hambourg.

La bonne Marthe dut se croire fort en retard, car le dîner commençait à peine à chanter sur le fourneau de la cuisine.

« Bon, me dis-je, s'il a faim, mon oncle, qui est le plus impatient des hommes, va pousser des cris de détresse.

— Déjà M. Lidenbrock ! s'écria la bonne Marthe stupéfaite, en entrebâillant la porte de la salle à manger.

— Oui, Marthe ; mais le dîner a le droit de ne point être cuit, car il n'est pas deux heures. La demie vient à peine de sonner à Saint-Michel.

— Alors pourquoi M. Lidenbrock rentre-t-il?

— Il nous le dira vraisemblablement.

— Le voilà ! je me sauve, monsieur Axel, vous lui ferez entendre raison. »

Et la bonne Marthe regagna son laboratoire culinaire.

Je restai seul. Mais de faire entendre raison au plus irascible[1] des professeurs, c'est ce que mon caractère un peu indécis ne me permettait pas. Aussi je me préparais à regagner prudemment ma petite chambre du haut, quand la porte de la rue cria sur ses gonds ; de grands pieds firent craquer l'escalier de bois, et le maître de la maison, traversant la salle à manger, se précipita aussitôt dans son cabinet de travail.

JULES VERNE,
Voyage au centre de la terre.

1. coléreux.

La première page

a / Les personnages

Qui raconte cette histoire ? Que pouvons-nous en déduire ?

Commentez l'expression *La bonne Marthe* (l. 5). Qu'apprenons-nous sur ce personnage ?

Montrez, en citant le texte, qu'Axel et M. Lidenbrock ont des caractères différents.

b / L'action

Par quel événement l'auteur éveille-t-il la curiosité du lecteur ?

c / L'époque

A quel siècle se déroule cette histoire ? Quel jour exactement ?

Pourquoi, selon vous, le narrateur est-il aussi précis sur la date de l'événement ?

En quoi cette précision peut-elle intéresser le lecteur ?

Ill. de Édouard Riou (1833-1900).

d/ Le lieu

Dans quel pays se situe Hambourg ?
Sa petite maison située au numéro 19 de Königstrasse, l'une des plus anciennes rues du vieux quartier de Hambourg (l. 3-5) : que pensez-vous de ce décor ?

e/ Conclusion

Expliquez comment, dès la première page, un livre peut captiver le lecteur.

APPROFONDISSONS

LAISSEZ-VOUS CONVAINCRE

BOUQUINS A CHOISIR

INCROYABLE !

ROMAN :
« LA FEMME CHANGÉE EN RENARD »
de David Garnett

Peu de temps après son mariage, Sylvia Fox se change en renard. Elle fait tout pour garder ses manières de femme. Mais cela devient de plus en plus difficile...

UN LIVRE A EMPRUNTER A VOS PARENTS... OU A LEUR OFFRIR !

La femme changée en renard, de David Garnett. © Christian Bourgois, Paris.

David Garnett
La femme changée en renard

10/18 Bourgois – 18 F.

domaine étranger

10/18

UNE ÉTRANGE MÉTAMORPHOSE

Sylvia Fox a 23 ans lorsqu'elle épouse en 1879 l'homme qu'elle aime : Richard Tebrick. Elle est petite, timide, « un peu sauvage ». Selon sa nourrice, elle a des manières très distinguées, des taches de rousseur, des yeux noisette, une chevelure rousse. Cela peut-il suffire à expliquer qu'un après-midi, au cours d'une promenade, M. Tebrick sente la main de sa femme lui échapper et « qu'à l'endroit où sa femme avait été un instant plus tôt, il voit un petit renard d'un rouge très vif » ?

ENCORE FEMME

M. Tebrick croit cette métamorphose passagère, d'autant que la renarde a le regard de sa femme, qu'elle comprend tout ce qu'il lui dit, qu'elle garde les mêmes habitudes : elle s'habille avec soin, mange à table, joue aux cartes avec son époux, se parfume pour éliminer l'odeur de la bête qu'elle est devenue. Et lui, continue de l'aimer, de la reconnaître pour sa femme. Il prend toutes les précautions nécessaires : chasse les domestiques, et vit comme un reclus avec celle qu'il appellera toujours Sylvia.

MAIS DE PLUS EN PLUS RENARDE

Pourtant un jour, il observe que sa femme est fascinée par une colombe qui s'agite dans sa cage. Déjà, elle marche à quatre pattes, puis refuse de s'attabler avec lui, dort sur le sol, éprouve peu à peu de la répugnance à se laisser laver, gratte à la porte pour sortir. M. Tebrick a peur. Sylvia ne veut plus se montrer docile. Sylvia existe-t-elle toujours ? C'est alors qu'il tente une expérience fatale : il offre à sa « femme » ses fleurs préférées et pose négligemment près d'elle un panier contenant un lapin. Sylvia fait la rusée : elle renifle les fleurs en remuant la queue de contentement. Il la laisse seule un instant. Mais lorsqu'il revient... il la voit, les babines ruisselant de sang, déchirant des lambeaux de peau car elle a dévoré le petit animal ! M. Tebrick laisse éclater sa douleur.

70

24 L'UNIVERS DES LIVRES

A PIQUER AUX PARENTS

UN AMOUR PLUS FORT QUE TOUT

Il ne peut plus se voiler la vérité : la renarde, sa femme veut obéir à sa nature. Elle veut le quitter, être libre. Il a peur qu'elle ne se fasse tuer au cours d'une chasse, il a peur de la perdre à jamais, car il l'aime toujours ! Mais il finit par céder. Sylvia part, et il s'enferme dans son désespoir, se néglige, au point que les voisins ne reconnaissent plus en cet homme hirsute, hagard, M. Richard Tebrick. Sylvia reviendra pourtant, accompagnée de quatre renardeaux, et il les suivra dans leur vie sauvage le plus souvent possible. Mais la chasse, la chasse maudite passe un matin près de sa maison. Il court ouvrir la grille de son jardin, et c'est une renarde mourante, Sylvia, sa femme, qu'il accueillera dans ses bras. Les témoins diront que le dernier cri du renard était celui d'une femme.

Brigitte Cohen

Illustrations de *La Mouche* et textes extraits de *Je Bouquine*, juin 1986.
© Bayard-Presse, Paris.

Revues pour jeune public

Il existe des revues spécialisées dans lesquelles on conseille la lecture de certains livres aux enfants. En voici un échantillon.

a/ Le titre
Incroyable... de David Garnett : que pensez-vous de ce titre ?

b/ Le chapeau
On appelle « chapeau » le texte court qui précède un article de journal.
Où commence et où finit le chapeau dans cet article ?
Quelles informations essentielles donne-t-il au lecteur ? A quoi sert-il ?

c/ La publicité
Citez deux phrases dans lesquelles on vous recommande la lecture de *la Femme changée en renard*. Quel conseil vous donne-t-on exactement ? Qu'en pensez-vous ?

d/ Les illustrations
Combien d'illustrations ce document comporte-t-il ? Que représentent-elles ? Laquelle attire le plus votre attention ? Pourquoi ?

e/ Le résumé
Relevez les titres à l'intérieur du résumé : à quoi servent-ils ?
Ce résumé est très détaillé : quel danger présente-t-il ?

f/ L'extrait
La lecture de ce bref passage vous donne-t-elle envie de lire *la femme changée en renard* ? Pourquoi ?

g/ Conclusion
D'après ce document, de quelle manière la publicité et l'information peuvent-elles vous aider à choisir vos livres ?

EXERÇONS-NOUS

EXERCICE 1

Alice au pays des merveilles

Dans le terrier du lapin 3

La mare aux larmes 7

Une course au caucus et une longue histoire 12

Le lapin envoie pierre et pierres 16

Conseils d'une chenille 19

Poivre et cochon 23

Un thé extravagant 27

Le terrain de croquet de la reine 34

Histoire de la simili-tortue 40

Le quadrille des homards 46

Qui a volé les tartes ? 50

La déposition d'Alice 54

Appendices 60

Notes 62

LEWIS CARROLL,
Alice au pays des merveilles.

Illustrations de Sir john Tenniel (1820-1914). Éd. Mac Millan, New York, 1866. Paris, Bibliothèque de l'Heure Joyeuse.

La table des matières

a/ Définition
Qu'est-ce qu'une table des matières ?
Où se situe-t-elle ?

b/ Une mine de renseignements
Combien de pages contient le livre ?
Comptez les chapitres. A quoi sert ce découpage ?

D'après les titres, qui sont les principaux personnages ? Dans quels différents lieux se déroule l'histoire ?
Quel est, selon vous, le titre le plus drôle ? le plus mystérieux ? que vous laissent-ils imaginer ?

c/ Pour mieux choisir un livre
Comment la table des matières peut-elle vous aider à choisir un livre ?

L'UNIVERS DES LIVRES

EXERCICE 2

Le scarabée d'or

Première page

Il y a quelques années, je me liai intimement avec un monsieur William Legrand. Il était d'une ancienne famille protestante, et jadis il avait été riche; mais une série de malheurs l'avait réduit à la misère. Pour éviter l'humiliation de ses désastres, il quitta La Nouvelle-Orléans[1], la ville de ses aïeux, et établit sa demeure dans l'île de Sullivan, près Charleston, dans la Caroline du Sud[2].

Cette île est des plus singulières. Elle n'est guère composée que de sable de mer et a environ trois milles de long. En largeur, elle n'a jamais plus d'un quart de mille. Elle est séparée du continent par une crique[3] à peine visible, qui filtre à travers une masse de roseaux et de vase, rendez-vous habituel des poules d'eau. La végétation, comme on peut le supposer, est pauvre, ou, pour ainsi dire, naine. On n'y trouve pas d'arbres d'une certaine dimension. Vers l'extrémité occidentale[4], à l'endroit où s'élèvent le fort Moultrie et quelques misérables bâtisses de bois habitées

1. ville principale de la Louisiane, État du sud des États-Unis.
2. État du sud des États-Unis.
3. petit renfoncement de la côte.
4. située à l'ouest.

Le début et la fin

a/ Une énigme à résoudre

Avant de choisir un livre, il arrive souvent qu'on le feuillette et que l'on s'attarde plus particulièrement sur la première et la dernière page...
Quelles questions vous posez-vous sur William Legrand ?
Que savez-vous de Kidd ? Que voudriez-vous savoir de plus ? D'après la dernière page, que s'est-il passé sur l'île de Sullivan ?
En vous aidant de la première et de la dernière page, imaginez les épisodes essentiels du *Scarabée d'or*.

b/ Le désir de lire

Aimeriez-vous lire le *Scarabée d'or* ? Pourquoi ?

Dernière page

l'arbre. Une observation que vous fîtes sur son poids singulier me suggéra cette dernière idée.

— Oui, je comprends; et maintenant il n'y a plus qu'un point qui m'embarrasse. Que dirons-nous des squelettes trouvés dans le trou ?

— Ah ! c'est une question à laquelle je ne saurais pas mieux répondre que vous. Je ne vois qu'une manière plausible[5] de l'expliquer, — et mon hypothèse implique[6] une atrocité telle que cela est horrible à croire. Il est clair que Kidd, — si c'est bien Kidd qui a enfoui le trésor, ce dont je ne doute pas, pour mon compte, — il est clair que Kidd a dû se faire aider dans son travail. Mais la besogne finie, il a pu juger convenable de faire disparaître tous ceux qui possédaient son secret. Deux bons coups de pioche ont peut-être suffi, pendant que ses aides étaient encore occupés dans la fosse; il en a peut-être fallu une douzaine.

— Qui nous le dira ?

5. vraisemblable.
6. suppose.

EDGAR POE, *le Scarabée d'or*, Éd. Gallimard.

Le secret

1. ici, complot.

2. événements, possibilités.

3. la serraient avec force.

m'as amené cette petite un jour en me disant : « Tiens, je te la confie... ses parents sont morts... "prends-la sous ta garde." Eh bien, elle y est, sous ma garde, et je saurai la défendre contre toi et contre toutes tes manigances[1]. »

Debout, bien d'aplomb, ses deux poings crispés, le visage résolu, Mme Ernemont semblait prête à toutes les éventualités[2].

Posément, sans brusquerie, le prince Sernine détacha l'une après l'autre les deux mains qui l'étreignaient[3], à son tour empoigna la vieille dame par les épaules, l'assit dans un fauteuil, se baissa vers elle, et, d'un ton très calme, lui dit :

« Zut ! »

Elle se mit à pleurer, vaincue tout de suite, et, croisant ses mains devant Sernine :

« Je t'en prie, laisse-nous tranquilles. Nous étions si heureuses ! Je croyais que tu nous avais oubliées, et je bénissais le Ciel chaque fois qu'un jour s'écoulait. Mais oui... je t'aime bien, cependant. Mais Geneviève... vois-tu, je ne sais pas ce que je ferais pour cette enfant. Elle a pris ta place dans mon cœur.

— Je m'en aperçois, dit-il en riant. Tu m'enverrais au diable avec plaisir. Allons, assez de bêtises ! Je n'ai pas de temps à perdre. Il faut que je parle à Geneviève.

— Tu vas lui parler !

— Eh bien, c'est donc un crime ?

— Et qu'est-ce que tu as à lui dire ?

— Un secret... un secret très grave... très émouvant... »

MAURICE LEBLANC,
813 : la Double Vie d'Arsène Lupin,
Éd. Librairie générale française et Claude Leblanc, 1982.

Une page, au hasard

a/ Les personnages

Vous vous trouvez dans une librairie. Vous voulez choisir un livre, mais vous hésitez... Pourquoi pas une aventure du célèbre cambrioleur Arsène Lupin ? Vous ouvrez une page au hasard... Vous la lisez.
Qu'apprenons-nous dans cette page sur Mme Ernemont ? Citez le texte.
Qui est le prince Sernine ? Précisez ses principaux traits de caractère.

b/ L'action

Montrez que cette scène est pleine de mystère : quelles questions le lecteur se pose-t-il ?

c/ Le suspense

A votre avis, que se passe-t-il à la page suivante ? Avez-vous envie de lire la suite ? Pourquoi ?

Des romans passionnants, émouvants, envoûtants, palpitants... Un régal ! Faites votre choix.

★ FACILE   ★★ BON LECTEUR   ★★★ TRÈS BON LECTEUR

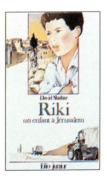

3 extraits de *Je Bouquine*, septembre 1987.
© Bayard-Presse, Paris.
Riki, un enfant à Jérusalem, de D. Shanar, couverture illustrée par Rozier-Gaudriault.
© Éditions Gallimard-Folio Junior, Paris.
Z comme Zacharie, de R. O'Brien, illustrations de Manchu. © Éditions Hachette-Le Livre de Poche Jeunesse, Paris.
Le 6ᵉ jour, de A. Chédid, illustrations de André Broutin. © Éditions Flammarion-Castor Poche Senior, Paris.

« RICKY, UN ENFANT A JÉRUSALEM »
David Shanar, Folio junior.

Ricky a dix ans lorsqu'en 1947 la guerre éclate en Israël. Cette guerre va changer le cours de l'histoire du monde. Pour Ricky, elle va être le meilleur moment de son enfance. Il ne rêve que de se battre, de montrer son courage, de devenir un héros, surtout aux yeux de son grand frère Benny. Alors que le sujet est grave, le contexte dramatique, les aventures vécues et racontées par Ricky sont très drôles.
Librairie « L'Écume des jours », Versailles.

« Z COMME ZACHARIE »
R. O'Brien, Livre de poche Hachette.

La Terre a été dévastée par une catastrophe nucléaire. Ann semble être la seule survivante, dans sa petite vallée où tout est resté vert, alors que partout règne la désolation. Un jour, pourtant, Ann observe à la jumelle la lente progression d'un homme qui avance vers sa ferme. Son premier geste est d'aller à sa rencontre. Mais finalement, elle se méfie : ami ou ennemi ?
Un roman extraordinaire, qu'on n'oublie pas.
Librairie « L'Eau vive », Avignon.

« LE 6ᵉ JOUR »
Andrée Chedid, Éd. Flammarion Castor poche.

Ce roman beau et fort se passe en Égypte, au Caire. Une terrible épidémie de choléra dévaste la ville. Partout, on dénonce les familles où la maladie s'est abattue, pour que les services de santé interviennent. Un jour, le choléra atteint le petit-fils de la vieille Paddika. Elle ne veut pas que son enfant meure à l'hôpital, loin de tous. Alors, pendant six jours, elle fuit avec son petit malade. Arrivera-t-elle à le sauver ?
Librairie « L'Herbe rouge », Paris.
★★★

Le hit-parade des livres

a/ Le hit-parade
Que signifie le mot « hit-parade » ?
A votre avis, pourquoi ces livres ont-ils été classés au hit-parade des libraires ?

b/ Faites votre choix
Relevez, dans chacun des résumés, une phrase dans laquelle le rédacteur donne son avis sur les livres sélectionnés. A quoi servent ces appréciations ? Laquelle des trois histoires présentées sous forme de résumé vous attire le plus ? Pourquoi ?

Kessel, Joseph
Le Lion
La Fontaine, Jean de
Choix de fables
Le Clézio, J.-M.G.
Lullaby
London, Jack
L'amour de la vie suivi de *Négore le lâche*
L'appel de la forêt
Le mouchoir jaune
Un petit soldat
Malot, Hector
En famille, t. I
En famille, t. II
Sans famille, t. I
Sans famille, t. II
Ménard, Jean-François
Le voleur de chapeaux
L'île du Dieu maussade
Monfreid, Henri de
Abdi, enfant sauvage
Perrault, Charles
Contes de ma mère l'Oye
Prévert, Jacques
Contes pour enfants pas sages
Lettres des îles Baladar

Roy, Claude
C'est le bouquet !
Enfantasques
La maison qui s'envole
Saint-Exupéry, Antoine de
Le petit prince
Ségur, Comtesse de
L'auberge de l'Ange Gardien
François le bossu
Le général Dourakine
Les bons enfants
Les deux nigauds
Les malheurs de Sophie
Les nouveaux contes de fées
Les petites filles modèles
Les vacances
Mémoires d'un âne
Un bon petit diable
Sempé
Marcellin Caillou
Sempé/Goscinny
Joachim a des ennuis
Le petit Nicolas et les copains
Les récrés du petit Nicolas
Les vacances du petit Nicolas

Séverin, Jean
Le soleil d'Olympie
Steinbeck, John
Le poney rouge
Stevenson, Robert Louis
Le diable dans la bouteille
L'île au trésor
Tournier, Michel
Vendredi ou la vie sauvage
Twain, Mark
La célèbre grenouille sauteuse et autres contes
Les aventures de Tom Sawyer
Une aventure de Tom Sawyer détective
Verne, Jules
Autour de la lune
Cinq semaines en ballon
De la terre à la lune
Le tour du monde en 80 jours
La journée d'un journaliste américain en 2889 suivi de *L'éternel Adam*
Les Indes noires

Collages de Claude Roy mis en couleur par H. O'Héron.
© Éditions Gallimard-Folio Junior, Paris.

Collection Hetzel, Éditions Hachette.

Illustrations de Bruno Pilorget.
© Rageot-Éditeur, Paris.
Collection Cascade.

© By Éditions Denoël.

Des auteurs et des titres

a/ Des auteurs

Citez, dans cette liste, les auteurs que vous connaissez.
Citez ceux dont vous avez entendu parler : qui vous en a parlé ? Que vous a-t-on dit à leur sujet ?

Quel auteur aimeriez-vous découvrir ? Pourquoi ?

b/ Des titres

Sélectionnez trois titres particulièrement attirants. Justifiez votre choix.

AIDE MÉMOIRE

■ **Qu'est-ce qu'un livre ?**

● Un livre est **un objet de papier.**

● **Pour fabriquer un livre, on utilise la pâte à papier que l'on extrait du bois.**

● La création d'un livre exige le travail d'**une équipe de spécialistes** :

— **l'auteur,** qui écrit une histoire ;
— **le maquettiste** et **l'illustrateur,** qui préparent la mise en page et les illustrations ;
— **l'imprimeur,** qui imprime le texte sur le papier ;
— **l'éditeur,** qui assure la publication et la diffusion de l'ouvrage.

Une fois réalisé, le livre est distribué dans les librairies où on peut l'acheter, et dans les bibliothèques où on peut l'emprunter.

● Un livre est aussi **un objet de rêve.**

Il permet au lecteur de **s'évader** par l'imagination, de **découvrir** des univers inconnus, de **partager** les aventures de ses héros favoris.

■ **Comment choisir ses livres ?**

On peut se laisser séduire par :

— une couverture attrayante,
— le début et la fin d'une histoire,
— une page captivante, sélectionnée au hasard,
— la table des matières.

On peut également se laisser convaincre par :

— un titre original ou le nom d'un auteur connu,
— le résumé de l'œuvre ou la présentation d'un extrait,
— l'avis favorable d'un lecteur,
— le succès d'un ouvrage au hit-parade des livres.

TRAVAUX PRATIQUES

Passionnément

Dès que j'ai su l'alphabet, je me suis jeté sur les livres. J'en ai lu des quantités. A huit ans, avec mon argent de poche, j'achetais des volumes de la bibliothèque Verte et de la collection Nelson. Tout me plaisait : il suffisait que ce fût imprimé. La persécution[1] même ne me manquait pas. Mon père jugeait que je lisais trop, que cela prenait sur le temps des études ou sur le sommeil. La nuit, voyant de la lumière sous la porte de ma chambre, il entrait, éteignait, m'arrachait mon roman sans se soucier s'il m'interrompait au milieu d'une phrase. Pour éviter ces contrariétés, je me cachais dans mon lit comme sous une tente, avec une petite lampe électrique. Ainsi, étouffant de chaleur, à demi asphyxié, mais ne sentant rien car j'étais trop occupé à déjouer les combinaisons de Richelieu ou à causer avec Louis XI, ai-je avalé des bibliothèques. Ce n'était pas tout à fait sans plan : dès que je m'amourachais d'un auteur, je me procurais de lui tout ce qui était à ma portée, c'est-à-dire ce qui figurait dans le catalogue de la collection Nelson. […]

Outre mon lit, j'ai lu énormément dans le métro. Je le prenais pour me rendre au lycée et en revenir, encore que j'eusse plus vite fait d'aller à pied, car il fallait changer deux fois, à la station Étoile et à la station Trocadéro. Mais le trajet m'ennuyait et j'aurais difficilement pu lire en marchant. Avec le métro, j'avais l'agrément de reprendre ma lecture au point où je l'avais laissée à minuit. Je lisais sur le quai, dans le wagon, dans les escaliers, dans les couloirs. Je changeais de rame somnambuliquement, l'œil rivé sur les paragraphes enchanteurs, accompagné des soupirs de la douce Rébecca à qui cet imbécile d'Ivanhoé[2] préfère Lady Rowena qui est froide comme un saumon écossais.

Il y a dans Anatole France[3] (découvert par moi à quatorze ans) des descriptions enivrantes de bibliothèques, peuplées de passerelles, de colonnes, de globes terrestres, de bustes[4] de philosophes. J'ai connu les plus vastes et les plus belles bibliothèques d'Europe, celle de Vienne, la Mazarine. N'est-il pas curieux que dans aucune, je n'aie jamais eu envie de demander un livre, de m'installer,

---

1. acte cruel. Ici, surveillance constante. — 2. héros du roman anglais du même nom de Walter Scott.

TRAVAUX PRATIQUES

de me plonger dedans, et même que je n'aie qu'un désir, après avoir jeté un coup d'œil, admiré l'ordonnance ou la splendeur des lieux : me sauver ? Ce n'est pas là, pour moi, les temples de la lecture, les greniers du savoir, mais tout au plus des musées, des mangeoires où les rats universitaires viennent grignoter des grimoires. [...]

---

3. écrivain français (1844-1924). — 4. sculptures.

TRAVAUX PRATIQUES

Cela ne vaut pas, de loin, le métro, avec ses odeurs d'humanité[5] sale, ses lumières jaunes, ses cahots, où l'on est écrasé contre un pilier de fer par cent voyageurs, où l'on se démanche[6] le cou pour attraper quelques lignes sur un bouquin tenu à bout de bras au-dessus des têtes.

JEAN DUTOURD,
Contre les dégoûts de la vie,
Éd. Flammarion, 1986.

---

5. la masse humaine. — 6. tord.

1. Interrogez le texte

a / Le plan du texte
Combien de paragraphes repérez-vous dans ce texte ? Donnez-leur un titre.

b / Les idées
Mon père jugeait que je lisais trop, que cela prenait sur le temps des études ou sur le sommeil (l. 4-5) : le père du narrateur a-t-il tort ou raison ? Pourquoi ? Combien d'heures consacrez-vous chaque jour et chaque semaine à la lecture ? Pensez-vous que cela soit suffisant ?

c / Le vocabulaire
Quel est le sens du verbe *s'amouracher* (l. 12). Utilisez-le dans une phrase de votre composition.
Qu'est-ce qu'un *grimoire* (l. 33) ?

2. L'univers des livres

a / La variété des livres
Que signifie le mot *collection* (l. 3) ? Citez au moins deux noms de collection pour la jeunesse.

b / Les lieux de lecture
Citez les différents lieux où l'auteur se consacre à la lecture : partagez-vous ses goûts ? Dans quels endroits aimez-vous vous installer pour lire ? Pourquoi les bibliothèques déplaisent-elles à Jean Dutourd ? Vous-même, appréciez-vous ces *temples de la lecture* (l. 31) ? Pour quelles raisons ?

c / La passion des livres
Montrez, en citant le texte, que la lecture transporte le lecteur dans un autre monde tout en lui faisant oublier la réalité.

3. Prolongement

Rédaction : Décrivez votre bibliothèque.

2 la lecture

1. Déchiffrer un texte **2.** Comprendre un texte
3. Aimer la lecture

Vous allez apprendre à :
- déchiffrer un texte
- comprendre un texte
- aimer la lecture

L'INTERVIEW

Michel Tournier : « Lis, lis, lis ; ça rend heureux et intelligent. »

1 A quel âge et avec qui avez-vous appris à lire ? Quel souvenir gardez-vous de cette expérience ?

MICHEL TOURNIER. J'ai appris à lire tard, peut-être parce que j'avais une sœur aînée qui me faisait la lecture à haute voix. Je me souviens d'ailleurs des colères qu'elle piquait quand elle s'apercevait que je n'écoutais pas sa lecture. En fait, je n'ai commencé à lire pour mon plaisir que vers sept ou huit ans.

Mais grâce à la profession de mon père — il a créé la première société de droits d'auteur de musique enregistrée — je disposais d'une grande quantité de disques et certains étaient des disques « littéraires » comme *La Voie humaine* de Jean Cocteau ou le numéro de cirque de Grock. Je les savais par cœur. C'est ainsi que les jeunes d'aujourd'hui peuvent découvrir la littérature sans lire, en écoutant des enregistrements de livres sur cassettes.

2 Quand vous étiez en 6e, la lecture était-elle un travail ou un plaisir ?

Je pense que la vraie lecture ne doit être ni un travail, ni un plaisir ; elle doit être une joie. Le plaisir accompagne la consommation d'une bonne chose, c'est-à-dire sa destruction. Manger un bon gâteau est un plaisir. La joie accompagne la création. Le pâtissier qui fait un bon gâteau éprouve de la joie. La lecture est une création, ou une recréation, car en lisant je refais dans ma tête le livre que je lis, et qui n'est en somme que du papier noirci avec de l'encre. C'est ma lecture qui va transformer cet objet en aventures, amours, voyages, etc.

3 Quels étaient vos livres préférés ? Relisez-vous ces livres ?

La grande révélation a été pour moi *Le Merveilleux Voyage de Nils Holgersson* de Selma Lagerlöf. J'avais neuf ans, et j'ai découvert la beauté littéraire.
C'est de là que date ma vocation d'écrivain. Toute vocation commence par l'admiration. En lisant ce livre, j'ai pensé qu'il faudrait un jour faire aussi bien. Cet exemplaire de *Nils* ne m'a jamais quitté depuis bientôt soixante ans à travers déménagements, bombardements, occupations, cambriolages, etc. Je le relis encore avec la même admiration.

4 Continuez-vous à lire beaucoup ? Vos goûts ont-ils changé ? A quels moment lisez-vous ? Pouvez-vous lire dans le bruit ?

Pour l'attribution du prix Goncourt, il faut que je lise une cinquantaine de romans par an. J'aime ça. Je peux lire n'importe où. Quand je pars en voyage, la grande question, c'est de savoir quels livres je vais emporter. Je crois que je pourrais vivre sans écrire, mais je ne pourrais pas vivre sans lire.

5 En dehors des romans, que lisez-vous ? Des journaux, des bandes dessinées... ?

Je lis tout : documents, journaux, bandes dessinées et même la notice accompagnant les médicaments ou les produits d'entretien ménagers. Les textes publicitaires sont aussi parfois très intéressants.

6 Vous rencontrez souvent des enfants ; qu'apprécient-ils dans vos livres ?

Mon livre le plus populaire, c'est *Vendredi*. Les enfants apprécient ce personnage sympathique, insouciant, musicien, danseur, qui sait cuisiner des drôles de plats et dresser les animaux sauvages. Au fond, ils voudraient avoir un copain comme ça. Ils sont furieux qu'à la fin Vendredi quitte l'île en abandonnant Robinson.

7 Que diriez-vous à un enfant qui n'aime pas lire ? A un enfant qui aime lire ?

Je lui dirais : « Lis, lis, lis, ça rend heureux et intelligent ! Celui qui lit possède des ailes qui lui permettent de s'enfuir dans des pays merveilleux ou dans des époques historiques. Ne pas lire, c'est ramper sur le sol, comme un ver ». Mais il y a aussi des jeunes qui lisent trop. A ceux-là, il faut conseiller de sortir de chez eux et de se frotter un peu aux choses et aux gens du dehors.
P.-S. Mes expériences de lecture, je les ai racontées dans mes livres *Le Vent paraclet* et *Le Vol du vampire* (en Folio).

Entretien réalisé par Évelyne Amon et Yves Bomati le 30 septembre 1989.

1. Déchiffrer un texte

OBSERVONS

L'APPRENTISSAGE DE LA LECTURE

Les babouches d'Aboukassem

Ce livre s'appelait *Les babouches d'Aboukassem*. Aboukassem, c'était celui-là, avec son turban, sa barbe, son cafetan[1], sa large ceinture, toujours en train de discuter au marché strié d'ombres et de lumières crues, un souk[2].
   A part les pages à gravures, le reste était rempli de gros caractères. Mademoiselle me dit au bout de quelques jours :
   — Si tu veux apprendre à lire, tu pourras lire ce livre-là et connaître l'histoire qu'il raconte.
   — Oui ! Je veux apprendre à lire !
   Le lendemain matin, nous commencions. Le fameux livre, *Les babouches d'Aboukassem,* était là sur la table, mais ce n'est pas lui que Mademoiselle ouvrait. C'était un autre, petit et tout plat, recouvert en papier bleu avec une étiquette collée, blanche, rectangulaire, bordée de deux traits bleus comme un col marin bleu l'est de galons blancs. Sur l'étiquette, de l'écriture de Mademoiselle, le mot qu'elle me dit être « Françoise ».
   — C'est ton livre de classe : *La méthode de lecture.*
   C'était comme ça qu'on apprenait à lire.
   Elle l'ouvrait à la première page. Il s'ouvrait très à plat, ce livre mince, on n'avait pas besoin de le tenir ouvert, comme *Les babouches d'Aboukassem* qui se refermait si on ne le tenait pas des deux mains.
   Il y avait des signes tout seuls, « des lettres », disait Mademoiselle. [...] Il y avait les voyelles et les consonnes, celles qui n'avaient pas de son, si on ne les assemblait pas à une voyelle, et puis les diphtongues et puis... les attrapes. Ça, les attrapes, c'était les signes qu'on oublie, les accents, les trémas, les points, les apostrophes, les tirets, les cédilles, les virgules et tous ces signes qu'on oublie de mettre,

1. sorte de robe orientale.
2. marché oriental.

qui n'ont l'air de rien, qui ne se prononcent pas mais qui changent les sons des lettres et les font se prononcer autrement, ou même, incroyable, changent le sens de ces assemblages de mots, faisant d'eux des questions ou des réponses, des farces ou des choses très sérieuses. C'était vraiment extraordinaire cette méthode de Mademoiselle, mais pas longtemps [...]

Et ma sœur et mes frères aînés qui se moquaient de moi quand je redescendais de la chambre de Mademoiselle :

— Alors, les babouches d'Aboukassem, c'est intéressant ?

Et moi de répondre crânement (très vexée) :

— Oui, très.

— Menteuse ! Qu'est-ce que ça racontait aujourd'hui ?

Hélas, je n'allais pas leur dire « Pa, pe, pi, po, pu. Gna, gne, gni, gno, gnu », alors je disais :

— On a lu le marché oriental, les palmiers du désert... tout ça... Mais vous êtes trop bêtes pour que je vous raconte !

Mademoiselle venait parfois à mon secours :

— Ne vous moquez pas, elle apprend très vite, elle saura lire bientôt.

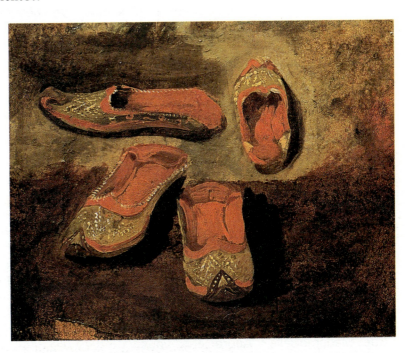

Eugène Delacroix (1798-1863).
Étude de babouches,
huile sur carton,
Musée du Louvre, Paris.

Quoi ? ça s'appelait apprendre à lire, cette demi-heure d'efforts complètement absurdes ? Ce qu'elle appelait « notre travail avec Françoise » qui avait l'air de la satisfaire, cette Mademoiselle toujours calme, alors que moi je n'en voyais ni le sens ni la fin de ces ânonnements de sons qui ne voulaient rien dire d'autre que des sons.

Enfin, on arrivait à la dernière page avec Z (zed), avec l'image du zèbre. [...]

Après la page avec le zed, il y avait quelques pages sans image, avec des lignes de signes noirs d'abord gros puis plus petits. C'était les « exercices de lecture ». Quelle affaire ! C'était seulement « du texte », disait Mademoiselle.

— Allons ! Tu peux, tu sais !

Alors j'y allais. A chaque blocage, ou erreur, c'était le retour à la page où ce groupe de signes, cette « syllabe », cette « diphtongue » que je ne reconnaissais pas avaient été étudiés la première fois.

Quel mystère, et quelle misère, ce retour aux pages d'avant, alors que je me croyais arrivée au bout de cette méthode de malheur. Ce bout de la méthode qui, me disait Mademoiselle, me permettrait de lire *Les babouches d'Aboukassem* !

Enfin, il fallait y arriver, les avoir lues ces quatre dernières pages de « textes ».

Après une semaine qui m'a paru très longue, Mademoiselle disait que c'était très bien :

— Cette fois, tu as lu sans aucune faute.

Pour moi, ces « textes » étaient abscons³. Mademoiselle était ravie. C'était vraiment incompréhensible les grandes personnes !

— Demain, Françoise, on commencera *Les babouches d'Aboukassem*.

FRANÇOISE DOLTO,
la Cause des enfants,
Éd. Laffont, 1985.

3. difficiles à comprendre.

1. Interrogez le texte

a/ L'intérêt du texte

Quel est le sujet de cet extrait ? Pourquoi Françoise désire-t-elle lire ?

b/ Les personnages

Françoise est tout d'abord ravie d'apprendre à lire : « *Oui ! Je veux apprendre à lire !* » (l. 9). Quels autres sentiments éprouve-t-elle dans la suite du récit ? Citez le texte à l'appui de votre réponse.
Quelles sont les principales qualités de Mademoiselle ? Apprécieriez-vous d'améliorer votre lecture avec elle ?
Pourquoi sa sœur et ses frères aînés se moquent-ils de Françoise ?

c/ L'action

Combien de temps dure l'apprentissage ? Relevez quelques expressions du texte qui le précisent.

d/ L'expression

Relevez quelques passages comiques du texte. En quoi sont-ils comiques ?

2. La méthode

Pourquoi Mademoiselle attend-elle que Françoise dise : « *Oui ! Je veux apprendre à lire !* » pour commencer ses leçons ?
En quoi consiste la méthode de lecture ? Citez le texte.
Dans la phrase : « *C'était vraiment extraordinaire cette méthode de Mademoiselle, mais pas longtemps* » (l. 33-34), précisez le sens de l'expression soulignée.

3. Conclusion

Auriez-vous aimé être à la place de Françoise et suivre la méthode de Mademoiselle ? Justifiez votre réponse.

APPROFONDISSONS

LIRE AVEC MÉTHODE

1. LES PREMIERS REPÉRAGES

L'oiseau futé

A quoi bon me fracasser,
dit l'oiseau sachant chanter
au chasseur sachant chasser
qui voulait le fricasser.

Si tu me fais trépasser,   5
chasseur au cœur desséché
tu n'entendras plus chanter
l'oiseau que tu pourchassais.

Mais le chasseur très froissé
dit à l'oiseau tracassé :   10
Je n'aime pas la musique
et tire un coup de fusique.

Le chasseur manque l'oiseau
qui s'envole et qui se moque.
Le chasseur se sent bien sot,   15
et l'oiseau lui fait la nique.

Après tout, dit le chasseur,
j'aime beaucoup la musique.
Moi-z-aussi dit le siffleur
se perchant sur le fusique.   20

CLAUDE ROY,
Enfantasques,
Éd. Gallimard, collection Folio Junior.

1. Découvrez votre texte

a/ Le balayage
Balayer un texte, c'est le parcourir du regard.
Ce texte est-il pourvu d'un titre?
Est-il long ou court?
S'agit-il d'un récit, d'une poésie ou d'un dialogue?
Comporte-t-il une date?

b/ Le repérage
Fixez votre regard sur le texte sans essayer de le comprendre, puis repérez le plus vite possible
– dans la 1re strophe, le mot *oiseau*,
– dans la 2e strophe, le mot *cœur*,
– dans la 3e strophe, le mot *fusique*,
– dans la 4e strophe, le mot *chasseur*,
– dans la 5e strophe, la lettre *z*.
Comment avez-vous procédé pour ce repérage :
– vous n'avez pu vous empêcher de lire l'ensemble du texte,
– vous avez parcouru le texte à la verticale,
– vous avez cherché en tous sens?

c/ La première lecture
Sur quels mots avez-vous éprouvé des difficultés de lecture? Sur quels vers avez-vous balbutié? Pourquoi?
Certains mots de ce poème ont des sonorités très voisines (ex. : *sachant/ chanter, musique/fusique*...) : faites-en la liste.
A quelle vitesse avez-vous lu le poème? Lisez-le de plus en plus vite : que remarquez-vous? Que pouvez-vous en conclure?
Dressez la liste des difficultés que vous avez rencontrées lors de la lecture de ce poème.

2. Interrogez le texte

a/ L'intérêt du poème
Aimez-vous ce texte? Justifiez votre réponse.

b/ Les personnages
Pourquoi l'oiseau est-il qualifié de *futé*? Réalisez le portrait du chasseur. Citez les vers les plus significatifs.

c/ L'expression
A quoi tient l'originalité de ce poème?

Oiseau, gouache de Raymond Queneau, 1948.

2. TEXTES MANUSCRITS ET TEXTES IMPRIMÉS

« Ce que j'essaie de vous dire »

Un père et son fils, à l'issue de nombreuses aventures, se retrouvent...

1. station-service.

Tout était fini à présent. Mon père et moi restions seuls devant l'atelier et notre station[1] nous semblait brusquement bien calme.

« Eh bien, Danny, dit mon père en me regardant de ses yeux pétillants de malice, la fête est finie.

— Elle était drôlement réussie, papa.

— Pour sûr.

— Je me suis vraiment bien amusé.

— Et moi donc, Danny. »

Il mit la main sur mon épaule et nous nous dirigeâmes lentement vers la roulotte.

« On pourrait peut-être verrouiller les pompes et se mettre en congé pour le reste de la journée, suggéra-t-il.

— Tu veux dire, fermer complètement la station?

— Et pourquoi pas? Après tout, c'est samedi aujourd'hui. [...] Je connais un petit bois de mélèzes[2], [...] à cinq kilomètres d'ici, de l'autre côté de la colline des Cordonniers. C'est un endroit très calme et il y coule un ruisseau.

— Un ruisseau? » dis-je.

2. arbre de la famille des conifères dont les feuilles tombent en hiver.

Il hocha la tête et m'adressa un de ces clins d'œil malicieux dont il avait le secret.

« Il est plein de truites, dit-il.

— Chouette! m'écriai-je. Est-ce qu'on va y aller, papa?

— Pourquoi pas? répondit-il. On pourra essayer de les chatouiller à la manière du docteur Spencer.

— Tu m'apprendras, dis? » demandai-je. [...]

Je glissai ma main dans la sienne. Il replia ses longs doigts sur mon poing et le garda serré au creux de sa propre main tandis que nous marchions vers le village, où nous allions bientôt étudier soigneusement les différents modèles de fours et en discuter personnellement avec M. Wheeler.

Et après ça, nous allions rentrer chez nous à pied et préparer des sandwiches pour le déjeuner.

Et après ça, nous allions escalader, sandwiches en poche, la colline des Cordonniers pour aller jusqu'au petit bois de mélèzes avec son ruisseau.

Et après ça ?

3 UNE GROSSE TRUITE ARC-EN-CIEL PEUT-ÊTRE.
ET APRÈS ÇA ?
APRÈS, IL Y AURAIT ENCORE AUTRE CHOSE.
ET APRÈS ÇA ?
AUTRE CHOSE ENCORE, BIEN SÛR.
CAR CE QUE J'ESSAIE DE VOUS DIRE...
CE QUE J'AI ESSAYÉ SI FORT DE VOUS DIRE TOUT AU LONG DE CETTE HISTOIRE, C'EST TOUT SIMPLEMENT QUE PERSONNE A COUP SÛR N'A JAMAIS EU DE PÈRE PLUS MERVEILLEUX ET PLUS ÉPATANT QUE LE MIEN.

ROALD DAHL,
le Champion du monde, Éd. Stock, Paris.

1. Lisez les trois textes

Voici trois textes issus d'un même livre.

a/ Lequel vous est le plus facile à lire ? Pourquoi ? le plus long à lire ? Pourquoi ?

b/ Êtes-vous plus familier de l'alphabet majuscule ou minuscule ?
Écrivez les deux alphabets :
— en commençant par la 1re lettre,
— en commençant par la dernière lettre.

c/ Quels signes sont identiques dans les textes 1 et 3 ?

d/ Pourquoi le texte 2 est-il différent des deux autres ?

2. Interrogez le texte

a/ L'intérêt des textes
L'épisode cité dans ces trois extraits se situe à la fin du roman. Que tente de dire l'auteur à son lecteur ? Y parvient-il ?

b/ Les personnages
Citez deux passages où l'on précise qu'il s'agit d'un père et de son fils.
Quels sentiments les unissent ? Quels gestes le prouvent ?

c/ L'expression
Pourquoi ce texte est-il très vivant ?
Les phrases des lignes 6 à 9 sont courtes. Quelle impression l'auteur cherche-t-il à traduire ?

3. LA PONCTUATION ET LES ACCENTS

Les oies

Nils regarde les oies passer dans le ciel suédois.

Jamais Nils n'avait vu le ciel aussi bleu. Les oiseaux migrateurs passaient par bandes. Ils revenaient de l'étranger, ils avaient traversé la Baltique, se dirigeant droit sur le cap Smygehuk, et maintenant ils allaient vers le nord. Il y en avait de différentes espèces, mais il ne reconnaissait que les oies sauvages, 5 qui volaient sur deux longues files formant un angle.

Plusieurs bandes d'oies avaient deja passe Elles volaient tres haut mais il entendait pourtant leurs cris Nous partons pour les montagnes Nous partons pour les montagnes

Lorsque les oies sauvages apercevaient des oies domestiques qui 10 se promenaient dans la basse-cour elles abaissaient leur vol et criaient Venez avec nous Venez avec nous Nous partons pour les montagnes

Les oies domestiques ne pouvaient s'empêcher de lever la tête pour écouter. Mais elles répondaient pleines de bon sens : « Nous sommes bien ici. Nous sommes bien ici. » 15

SELMA LAGERLÖF,
le Merveilleux Voyage de Nils Holgersson à travers la Suède,
traduction de T. Hammar, Éd. Perrin.

Illustration de Cana,
pour *Le Merveilleux voyage de Nils Holgersson,*
Éd. Delagrave, 1958.

1. Lisez le texte

Sur quels passages votre lecture est-elle difficile ?
Sur quelles lignes avez-vous commis des erreurs ? avez-vous dû revenir en arrière ?
Pourquoi est-il utile de ponctuer les phrases et d'accentuer les mots ?
Rétablissez la ponctuation correcte de ce texte.

2. Interrogez le texte

a/ L'intérêt du texte
A quoi reconnaît-on que ce texte est un conte ?

b/ Les personnages
Nils est-il spectateur ou acteur dans ce passage ?
Pourquoi les oies domestiques ne sont-elles pas du même avis que les oies sauvages ? Auxquelles donneriez-vous raison ? Pourquoi ?

c/ Le lieu
Relevez les indications de lieu données par le texte. Appuyez-vous sur une carte de géographie pour déterminer où se passe la scène.

4. LES MOTS DIFFICILES

Menus exotiques

    *F*oie de tortue verte truffé
    Langouste à la mexicaine
    Faisan de la Floride
Iguane sauce caraïbe
5 Gombos et choux palmistes

Saumon du Rio Rouge
Jambou d'ours canadien
Roast-beef des prairies du Minnesota
Anguilles fumées
10 Tomates de San Francisco
Pale-ale et vins de Californie

Saumon de Winnipeg
Jambon de mouton à l'Écossaise
Pommes du Royal-Canada
15 Vieux vins de France

Ailerons de requins confits dans la saumure
Jeunes chiens mort-nés préparés au miel
Vin de riz aux violettes
Crème au cocon de ver à soie
20 Vers de terre salés et alcool de Kawa

Conserves de bœuf de Chicago et salaisons allemandes
Langouste
Ananas goyaves nèfles du Japon noix de coco mangues pomme-crème
Fruits de l'arbre à pain cuits au four
25

BLAISE CENDRARS, En voyage 1887-1923,
Kodak (documentaire), Éd. Stock, 1924.

1. Lisez le poème

Relevez 5 noms communs, 5 noms propres, 5 noms masculins, 5 noms féminins qui présentent pour vous des difficultés. Leurs difficultés tiennent-elles :
— à leur orthographe,
— à leur prononciation,
— à leur nouveauté,
— à leur sens ?
Que faites-vous lorsqu'un mot vous paraît difficile à lire ?

2. Interrogez le texte

a/ Le poème
Ce texte ressemble-t-il aux poèmes que vous connaissez ? Pourquoi l'appelle-t-on poème ?

b/ Le vocabulaire
Quels pays Blaise Cendrars évoque-t-il au travers de ses menus ?

c/ Prolongement
Rédigez votre menu préféré sous forme de poème.

EXERÇONS-NOUS

LIRE ET COMPRENDRE

EXERCICE 1

La planète du buveur

Lisez le texte suivant sans bouger seulement votre regard, et sans la tête, mais en déplaçant vous aider de votre doigt.

La planète suivante était habitée par un buveur. Cette visite fut très courte mais elle plongea le petit prince dans une grande mélancolie :
— Que fais-tu là ? dit-il au buveur, qu'il trouva installé en silence devant une collection de bouteilles vides et une collection de bouteilles pleines.
— Je bois, répondit le buveur, d'un air lugubre.
— Pourquoi bois-tu ? lui demanda le petit prince.
— Pour oublier, répondit le buveur.
— Pour oublier quoi ? s'enquit le petit prince qui déjà le plaignait.
— Pour oublier que j'ai honte, avoua le buveur en baissant la tête.
— Honte de quoi ? s'informa le petit prince qui désirait le secourir.
— Honte de boire ! acheva le buveur qui s'enferma définitivement dans le silence.
Et le petit prince s'en fut, perplexe.
« Les grandes personnes sont décidément très très bizarres », se disait-il en lui-même durant le voyage.

ANTOINE DE SAINT-EXUPÉRY,
le Petit Prince,
Éd. Gallimard.

Aquarelles de Saint-Exupéry.
© Éditions Gallimard.

Le repérage

1. *Dans les listes suivantes, retrouvez le plus vite possible le mot demandé :*

rire	pleurer – livre – car – verre – épouser – arbre – canapé – rue – rire – pire – ruer – lire – trouver – facile – lunette.
hirondelle	voiture – matelas – ritournelle – hirondelle – hussard – sucre – péronnelle – charmant – héros – hérisson – accident.
fréquent	souvent – frégate – canard – faire-part – nouvelle – plaignant – pareil – gouvernante – frisquet – folie – fréquent – véritable.
soucoupe	placard – courroux – souvent – bonbon – gourou – soupe – soucoupe – savonnette – service – secours – étincelle – marmite – collier.
ennuyer	bronzer – énerver – marchander – grippe – talus – berceau – télévision – accorder – bananier – éviter – ennuyer – souhaiter.

2. *Retrouvez d'un regard l'appartement qui, dans ces petites annonces, vaut 700 000 frs.*

MARAIS/ST-PAUL
2 studios mitoyens. Imm. classé.
RIBEROUX 6.28.06.9

MONTMORENCY-BEAUBOURG
3 P., refait neuf, charme, 6e ét., asc. 1.780.000 F.
Tél. 7.70.12.1

MARAIS/SAINTONGE
Luxe, dble séj. + 4 chbres, 4 m 20 sous plafond, 180 m2.
LAGARDE 3.26.22.6

RUE CHARLOT, 2-3 pièces, 50 m2, chauffage indiv., bon état, clair. 1.150.000 F.
IMMO JPBC 7.00.01.0

ARTS-ET-MÉTIERS. Studette avec mezzanine, kitchen. équipée, w.-c., douche, refait neuf. 280.000 F. - 2.36.15.8

SULLY-MORLAND
5 P., expos. Sud. 2.450.000 F.
Profess. libérale possible.
L'IMMOB'ILE 3.25.48.8

HOTEL DE VILLE.
Dans imm. ravalé, 5e, sans asc., 2 P., coin cuis., cab. toilette, w-c, cave. Prix : 700.000 F.
TEL. : 2.72.84.6

PRÈS PL. VOSGES
Imm. XVIIe. Réception + 3 chbres. 3.750.000 F.
JEAN CHRIS 8.04.36.5

Dans ancien hôtel particulier, STUDIO, parfait état, coin-cuis., W.C. s.de bain. 670.000 F.Part.
9.46.09.5 après 18 h.

48 LA LECTURE

La lettre manquante

Dans le poème suivant, le poète a pris soin de ne jamais utiliser une voyelle de l'alphabet. Laquelle ?

Ton désir, ô mon Prince, est de nous rendre heureux,
De tes peuples divers écoute donc les vœux :
Sur ton trône chéri, sois longtemps le modèle
Des rois dignes un jour d'une gloire immortelle.

GABRIELLE PEIGNOT,
Amusements philologiques,
1842.

Les coquilles

Le document suivant présente des fautes de frappe appelées coquilles. Retrouvez-les le plus rapidement possible et comptez-les.

Une femme désirait beaucoup avoir un petit éléphant, mais ne sachant comment y parvenir, elle alla trouver une vieille sorcière et lui rit : « Je voudrais avoir un petit enfant ; dis-moi ce qu'il faut paire pour pela.

— Ce n'est pas bien difficile, répondit la soupière ; voici un grain d'orge qui n'est pas de la nature de celle qui croît dans les champs du paysan ou que mangent les moules. Mets-le dans un pot de pleurs et tu verras.

Illustration de Benvenuti, 1960.
Ed. Fabbri.

— Persil, dit la femme » en donnant douze coups à la sorcière. Puis elle retra chez elle et planta le grain d'orge.

Bientôt elle vit sortir de la mer une grande belle fleur, ressemblant à une tulipe mais encore en poupon.

« Quelle jolie fleur ! » dit la femme en déposant un baiser sur ces feuilles rouges et jaunes ; et au même instant, la fleur pourrit avec un grand bruit.

D'après H.C. ANDERSEN,
la Petite Poucette.

2. Comprendre un texte

OBSERVONS

LES DIFFÉRENTES FAÇONS DE LIRE

Le pays de la soif

Dans les déserts, l'eau est rare mais pas totalement absente ; la pluie finit par tomber, l'air nocturne contient de l'humidité et des nappes souterraines stagnent : aussi la vie résiste-t-elle. Cependant il lui faut constamment se soumettre à la loi du désert : attendre, capter la moindre goutte d'eau et 5 l'économiser.

Trouver l'eau

Les animaux carnivores, tels les scorpions, les reptiles ou les renards, se contentent de l'eau que renferment leurs proies. Quant aux herbivores, comme les addax ou les gerboises, l'eau contenue dans les plantes charnues, les feuilles humides de rosée ou les grai- 10 nes leur suffit.

Faire des réserves

Le chameau boit en une seule fois 100 litres d'eau qu'il emmagasine dans la graisse de sa bosse. Ainsi, il peut marcher un mois sans boire.
Les plantes ont inventé les racines-réservoirs ou, comme les cac- 15 tus, les troncs-éponges, imbibés d'eau, qui assurent leur existence pendant plusieurs années.

Récupérer l'eau

Pour réduire l'évaporation, les plantes raccourcissent la taille de leurs feuilles recouvertes de vernis et souvent épineuses.
Les animaux, eux, freinent le processus de la transpiration, récu- 20 pèrent l'eau de leur respiration et produisent des excrément secs.

GENEVIÈVE DUMAINE,
le Livre des déserts,
Éd. Gallimard, collection Découverte Cadet.

Illustrations de Zdeněk Berger.
Droits réservés.

Illustration de Georges Lemoine.
© Bayard Presse-Pomme d'Api, 1978.

Un héros

1. gardien de prison.

Dans une prison [...], il y avait un corbeau mal apprivoisé, joie du préau, mais terreur des tout petits enfants du geôlier[1]. Il s'appelait Nicolas de son nom de baptême. Une aile aux plumes raccourcies l'empêchait de voler, mais un jour il s'évada par une grille ouverte. Grand émoi surtout parmi les prisonniers qui aimaient ce compagnon, non sans une nuance d'envie à la nouvelle de ce bonheur pour l'oiseau.

On rattrapa toutefois le délinquant qui, dès lors, lui joyeux et dansant d'ordinaire, hérissa désormais ses plumes et ne bougeait pas d'un certain angle du mur. Évidemment il songeait. Un jour on put savoir ce à quoi il songeait. La patronne faisait sa lessive et beaucoup de linge flottait dans des baquets; Nicolas n'hésita pas un instant, et profitant de ce que l'excellente femme avait le dos tourné pour quelque réprimande à ses enfants, sauta sur le rebord de *tous* les baquets et avec une agilité surprenante fit abondamment caca dans chacun d'eux. C'était une revanche de sa nouvelle captivité, une revanche terrible, car chacun se doute que la fiente d'un oiseau de cette taille dut gâter considérablement le linge fin et gros du ménage.

Son acte accompli, Nicolas retourna se coller au mur dans l'attitude du soldat qui va mourir de la mort militaire. Ses pressentiments ne trompaient pas l'héroïque volatile. Le patron rentrant apprit bien vite l'affreuse nouvelle, saisit sa carabine et Nicolas tomba pour ne plus se relever.

J'ajouterai qu'on le mangea et qu'il fut trouvé coriace un peu mais savoureux en diable.

Illustration de Yvan Pommaux extraite de *La marque Bleue*, de Y. et N. Pommaux.
© École des Loisirs, 1984.

PAUL VERLAINE,
Œuvres en prose complètes,
Éd. Gallimard, Bibliothèque de la Pléiade.

Peinture de Carl-Henning Pedersen : *La fille et l'oiseau*, 1988. Galerie Moderne Silkeborg, Danemark.

L'oiseau du Colorado

L'oiseau du Colorado
    Mange du miel et des gâteaux
    Du chocolat des mandarines
Des dragées des nougatines
Des framboises des roudoudous   5
De la glace et du caramel mou.

L'oiseau du Colorado
Boit du champagne et du sirop
Suc de fraise et lait d'autruche
Jus d'ananas glacé en cruche   10
Sang de pêche et navet
Whisky menthe et café.

L'oiseau du Colorado
Dans un grand lit fait un petit dodo
Puis il s'envole dans les nuages   15
Pour regarder les images
Et jouer un bon moment
Avec la pluie et le beau temps.

ROBERT DESNOS,
Destinée arbitraire,
Éd. Gallimard.

1. Interrogez les trois textes

a/ L'intérêt des textes
Trouvez un thème (sujet) commun à ces trois textes ?

b/ Les animaux
TEXTE 1
Relevez le nom des différents animaux cités dans ce passage.
A quelle partie du globe appartiennent-ils ? Quelle est leur préoccupation principale ?

TEXTE 2
Pourquoi Nicolas serait-il un héros ?
Quels sont ses sentiments successifs ? Citez le texte à l'appui de votre réponse.
Que pense de Nicolas l'auteur ? le geôlier ? le lecteur ?

TEXTE 3
Quelles sont les qualités et les défauts de l'oiseau du Colorado ?
Pensez-vous qu'il puisse exister ? Justifiez votre réponse.

c/ L'expression
Expliquez les expressions suivantes :
– 1 : *des nappes souterraines stagnent* (l. 3), *les troncs-éponges* (l. 16).
– 2 : *non sans une nuance d'envie* (l. 6), *le linge fin et gros du ménage* (l. 18-19).
– 3 : *sang de pêche et navet* (v. 11).

2. Comparez la lecture des trois textes

Quel texte vous a été le plus difficile à lire ? le plus simple à lire ? Pourquoi ?
Parmi ces trois textes, lequel est un récit, un poème, une enquête géographique...

3. Conclusion

Lisez-vous de la même façon un article de journal, une bande dessinée, un roman, une affiche, un poème... ? Pourquoi ?

APPROFONDISSONS

LIRE ET COMPRENDRE

Naufragé volontaire

Ce jour-là allait m'apporter une joie et une terreur. La joie fut de rencontrer une nouvelle sorte d'oiseau, un très joli oiseau que les Anglais appellent « white Tailet Tropic bird », ce que l'on traduirait mot à mot par « blanche-queue des tropiques », et que nous appelons en France un « paille-cul ». Imaginez-vous une colombe blanche au bec noir, à la queue prolongée d'une aigrette. L'air impertinent, elle se sert de cette aigrette comme gouvernail de profondeur. Je me précipitai sur *the raft book,* le livre à l'usage des naufragés que je possédais, et lus que la rencontre de cet oiseau ne prouvait pas que l'on était forcément près de la terre ; mais comme il ne pourrait venir que de la côte américaine, car il est absolument inconnu sur le vieux continent, c'était bon signe. Pour la première fois, j'avais la certitude de rencontrer un oiseau qui venait du continent vers lequel je me dirigeais.

J'allais être pris d'une terreur sans nom vers deux heures de l'après-midi. Tout à coup, alors que je lisais paisiblement mon Eschyle[1], un violent choc se produisit sur mon aviron-gouvernail :

« Tiens, encore un requin », pensai-je, et je me retournai. J'aperçus alors un espadon[2] de grande taille qui paraissait d'humeur méchante. A six mètres environ, en colère, la nageoire dorsale hérissée, il me suivait, et c'est en faisant des feintes autour de mon bateau qu'il avait cogné mon gouvernail. Vraiment, je connus alors un combattant. Si je l'avais seulement blessé, il prendrait du large, reviendrait m'attaquer, et c'en serait fini de *l'Hérétique* ! De plus, comme je préparais mon harpon[3], un peu précipitamment, un faux mouvement le fit tomber à la mer. C'était le dernier. Me voilà désarmé. Fixant alors mon couteau de poche sur mon fusil sous-marin, je me fais une baïonnette[4] de fortune, décidé à défendre chèrement ma vie, si l'attaque se produit.

1. auteur de tragédies dans la Grèce du VIe siècle av. J.-C.

2. poisson dont une mâchoire se prolonge en forme d'épée.

3. sorte de fusil sous-marin.

4. petite épée que l'on fixait au bout d'un fusil.

Cette angoisse intolérable devait durer douze heures. La nuit tombée, la position de l'espadon m'était donnée par les éclairs lumineux laissés dans son sillage et par le bruit que fait sa nageoire dorsale en divisant la vague. Plusieurs fois, son dos heurta le fond du bateau, mais il semblait tout de même me craindre. Jamais il n'osa m'approcher par l'avant. Il fonçait sur moi, et déviait brutalement sa course au moment de m'atteindre. Je m'aperçus qu'il avait peur... Peut-être autant que moi.

ALAIN BOMBARD,
Naufragé volontaire, Éd. Hachette.

1. Lisez le texte

a/ Le balayage du texte
Repérez le titre, le nombre de paragraphes, la longueur du passage, le nom de l'auteur.

b/ La lecture du texte
Certains mots ou expressions vous ont paru difficiles. Pouvez-vous les citer et dire pourquoi?
Comment avez-vous résolu chacune de ces difficultés?

c/ La relecture du texte
Relisez soigneusement le texte en étant particulièrement attentif aux détails concernant :
— les étapes du récit et leur durée,
— l'évocation des lieux,
— l'évocation des animaux.

2. Interrogez le texte

Sans regarder le texte, répondez à votre rythme aux questions suivantes :
a/ Quelle est la traduction en français de l'expression *white Tailet Tropic bird* :
— oiseau des tropiques blancs,
— blanche-queue des tropiques,
— paille-queue des tropiques,
— oiseau bleu des tropiques?

b/ A quoi ressemble cet oiseau :
— à un aigle,
— à une colombe,
— à un pigeon,
— à un héron?

c/ Que signifie la présence de cet oiseau :
— qu'on est près des tropiques,
— qu'on est près de la terre,
— qu'on est près du vieux continent,
— qu'on va vers l'Amérique?

d/ A quelle heure l'espadon attaque-t-il le bateau :
— à dix heures du matin,
— à deux heures de l'après-midi,
— à quatre heures de l'après-midi,
— à huit heures du soir?

e/ Combien de temps dure l'angoisse du naufragé volontaire :
— 10 heures,
— 12 heures,
— 18 heures,
— 24 heures?

f/ Comment se termine le récit :
— l'espadon attaque,
— l'espadon s'enfuit,
— l'espadon a peur d'attaquer,
— le héros tombe à l'eau?

3. Évaluez vos résultats

a/ Au cas où vous auriez fait des erreurs, demandez-vous pourquoi :
— vous avez lu le texte trop vite,
— vous n'avez pas été attentif aux détails importants du texte,
— vous n'exercez pas suffisamment votre mémoire.

b/ Au cas où toutes vos réponses seraient justes, pensez-vous que vous auriez pu obtenir le même résultat en lisant plus vite?

EXERÇONS - NOUS

La Barbe bleue

Imagerie d'Épinal - Pellerin - Début XXe siècle

EXERCICE 1

Il était une fois un homme qui avait de belles maisons à la ville et à la campagne, de la vaisselle d'or et d'argent, des meubles en broderie, et des carrosses tout dorés ; mais par malheur cet homme avait la Barbe bleue : cela le rendait si laid et si terrible, qu'il n'était ni femme ni fille qui ne s'enfuît devant lui.

CHARLES PERRAULT,
Contes.

L'essentiel et le superflu

Voici le début d'un conte. Faites-en une lecture attentive.

a/ Quelles sont les informations les plus importantes de ce texte ?

b/ Quelle est l'information la plus importante ?

Déchiffrer ou lire?

Lisez la liste des mots suivants qui appartiennent au domaine de la science :

algèbre	agronomie	archéologie	botanique
électronique	chimie	géographie	médecine
histoire	pédagogie	chronologie	biologie

a/ Êtes-vous capable de lire tous les mots?

b/ Comprenez-vous tous les mots?

c/ Quand peut-on dire que l'on a vraiment LU un texte? Qu'est-ce qu'une lecture « intelligente »?

Le climat de l'Italie

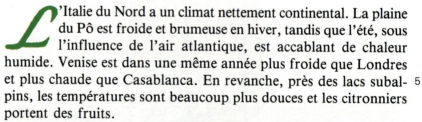

L'Italie du Nord a un climat nettement continental. La plaine du Pô est froide et brumeuse en hiver, tandis que l'été, sous l'influence de l'air atlantique, est accablant de chaleur humide. Venise est dans une même année plus froide que Londres et plus chaude que Casablanca. En revanche, près des lacs subalpins, les températures sont beaucoup plus douces et les citronniers portent des fruits.

L'Italie péninsulaire (et insulaire) se trouve, elle, en zone subtropicale. L'été est chaud, sec et lumineux. Au Maroc, les orangers sont en fleurs et toute la population organise de grandes réjouissances. Pendant l'hiver, le temps est sec, pluvieux, instable. Caractérisé par des vents sournois, ce climat est très contrasté, et la douceur méditerranéenne ne se rencontre guère que dans les rivieras abritées de Ligurie, de Campanie, de Calabre et de Sicile.

Températures moyennes annuelles : Turin 11,9 °C, Florence 14,5 °C, Rome 15,4 °C.

L'Italie,
Éd. Larousse, collection Mondes et voyages.

La phrase pirate

Une phrase pirate — c'est-à-dire une phrase qui vient d'un autre livre — a été glissée dans le texte ci-dessus : retrouvez-la.

Le Passe-Muraille

Avant de le lire, balayez ce texte des yeux pour en repérer la longueur et la mise en page.

Il y avait à Montmartre, au troisième étage du 75 *bis* de la rue d'Orchampt, un excellent homme nommé Dutilleul qui possédait le don singulier[1] de passer à travers les murs sans en être incommodé. Il portait un binocle, une petite barbiche noire, et il était employé de troisième classe au ministère de l'Enregistrement. En hiver, il se rendait à son bureau par l'autobus, et, à la belle saison, il faisait le trajet à pied, sous son chapeau melon.

Dutilleul venait d'entrer dans sa quarante-troisième année lorsqu'il eut la révélation de son pouvoir. Un soir, une courte panne d'électricité l'ayant surpris dans le vestibule de son petit appartement de célibataire, il tâtonna un moment dans les ténèbres et, le courant revenu, se trouva sur le palier du troisième étage. Comme sa porte d'entrée était fermée à clé de l'intérieur, l'incident lui donna à réfléchir et, malgré les remontrances[2] de sa raison, il se décida à rentrer chez lui comme il en était sorti, en passant à travers la muraille.

MARCEL AYMÉ,
le Passe-muraille,
Éd. Gallimard.

1. peu ordinaire.

2. réprimandes, reproches.

D'aventures en aventures

On ne peut imaginer la suite d'un texte que si on l'a compris d'abord dans son détail.
Après avoir répondu au questionnaire suivant, écrivez la suite des aventures du *Passe-Muraille.*

a/ Comment s'appelle le héros de cette histoire : Dulaurier, Dufilleul, Duchêne ou Dutilleul ?

b/ Quel est le pouvoir du héros :
— il peut se transformer en homme invisible,
— il peut se dédoubler,
— il peut passer à travers les murs,
— il peut voir dans l'obscurité ?

3. Aimer la lecture

OBSERVONS

LE PLAISIR DE LIRE

La leçon d'Isaka

A l'école d'Isaka, le jeune Njoroge découvre la lecture...

A l'école, Njoroge s'avéra bon en lecture. Il se rappela toujours sa première leçon. Le professeur se tenait devant la classe. C'était un homme pas très grand avec une petite moustache qu'il aimait toucher et caresser. Ils l'appelaient Isaka. C'était son prénom chrétien, une déformation d'Isaac. Les enfants connaissaient rarement le nom de famille de leurs professeurs. Beaucoup d'histoires circulaient sur Isaka. Il y en avait qui disaient que ce n'était pas un bon chrétien. Cela voulait dire qu'il buvait et fumait et sortait avec des femmes, choses que nul professeur de l'école n'était censé faire. Mais Isaka était jovial[1] et les enfants l'aimaient.

Njoroge admirait sa moustache. On disait qu'Isaka la tortillait malicieusement à chaque fois qu'il parlait à une femme professeur. C'était une source de bavardages incessants pour les enfants chaque fois qu'ils étaient entre eux.

Quand le professeur était entré, il avait dessiné un étrange signe au tableau.

« A ». Cela ne voulait rien dire, ni pour Njoroge ni pour les autres élèves.

Le professeur : « Ah ! Répétez[2] !
Les élèves : Aaaah !
Le professeur : Encore !
Les élèves : Aaaah ! »

On avait l'impression que le toit de tôle ondulée allait craquer.

Le professeur, inscrivant un autre signe au tableau : « Dites Eeee[2] !

1. gai, joyeux.

2. le professeur utilise ici la prononciation kikuyu de l'alphabet.

58 LA LECTURE

Les élèves : Eeeeeeh !

Cela avait un air connu et agréable ; quand un enfant pleurait, il faisait Eeee !

Le professeur : « Dites I !

Les élèves : Iiiiiiii.

Le professeur : Encore !

Les élèves : Iiiiiiii.

Le professeur : C'est l'ancienne façon kikuyu de dire *Hodi,* puis-je entrer ? »

Les enfants rirent. C'était si drôle la façon dont il disait cela. Il fit encore un autre signe au tableau. Le cœur de Njoroge battait vite. Il était réellement en train d'apprendre ! Il en aurait des choses à raconter à sa mère !

Le professeur : « Oooh. Répétez !

Les élèves : Ooooo.

Le professeur : Encore !

Les élèves : Ooooo. »

Une autre lettre :

Le professeur : « U.

Les élèves : Uuu.

Le professeur : Que fait une femme quand elle voit du danger ?

Les élèves (les garçons regardant les filles avec un air de triomphe) *:* Uu ! »

Dessin de Almoustafa Zennou Moussa.

Des rires fusèrent.

Le professeur : « Dites U-u-u-u-u.

Les élèves : U-u-u-u-u-u-u.

Le professeur : Quel animal fait U-u-u-u ? »

Un garçon leva tout de suite la main, mais, avant qu'il ait pu répondre, toute la classe avait crié : « Le chien. » Il y eut à nouveau des rires et des murmures confus.

Le professeur : « Que fait le chien ? »

Là, tout le monde n'était pas d'accord. Certains criaient que le chien faisait U-u, tandis que d'autres déclaraient que le chien aboyait.

Le professeur : « Le chien aboie.

Les élèves : Le chien aboie.

Le professeur : Que fait le chien quand il aboie ?

Les élèves : U-u, U-u. »

De ce jour, le professeur acquit le surnom de « U-U ». Njoroge aimait ces séances de lecture, surtout les moments où on discutait, riait et criait autant qu'on en avait envie. Au début, à son retour à la maison, il avait essayé d'apprendre à Kamau, mais il avait dû renoncer à cette idée car cela humiliait son frère.

NGUGI WA THIONG'O,
Enfant, ne pleure pas, Éd. Hatier.

1. Interrogez le texte

a/ L'auteur
Ngugi Wa Thiong'o est un écrivain kikuyu originaire du Kenya.
A l'aide d'un dictionnaire, précisez où se trouve le Kenya.

b/ L'intérêt du texte
Ce texte a été écrit en 1963. Quel reflet de l'Afrique offre-t-il ?
Citez quelques expressions du texte.

c/ Les personnages
Qui est Isaka ? Réalisez son portrait à partir des informations contenues dans le texte.
Pourquoi la moustache d'Isaka intéresse-t-elle tant les élèves ?
Les élèves sont-ils indisciplinés dans cet extrait ?
Justifiez votre réponse.

2. La découverte de la lecture

a/ Le plaisir des élèves
Comment les élèves prononcent-ils le A ? A partir de quelle voyelle commencent-ils à rire ?
Montrez que l'atmosphère de la leçon est de plus en plus gaie. Citez le texte.

b/ Le plaisir de Njoroge
Pourquoi le cœur de Njoroge battait-il plus vite (l. 37-38) ?
D'où vient son plaisir durant les séances de lecture ?

3. Votre plaisir de lire

Éprouviez-vous le même plaisir de lire lorsque vous avez découvert la lecture ?
Avez-vous aimé lire ce texte ? Pourquoi ?
Qu'attendez-vous de vos lectures : un certain plaisir ? de l'évasion ? des renseignements sur le monde qui vous entoure ?...

APPROFONDISSONS

LES RAISONS DE LIRE

L'île d'un Robinson

Jacques Vingtras a bousculé un jeune surveillant de son collège. Pour le punir, on l'a enfermé à clef dans une salle d'étude vide. C'est là qu'il découvre, oublié dans un coin, un ouvrage : Robinson Crusoé...

Il est nuit.
　　Je m'en aperçois tout d'un coup. Combien y a-t-il de temps que je suis dans ce livre ? quelle heure est-il ?
　Je ne sais pas, mais voyons si je puis lire encore ! Je frotte mes yeux, je *tends* mon regard, les lettres s'effacent, les lignes se mêlent, je saisis encore le coin d'un mot, puis plus rien.
　J'ai le cou brisé, la nuque qui me fait mal, la poitrine creuse ; je suis resté penché sur les chapitres sans lever la tête, sans entendre rien, dévoré par la curiosité, collé aux flancs de Robinson, pris d'une émotion immense, remué jusqu'au fond de la cervelle et jusqu'au fond du cœur ; et en ce moment où la lune montre là-bas un bout de corne, je fais passer dans le ciel tous les oiseaux de l'île, et je vois se profiler la tête longue d'un peuplier comme le mât du navire de Crusoé ! Je peuple l'espace vide de mes pensées, tout comme il peuplait l'horizon de ses craintes ; debout contre cette fenêtre, je rêve à l'éternelle solitude et je me demande où je ferai pousser du pain...
　La faim me vient : j'ai très faim.
　Vais-je être réduit à manger ces rats que j'entends dans la cale de l'étude ? Comment faire du feu ? J'ai soif aussi. Pas de bananes ! Ah ! lui, il avait des limons[1] frais ! Justement j'adore la limonade !
　Clic, clac ! on farfouille dans la serrure.
　Est-ce Vendredi ? Sont-ce des sauvages ?

1. citrons.

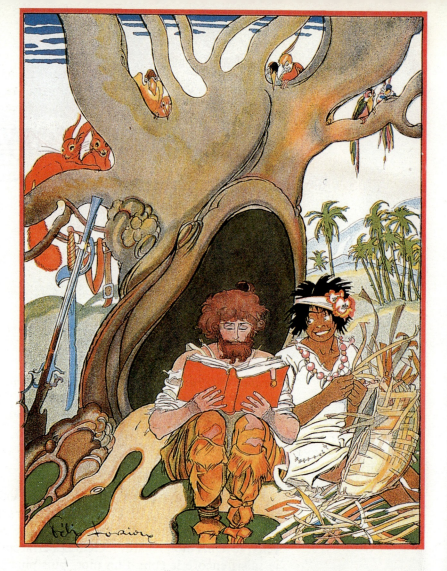

Illustration de Félix Lorioux extraite de *Robinson Crusoë*,
paru aux Éditions Hachette en 1930. Droits réservés.
Bibliothèque de l'Heure Joyeuse, Paris.

2. surveillant.

    C'est le petit pion[2] qui s'est souvenu, en se levant, qu'il m'avait *oublié,* et qui vient voir si j'ai été dévoré par les rats, ou si c'est moi qui les ai mangés.
    Il a l'air un peu embarrassé, le pauvre homme ! – il me retrouve gelé, moulu, les cheveux secs, la main fiévreuse ; il s'excuse de son mieux et m'entraîne dans sa chambre, où il me dit d'allumer un bon feu et de me réchauffer.
    Il a du thon mariné dans une timbale « et peut-être bien une goutte de je ne sais quoi, par là dans un coin, qu'un ami a laissé il y a deux mois ».

3. petite bouteille étroite et longue.

4. alcool de fruit et de céréales.

    C'est une topette[3] d'eau-de-vie[4], son péché mignon... Il est forcé de repartir, de rejoindre sa division. Il me laisse seul, seul avec du thon – poisson d'Océan –, la goutte – salut du matelot – et du feu – phare des naufragés.

Je me rejette dans le livre que j'avais caché entre ma chemise et ma peau, et je le dévore — avec un peu de thon, des larmes de cognac — devant la flamme de la cheminée.

Il me semble que je suis dans une cabine ou une cabane, et qu'il y a dix ans que j'ai quitté le collège ; j'ai peut-être les cheveux gris, en tout cas le teint hâlé. — Que sont devenus mes vieux parents ? Ils sont morts sans avoir eu la joie d'embrasser leur enfant perdu ? (C'était l'occasion pourtant, puisqu'ils ne l'embrassaient jamais auparavant.) O ma mère ! ma mère !

Je dis : « ô ma mère ! » sans y penser beaucoup, c'est pour faire comme dans les livres.

Et j'ajoute : « Quand vous reverrai-je ? Vous revoir et mourir ! »

JULES VALLÈS,
l'Enfant.

1. Interrogez le texte

a/ L'intérêt du texte
Comment Jacques rend-il sa punition supportable ?
Résumez cet extrait en quelques phrases.

b/ Les personnages
Jacques est-il angoissé parce qu'il est puni ? Citez le texte à l'appui de votre réponse.
Pourquoi l'auteur désigne-t-il le surveillant par l'expression : *le petit pion* (l. 24) ? Que pensez-vous de la punition qu'il inflige à Jacques ?

c/ Le lieu
Où se déroule l'anecdote rapportée par ce passage ? Citez le texte.

d/ L'expression
Expliquez l'expression et le mot suivants : *la lune montre là-bas un bout de corne* (l. 11-12), *l'étude* (l. 20).

2. Le plaisir de lire

a/ La situation
Pourquoi Jacques apprécie-t-il tant de découvrir un livre ?
Quelle sorte de livre a-t-il trouvé ? Pensez-vous que s'il avait découvert un livre de mathématiques, ses réactions auraient été les mêmes ? Pourquoi ?

b/ L'imagination
Comment Jacques transforme-t-il l'univers de sa prison ?
Montrez en citant quelques exemples pris dans le texte que Jacques devient lui-même Robinson Crusoé.

c/ L'évasion
Jacques passe-t-il sa nuit dans l'étude du collège ? Justifiez votre réponse.
Comment imagine-t-il la vie d'un Robinson ?
Comment transforme-t-il l'univers qui l'entoure ? Appuyez-vous sur des éléments précis du texte pour répondre.

3. Conclusion
Partagez-vous le plaisir de Jacques pour la lecture ? Pourquoi ? Que vous apporte la lecture d'un livre que vous avez choisi ?

EXERÇONS-NOUS

Un enfant prodige

L'enfant lut avidement tout ce qu'il trouva. La masse énorme des choses qu'il ne comprenait pas était mise à l'écart dans un recoin de son esprit. Mais il n'oubliait jamais rien et finissait pas repêcher des mots qu'il avait d'abord négligés, le sens d'un adjectif ou d'un verbe voisin les rendant soudain compréhensibles.

Au bout d'une heure, il ne lui fut plus nécessaire de lire ligne par ligne, il enregistrait d'un seul coup cinquante lignes à la fois. Bientôt, un simple regard sur une page lui suffit pour la savoir par cœur.

Sa cervelle absorbait et assimilait des quantités prodigieuses, stimulée par une véritable boulimie[1] de savoir.

Au bout d'un certain temps, il eut épuisé le gros dictionnaire et le jeta, sentant qu'il n'aurait plus jamais besoin de l'ouvrir, qu'il n'en oublierait rien. Il se vautra[2] sur le sol et lut tout ce qui lui tomba sous la main.

Les traités scientifiques prédominaient[3] : mathématiques, médecine, physique, astronomie... L'enfant n'eut pas beaucoup de peine à se passer d'ouvrages élémentaires. Il lui suffit d'un peu de réflexion pour les recréer mentalement.

STEFAN WUL,
Niourk, Éd. Denoël.

1. faim.
2. se coucher en se roulant.
3. étaient les plus nombreux.

La soif d'apprendre

a/ Qu'est-ce qu'un enfant prodige ? Aidez-vous du dictionnaire pour répondre.

b/ Quel livre lit-il pour commencer ? Quels types d'ouvrages préfère-t-il ensuite ? Pourquoi ?

c/ Pourquoi repêche-t-il *des mots qu'il avait d'abord négligés* (l. 4) ?

d/ Comment parvient-il à comprendre tout ce qu'il lit ? Fait-il des progrès au cours de son apprentissage ?

EXERCICE 2

Une classe-lecture dans la nature

Pendant trois semaines à Asnelles (Calvados), les quarante-deux enfants de cours moyen de l'École des provinces françaises, à Nanterre, n'ont pas seulement découvert la mer, que beaucoup voyaient pour la première fois, et la pratique du char à voile sur la plage. Les jeunes cobayes de la première « classe de lecture » [...] se sont aussi frottés aux contraintes du travail d'enquête journalistique. Ils ont appris à gérer[1] une bibliothèque, à construire une émission de radio, à confectionner tous les jours un journal, ils ont organisé une exposition à la mairie du village. Très éloigné de la lecture tout cela ? L'idée, en tout cas, a d'emblée surpris les enfants ainsi que leurs parents.

Antonina ou Franck n'étaient guère emballés par l'idée d'un séjour bâti sur la lecture, leur point faible. De nombreux parents ont demandé aux instituteurs s'ils allaient mettre au point de nouvelles méthodes d'apprentissage et si leurs enfants *allaient lire toute la journée*. Intrigués, mais très intéressés, les parents. Comme le souligne Maryse Lemaire, institutrice, aucun enfant n'est resté à Nanterre. [...]

L'idée de consacrer trois semaines à la lecture a donc séduit naturellement ces deux enseignants avides de solutions nouvelles et d'ouverture.

Pour la première fois sans doute, les salles de classe du centre Fernand Leconte du petit port normand, spécialisé dans l'accueil des classes transplantées, sont restées fermées pendant trois semaines.

Le cœur de la maison – superbe et situé à deux pas de la mer, – c'est la bibliothèque, à la fois lieu de détente, de travail et de rencontre, passage obligé pour se rendre au dortoir ou sortir dans le jardin disputer une partie de foot.

Dans celle-ci, on trouve, bien sûr, des livres en quantité : bandes dessinées (très convoitées et non frappées d'interdit), romans, illustrés ou non, livres documentaires et dictionnaires. Mais aussi la presse quotidienne du jour – une découverte pour de nombreux enfants, et des piles d'hebdomadaires[2]. Dans un coin, un ordinateur fonctionne presque en permanence. Il permet à la fois la gestion, par les enfants eux-mêmes, du prêt de livres, [...] et la recherche de documents ainsi que le traitement des textes écrits dans la journée pour le journal interne.

CHRISTINE GARIN,
Le Monde de l'Éducation,
juin 1988.

1. organiser.   2. journaux qui paraissent une fois par semaine.

Une expérience insolite

a/ Qu'est-ce qu'une classe de lecture, d'après cet article de journal ? Où cette classe était-elle organisée ? Pourquoi ?

b/ Pourquoi Antonina et Franck n'étaient-ils *guère emballés par l'idée d'un séjour bâti sur la lecture* (l. 20-21) ?

c/ Les élèves qui sont partis en classe-lecture savaient-ils bien lire ? Citez le texte.

d/ Quelles sortes de lecture les enfants pouvaient-ils pratiquer ?

e/ Quel programme leur a-t-on proposé ?

f/ Aimeriez-vous améliorer votre façon de lire en participant à une classe de lecture ? Pourquoi ?

65

AIDE MÉMOIRE

■ **On aime la lecture si on sait bien lire**

Pour **améliorer sa lecture,** il faut apprendre à :

- balayer des yeux le texte pour en repérer le titre, la longueur, les divisions, le nom de l'auteur,
- reconnaître les lettres et les mots,
- s'aider de la ponctuation et des accents,
- résoudre les difficultés de vocabulaire.

■ **Savoir lire un texte, c'est aussi le comprendre**

Pour y parvenir, il faut être attentif :

- à la nature du texte (littérature, science, histoire, géographie, article de presse, affiche, bandes dessinées...),
- aux idées importantes du texte.

De plus, il convient de lire selon son **propre rythme,** ni trop vite, ni trop lentement.

■ **La lecture est un plaisir**

Elle permet à chacun d'enrichir son vocabulaire et ses idées, d'exercer son imagination et de s'évader par le rêve.

TRAVAUX

Le rossignol prisonnier

Ill. de Harrisson William Weir (1824-1906).

Autrefois, le rossignol ne chantait pas la nuit. Il avait un gentil filet de voix et s'en servait avec adresse du matin au soir, le printemps venu. Il se levait avec les camarades, dans l'aube grise et bleue, et leur éveil effarouché secouait les hannetons endormis à l'envers des feuilles de lilas.

Il se couchait sur le coup de sept heures, sept heures et demie, n'importe où, souvent dans les vignes en fleur qui sentent le réséda[1], et ne faisait qu'un somme[2], jusqu'au lendemain.

Une nuit de printemps, le rossignol dormait debout sur un jeune sarment, le jabot en boule et la tête inclinée, comme un gracieux torticolis. Pendant son sommeil, les cornes de la vigne, ces vrilles[3] cassantes et tenaces, dont l'acidité d'oseille fraîche irrite et désaltère, les vrilles de la vigne poussèrent si dru[4], cette nuit-là, que le rossignol s'éveilla ligoté, les pattes empêtrées de liens fourchus, les ailes impuissantes...

Il crut mourir, se débattit, ne s'évada qu'au prix de mille peines, et de tout le printemps se jura de ne plus dormir, tant que les vrilles de la vigne pousseraient.

Dès la nuit suivante, il chanta, pour se tenir éveillé :

> Tant que la vigne pousse, pousse, pousse...
> Je ne dormirai plus !
> Tant que la vigne pousse, pousse, pousse...

Il varia son thème[5], l'enguirlanda de vocalises[6], s'éprit[7] de sa voix, devint ce chanteur éperdu[8], enivré et haletant, qu'on écoute avec le désir insupportable de le voir chanter.

J'ai vu chanter un rossignol sous la lune, un rossignol libre et qui ne se savait pas épié. Il s'interrompt parfois, le col[9] penché, comme pour écouter en lui le prolongement d'une note éteinte... Puis il reprend de toute sa force, gonflé, la gorge renversée, avec un air d'amoureux désespoir. Il chante pour chanter, il chante de si belles choses qu'il ne sait plus ce qu'elles veulent dire. Mais moi, j'entends encore le premier chant naïf et effrayé du rossignol pris aux vrilles de la vigne :

> Tant que la vigne pousse, pousse, pousse...

COLETTE,

Les Vrilles de la vigne, Ed. Hachette.

---

1. plante à fleurs blanches ou jaunes. — 2. s'endormait sans se réveiller. — 3. petites tiges qui s'enroulent en hélice et permettent à la plante de se fixer. — 4. serré. — 5. changea son chant. — 6. le décora avec des effets de voix. — 7. aima. — 8. fou, inspiré. — 9. le cou.

TRAVAUX PRATIQUES

1. Interrogez le texte

a/ Les premiers repérages
Qui est l'auteur de ce texte ?
Combien de paragraphes comporte-t-il ?
Repérez dans le premier paragraphe le mot *hannetons* ; dans le troisième paragraphe, le mot *oseille*.
Ce texte est-il un récit, une poésie ou un dialogue ? Justifiez votre choix.

b/ La première lecture
Pourquoi ce texte est-il accompagné de nombreuses notes en bas de page ?
Sur quels mots ou phrases avez-vous rencontré des difficultés de lecture ?
Pourquoi ?

2. La compréhension du texte

Sans regarder le texte, répondez à votre rythme aux questions suivantes (attention ! il peut y avoir plusieurs réponses justes).

a/ Le rossignol avait autrefois :
– une belle voix,
– un filet de voix,
– une vilaine voix ?

b/ Il chantait :
– durant la journée,
– durant la nuit ?

c/ Les vrilles de la vigne sont :
– des animaux,
– des végétaux,
– des rochers ?

d/ Le rossignol, après s'être libéré à grand-peine, décide :
– de quitter les vignes,
– de ne plus dormir la nuit,
– de vivre en compagnie d'autres oiseaux ?

e/ Colette :
– admire le rossignol sous la lune,
– est irritée par ses vocalises,
– se souvient du premier chant effrayé du rossignol ?

3. Le plaisir du texte

a/ La poésie du texte
Relevez dans le texte les passages et les mots les plus poétiques.

b/ La relecture du texte
Relisez le texte en prenant soin d'y mettre le ton.
Cette relecture est-elle utile ? Justifiez votre réponse.

3 écrire

1. La formation des lettres **2.** Les richesses du vocabulaire **3.** Le plaisir d'écrire

Vous allez apprendre à :
— bien écrire
— choisir votre vocabulaire
— écrire avec plaisir

INTERVIEW PAGES 70-71

L'INTERVIEW

Paul Guth : « Une belle écriture, c'est comme un paysage. »

1 Quels souvenirs gardez-vous de l'époque où vous avez appris à écrire ?
PAUL GUTH.
J'horripilais mon maître par ma mauvaise façon de tenir mon porte-plume. Un jour, il s'est mis en colère si bien que ma plume a traversé le papier et s'est fichée dans la table en vibrant comme une flèche !

2 Est-ce que vous écriviez mal ?
Je tenais mal mon porte-plume : je le tenais trop haut si bien que je me crispais et je me fatiguais énormément.

3 Aimiez-vous écrire, dessiner les lettres ?
Il m'est arrivé une chose terrible : on m'a fait changer d'écriture. Spontanément, j'avais une immense écriture avec des jambages qui traversaient d'une ligne à l'autre, une écriture penchée. Et puis, mon maître, de façon autoritaire, m'a forcé à écrire droit.

4 Appréciez-vous les belles écritures, la calligraphie ?
J'adore les belles écritures !
Pour moi, une belle écriture, c'est comme un paysage, c'est absolument grisant !

5 Quelle est votre lettre préférée dans l'alphabet ?
Les lettres sont des êtres vivants. La lettre qui m'attire le plus, c'est le « o », parce que le cercle est la forme parfaite. J'aime beaucoup aussi le « t » majuscule comme on l'écrivait autrefois : il ressemblait à une clé de sol.

6 Avec quoi écrivez-vous ? Sur quel type de papier ?
J'écris toujours à la main, sur des dos de pages imprimées parce que souvent, il s'agit d'un papier très doux, très velouté. Je n'écris que sur des feuilles blanches. Je ne peux pas écrire sur du papier de couleur.

Et j'utilise toujours de l'encre noire, si bien que, ne pouvant effacer, je rature énormément !

7 Quel rôle les dictionnaires jouent-ils au moment de la création ?
Un rôle capital. Je recherche l'orthographe, l'étymologie des mots...

8 L'élève Paul Guth était-il bon en rédaction ?
Très bon ! J'étais toujours premier en français. J'adorais faire des rédactions.

9 En dehors des rédactions, aimiez-vous écrire des poèmes ?
Mon œuvre poétique se borne à un vers et demi : quand je préparais le Bac, j'étais très craintif, très naïf ; et les jeunes filles de Villeneuve-sur-Lot, pour me troubler, se promenaient sous ma fenêtre en chantant : « Nuit de Chine, nuit câline, nuit d'amour ». Alors, j'ai voulu leur consacrer un poème. Et j'ai commencé : « Je ne vous ai jamais vues que le soir, et mon âme... » J'en suis resté là !

10 Pourquoi êtes-vous devenu écrivain ?
Quand j'étais enfant, je ne voulais pas du tout devenir écrivain : je voulais devenir chef de gare pour faire voyager gratuitement toute ma famille. Je me suis mis à écrire par hasard, parce qu'on me l'a demandé. Juste après la guerre, un de mes amis m'a proposé de travailler avec lui dans un journal qui s'appelait *Spectateur*.

11 Éprouviez-vous de la difficulté à écrire dans ce journal ?
Non. Je me suis senti libéré parce que lorsque j'écrivais pour un professeur, je me surveillais, je n'osais pas tout dire. Tandis que là, je me suis aperçu que je pouvais écrire tout ce qui me passait par la tête, que j'étais complètement libre. C'était une ivresse !

12 Si vous aviez une classe de 6ᵉ devant vous, que diriez-vous aux élèves pour les encourager à écrire, pour leur donner envie d'écrire ?
Je parlerais avec eux. Par exemple, s'ils devaient traiter le sujet : « Quel a été le jour le plus agréable de vos vacances ? » je leur poserais beaucoup de questions pour les stimuler, pour les exciter à me raconter cela. Puis, je leur dirais : « Ce que vous venez de me dire, il vous suffit de l'écrire, maintenant. Surtout, ne soyez pas intimidés par le papier, par le stylo. Écrivez comme vous parlez. »

13 Mais on recommande toujours aux élèves de ne pas écrire comme ils parlent !
Pour avoir du plaisir à écrire, il faut d'abord savoir parler. Donc je leur dirais : « Apprenez à bien parler et écrivez comme vous parlez ! »

14 Vous avez été professeur : quel souvenir gardez-vous de cette époque ?
Ça a été le moment le plus délicieux de ma vie !

15 Si vous trouviez des fautes d'orthographe dans vos copies, enleviez-vous des points ?
Oui, mais en ce temps-là, les élèves faisaient très peu de fautes !

16 Proposez un sujet de rédaction à une classe de 6ᵉ.
Quel problème ! Tout est sujet de rédaction ! J'hésite, non pas entre deux sujets, mais entre des milliers ! Pour résoudre la question, je procéderais peut-être à un référendum : je demanderais aux élèves : « Quels sujets aimeriez-vous traiter ? »

Entretien réalisé pr Évelyne Amon et Yves Bomati, le 20 octobre 1989.

1. La formation des lettres

OBSERVONS

L'HISTOIRE DE L'ÉCRITURE

Naissance de l'écriture

Les grottes de la Préhistoire ne sont pas des livres, mais on y trouve, peintes sur le rocher, les premières écritures. Nous ne savons pas les lire...

La plus ancienne écriture connue apparaît en Mésopotamie, vers 3300 avant notre ère. On l'appelle cunéiforme, ce qui veut dire en forme de coin, car les signes qu'elle utilise ont une forme de tête de clou. Ce sont des marques gravées dans des tablettes d'argile à l'aide d'un outil de roseau.

Pour écrire sur les tablettes d'argile, on utilisait des baguettes de roseau ou « calames ». Ces baguettes étaient taillées différemment en fonction de leur utilisation :

– forme « de coins »
  (cf. texte ci-joint l. 6).
– forme « à bout creusé ».
– forme « à bout rond ».

Écriture Cunéiforme, Tablette économique concernant une livraison d'ânes à divers personnages. On peut noter les oreilles et la tête allongée des ânes très visibles sur le document.
Argile cuite. Tello, Basse Mésopotamie. Époque des dynasties archaïques III, datée de l'An 4 d'Enentarzi, Prince de Lagaš (2364-2359 av. J.-C.). Paris, Musée du Louvre.

5

Écriture Sumérienne sur un poids en pierre, époque de Shu-Sin (2029 à 2037 av. J.-C.). Paris, Musée du Louvre.

Schéma d'évolution des signes cunéiformes. Dessins de Jean-Paul Boulanger et Geneviève Renisio dans « *Naissance de l'Écriture* ». Éditions de la Réunion des Musées nationaux.

Dates approximatives :	−3300	−2800	−2400	−1800	−700
L'étoile (signe du ciel et du dieu)					
La parcelle de terre (signe de la terre)					
La silhouette humaine (signe de l'homme)					
Le poisson					
La tête de vache (signe de la vache)					

Disque de Phaestos, Crète. Heraklion, Musée archéologique (1800 av. J.-C.) Ce disque comporte 45 signes : maisons, figures d'animaux, objets de la vie quotidienne.

73

Hiéroglyphes égyptiens. Tombeau du pharaon Horemheb (18ᵉ dynastie).

Hiéroglyphes égyptiens sur un papyrus extrait du livre des Morts. Égypte, Musée du Caire.

▼

Schéma d'évolution de signes hiéroglyphiques. Dessins de Jean-Paul Boulanger et Geneviève Renisio dans « Naissance de l'écriture ». Éditions de la Réunion des Musées nationaux.

La chouette = M

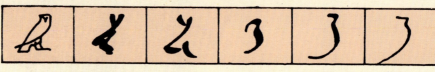

Vᵉ dyn.   XIᵉ dyn.   XVIIIᵉ dyn.   XXIᵉ dyn.   Époque romaine

74 ÉCRIRE

Peu de temps après le cunéiforme, vers 3150 avant notre ère, les Égyptiens mettent au point leur propre écriture : les hiéroglyphes. On la trouve gravée ou peinte sur les murs des temples et des tombes. Elle est aussi écrite à l'encre sur des feuilles de « papyrus », faites avec les tiges d'un roseau qui pousse au bord du Nil.

Les signes hiéroglyphiques, comme ceux du cunéiforme, expriment parfois simplement l'objet qu'ils représentent (la maison, l'homme, etc.), parfois une idée (courir, parler...). Mais ils permettent aussi de rendre des sons. Ces écritures sont difficiles à apprendre et à lire. Il faut connaître des centaines et des centaines de signes.

Vers 1100 avant notre ère, des Phéniciens[1] de Byblos[2] mettent au point un système beaucoup plus simple : l'alphabet. Cette écriture ne compte que peu de signes, les lettres, qu'il suffit d'associer pour donner des sons et former des mots. Plus tard, les Grecs adaptèrent ce système à leur langue et ils le transmirent aux Romains.

Les Égyptiens appellent les signes hiéroglyphiques « paroles divines ». Seuls des spécialistes, les « scribes », savent les transcrire. Ce sont des fonctionnaires très savants travaillant à l'administration du royaume et à celle des temples. Ils tiennent les comptes des impôts, ils écrivent l'histoire des pharaons. Ils recopient des textes religieux qui expliquent la création du monde, le déluge[3], l'histoire des dieux, et bien d'autres choses.

GÉRARD FINEL, DANIEL SASSIER,
Un livre, des hommes, Éd. Savoir Livre.

1. habitants de la Phénicie, territoire recouvrant aujourd'hui Israël, le Liban et la Syrie.
2. ville de Phénicie, située aujourd'hui au nord de Beyrouth, au Liban.
3. épisode célèbre de la Bible, dans lequel on voit les eaux envahir la terre entière.

1. Interrogez le texte

a/ La lecture du texte
Quel est le mot le plus difficile à prononcer dans ce texte ? D'où vient cette difficulté (sa longueur, sa nouveauté...) ?
Relevez les noms propres du texte. Comment les reconnaissez-vous ?

b/ L'intérêt du texte
Trouvez dans chaque paragraphe un mot ou une expression pouvant servir de titre.

c/ Le temps
A quelle époque se situe la préhistoire ? Quand commence notre « ère » (l. 5) ?

d/ Les lieux
Où se trouve la Mésopotamie ? Quels pays recouvre-t-elle aujourd'hui ?

2. L'histoire de l'écriture

a/ Les débuts de l'écriture
Comment s'appelle la plus ancienne écriture connue ? Quelles sont ses caractéristiques ?

b/ Les hiéroglyphes
Qui a inventé les hiéroglyphes ?
Sur quels matériaux sont-ils gravés ou peints ?
Que représentent-ils ? Citez le texte.

c/ L'alphabet
Depuis combien de temps l'alphabet existe-t-il ?
Comment l'alphabet est-il parvenu jusqu'à nous ?

d/ Les scribes
Quel est le rôle des scribes dans l'Égypte ancienne ?

3. Conclusion
Pourquoi l'alphabet est-il un système beaucoup plus simple que les hiéroglyphes ?

APPROFONDISSONS

LE DESSIN DES LETTRES

L'alphabet

Avez-vous remarqué combien l'Y est une lettre pittoresque[1] qui a des significations sans nombre ? — L'arbre est un Y ; l'embranchement de deux routes est un Y ; le confluent[2] de deux rivières est un Y ; une tête d'âne ou de bœuf est un Y ; un verre sur son pied est un Y ; un lys sur sa tige est un Y ; un suppliant qui lève les bras au ciel est un Y. [...] Toutes les lettres ont d'abord été des images.

La société humaine, le monde, l'homme tout entier est dans l'alphabet. [...]

A, c'est le toit, le pignon[3] avec sa traverse[4], l'arche, arx[5] ; ou c'est l'accolade[6] de deux amis qui s'embrassent et qui se serrent la main ; D, c'est le dos ; B, c'est le D sur le D, le dos sur le dos, la bosse ; C, c'est le croissant, c'est la lune ; E, c'est le soubassement[7] [...] ; F, c'est la potence, la fourche, furca[8] ; G, c'est le cor ; H, c'est la façade de l'édifice avec ses deux tours ; I, c'est la machine de guerre lançant le projectile ; J, c'est le soc[9] et c'est la corne d'abondance[10] ; K, c'est [...] une des clefs de la géométrie ; L, c'est la jambe et le pied ; M, c'est la montagne, ou c'est le camp, les tentes accouplées ; N, c'est la porte fermée avec sa barre diagonale ; O, c'est le soleil ; P, c'est le portefaix[11] debout avec sa charge sur le dos ; Q, c'est la croupe avec sa queue ; R, c'est le repos, le portefaix appuyé sur son bâton ; S, c'est le serpent ; T, c'est le marteau ; U, c'est l'urne ; V, c'est le vase (de là vient qu'on les confond souvent) ; je viens de dire ce que c'est qu'Y ; X, ce sont les épées croisées, c'est le combat ; qui sera vainqueur ? on l'ignore. [...] Z, c'est l'éclair, c'est Dieu. [...]

Voilà ce que contient l'alphabet.

VICTOR HUGO,
Carnets de voyage.

---

1. originale.

2. point de rencontre de deux cours d'eau.

3. partie supérieure et triangulaire d'un mur.

4. pièce de bois posée à l'horizontale.

5. mot latin : citadelle, lieu élevé, cime.

6. geste qui consiste à mettre les bras autour du cou de quelqu'un.

7. partie inférieure d'une construction.

8. fourche.

9. pièce métallique servant à labourer la terre.

10. corne d'où s'échappent des fruits et des fleurs, image qui suggère la richesse et la profusion.

11. porteur.

ABCDEFGHIJKLMNOPQRSTUVWXYZ

abcdefghijklmnopqrstuvwxyz

Loto alphabétique, XIXᵉ s.
Musée National de l'éducation, Rouen

1. Interrogez le texte

a/ La lecture du texte
Trouvez les deux phrases interrogatives du texte. Lisez-les tout haut : sur quelle syllabe votre voix doit-elle monter ? Pourquoi ?

b/ L'auteur
Qui est Victor Hugo ? En vous aidant du dictionnaire, citez deux de ses principales œuvres.

c/ L'intérêt du texte
Que cherche à montrer Victor Hugo dans ce passage ?

d/ Le vocabulaire
Retrouvez, à l'aide du dictionnaire, l'origine du mot *alphabet*.
Voici deux mots difficiles du texte : *pignon, traverse*. Vérifiez leur sens dans les notes situées en marge de l'extrait. A quel domaine appartiennent-ils ?

2. Le dessin des lettres

a/ Majuscules et minuscules
L'alphabet présenté par Victor Hugo est-il composé de lettres minuscules ou majuscules ? Quelle différence faites-vous entre les deux ?

b/ Droites et courbes
Quelles sont les lettres de l'alphabet présentant des courbes ?
Citez une lettre formée de 2 droites, de 3 droites, de 4 droites ?
Quelles sont les lettres formées à la fois de courbes et de droites ?
Observez un alphabet majuscule en entier : quelles sont les lettres qui se ressemblent ?

c/ La signification des lettres
Hugo associe le dessin de chaque lettre à une image. D'après vous, quelle image correspond le mieux au « Y » ? Sur quelle lettre êtes-vous en désaccord avec Hugo ? Proposez une autre image. Expliquez l'expression : *l'homme tout entier est dans l'alphabet* (l. 8-9).
Si possible, classez les images suggérées par l'auteur dans les deux catégories suivantes : animaux, nature.

3. Prolongements

Refaites l'alphabet à votre manière : « A, c'est... »

EXERÇONS-NOUS

Les hiéroglyphes

a/ Observez attentivement le document présenté ci-dessus. Quels sont les dessins ayant pour vous un sens ? Que représentent-ils ?

b/ Inventez des hiéroglyphes pour traduire les actions suivantes : manger, danser, écrire.

La calligraphie

Voici un texte « calligraphié ».

Extrait de l'encyclopédie de Diderot et d'Alembert. XVIIIe s.

a/ Quelles sont ses caractéristiques ?

b/ Le mot « calligraphie » vient du grec *kallos* : beau et *graphein* : écrire. Que signifie-t-il ?

c/ Calligraphiez, sur une page blanche, cette strophe de P.-J. Toulet (*Contrerimes* Éd. Gallimard).

> Le coucou chante au bois qui dort.
> L'aurore est rouge encore,
> Et le vieux paon qu'Iris décore
> Jette au loin son cri d'or.

Cahier de brouillon

En classe de 503 le prof de français fait son cours.

C'est le jour où il faut rendre les rédactions ; quelques élèves n'ont pas les leurs. Je suis dans le lot. Malheur à ceux-là ! Et en effet juste après le ramassage le professeur commence à me scruter de ses grands yeux. C'est par moi qu'elle va commencer. C'est le plus beau palmarès que j'ai jamais eu : 4 heures de colle et une rédac de 4 pages minimum celle-ci n'en fait que trois mais j'estime que je n'en méritait pas tant

Soignez votre écriture !

a/ Lisez attentivement le brouillon présenté ci-dessus. Pourquoi est-il difficile à lire ?

b/ Faites la liste des mots particulièrement mal écrits.

c/ Sur quels mots l'élève a-t-il oublié les points sur les « i » et les « j » ? les accents ? les majuscules ?

d/ Sur quels mots la barre du « t » est-elle mal placée ?

A chacun son alphabet

a/ Voici des lettres empruntées aux alphabets grec, chinois, russe et français. Observez attentivement le dessin de ces lettres.

b/ Regroupez-les selon leur ressemblance.

L'alphabet décoratif

a/ Que représente cette image ?

b/ Quelles en sont les couleurs dominantes ? Le tableau présente-t-il davantage de lignes courbes ou de lignes droites ? Quelle impression d'ensemble dégage-t-il ?

c/ A votre tour, imaginez une décoration pour votre lettre préférée. Utilisez, au choix, les crayons de couleur, les crayons feutres ou la peinture.

Lettrine du XVIe s.
extraite de *Alphabets décoratifs*,
de Pat Russell.
Éditions Bookking International, 1988.

L'écriture du futur

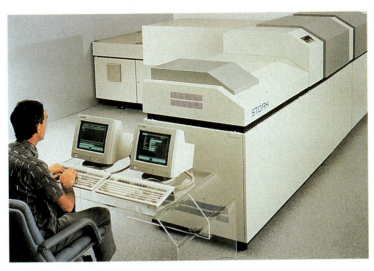

Matériel de photogravure permettant le traitement simultané du texte et de l'image. (Système d'épreuves couleur électrostatique a.c.p.).

a/ Donnez la définition du laser et du traitement de texte. Pourquoi peut-on dire que ces inventions révolutionnent l'écriture ?

b/ Imaginez comment, sur quoi et avec quoi les hommes écriront dans mille ans.

2. Les richesses du vocabulaire

OBSERVONS

LES RESSOURCES DU DICTIONNAIRE

PAON, *(rare)* **PAONNE** [pã, pan] *n.* (v. 1220; *poun,* 1125; fém. *paonne,* 1469; lat. *pavo, pavonis*). ♦ **1°** Oiseau originaire d'Asie *(Gallinacés, Phasianidés)* de la taille d'un faisan, dont le mâle porte une chatoyante livrée bleue mêlée de vert, une aigrette en couronne, et une longue queue aux plumes ocellées[1] que l'animal peut redresser et déployer en éventail. V. **Roue.** *Le paon, la paonne* (au plumage terne) *et les paonneaux* [pano]. *Paon qui fait la roue* ◊ Loc. *Pousser des cris de paon* : très aigus. *Être vaniteux comme un paon. Marcher en se rengorgeant comme un paon.* V. **Pavaner** (se). — Loc. prov. *Le geai paré des plumes du paon. Se parer des plumes du paon* : se prévaloir de mérites qui appartiennent à autrui. ♦ **2°** (1734). Nom de certains papillons aux ailes ocellées. *Paon-de-jour.* V. **Vanesse.** *Paon-de-nuit.* V. **Saturnie.** ◊ HOM. (du masc.) *Pan;* formes du v. *pendre;* (du fém.) *Panne.*

PETIT ROBERT 1.

1. parsemées de taches dont le centre et le contour sont de deux couleurs différentes.

1. Interrogez le texte

a/ La lecture du texte
Ce texte présente différents caractères d'imprimerie : majuscules, minuscules, gras, italiques.
Relevez un exemple de ces différents caractères.

b/ L'intérêt du texte
Ce texte raconte-t-il une histoire ou donne-t-il une information ?

c/ Le plan du texte
Par quels signes vous sont indiquées les différentes parties du texte ?

d/ Le vocabulaire
Dans le texte, l'auteur utilise les abréviations des mots suivants :
— féminin   — voir
— nom   — homonyme
— locution   — verbe
— latin   — locution proverbiale
Retrouvez ces abréviations.

e/ La phrase
Nom de certains papillons aux ailes ocellées. Récrivez cette phrase en introduisant un verbe au présent de l'indicatif. Quelle version convient le mieux au dictionnaire ? Pourquoi ?

Le Paon, illustration de L. Bourgeois, 1926. Droits réservés.

2. Utilisez le dictionnaire

a/ L'orthographe du mot
Quelle difficulté présente l'orthographe du mot *paon*? Citez deux noms d'animaux présentant la même particularité. L'un est le petit de la biche, l'autre est un insecte.

b/ Le sens du mot
Cet article vous donne des informations sur le paon :
– d'où vient-il ?
– quelle est sa taille ?
– quelles sont les caractéristiques du mâle ?
Relevez une phrase dans laquelle on donne le second sens du mot *paon*.

c/ L'histoire du mot *paon*
Relevez dans les deux premières lignes du texte :
– une information sur l'origine du mot *paon*,
– la date à laquelle ce mot est apparu dans la langue française.

d/ La famille du mot *paon*
Par quel terme désigne-t-on la femelle du paon? le petit du paon?
Utilisez ces deux termes dans une phrase de votre composition.

e/ Les mots inconnus
Relevez dans l'article trois mots dont vous ignorez le sens.
Recherchez leur signification.

f/ Les pistes du dictionnaire
Les mots *roue*, *pavaner*, sont écrits en caractères gras dans le texte. Pourquoi ?

3. Conclusion

D'après cet exercice, que trouve-t-on dans un article de dictionnaire ?

APPROFONDISSONS

CHOISIR SES MOTS

L'épée de Damoclès

Le tyran Denys[1] lui-même a porté un jugement sur son propre bonheur.

Comme Damoclès, un de ses flatteurs, lui parlait en conversation de ses richesses, de ses ressources, de la grandeur de son pouvoir, de son opulence et de la magnificence des demeures royales et qu'il disait que personne n'avait jamais été plus heureux que lui, il lui dit : « Veux-tu, Damoclès, puisque ma vie te plaît tant, y goûter toi-même et faire l'épreuve de ma fortune[2] ? » Damoclès ayant dit qu'il le désirait, il le fit placer sur un lit d'or, couvert d'un très beau tapis paré de superbes broderies à sujet[3] ; et il fit orner les crédences[4] de vaisselle d'or et d'argent ciselé. Alors, sur son ordre, des esclaves choisis, d'une grande beauté, se tinrent près de la table, et, attentifs au moindre signe, faisaient le service. Il y avait des parfums et des couronnes[5] ; on brûlait des aromates[6] ; les tables étaient chargées des mets les plus exquis. Damoclès se croyait un homme heureux. Au milieu de ces somptuosités, Denys fit abaisser une épée suspendue au plafond par un crin de cheval, de façon qu'elle s'approchât du cou de cet heureux homme. Aussi il n'avait plus de regard pour les beaux serviteurs ni pour l'argenterie d'art ; il n'étendait plus sa main sur la table ; et les couronnes glissaient de sa tête. Finalement, il pria le tyran de lui permettre de s'en aller, parce qu'il ne voulait plus être heureux.

CICÉRON,
dans *l'Antiquité en poésie*,
Éd. Gallimard, collection Folio Junior, p. 105.

1. Denys l'Ancien régna sur Syracuse de 405 à 367 av. J.-C.

2. bonheur.

3. broderies représentant des fleurs, des scènes mythologiques.

4. buffets à étagères.

5. on se couronnait la tête dans les fêtes et les banquets.

6. plantes qui dégagent de forts parfums.

1. Interrogez le texte

a/ Les personnages

Que cherche à obtenir Damoclès du tyran Denys ?

Le tyran Denys est-il cruel ou sage ? Justifiez votre réponse.

b/ L'action

Que veut prouver Denys à Damoclès en suspendant une épée au-dessus de lui ? Expliquez la dernière phrase du texte.

c/ L'époque

Quand ce texte a-t-il été écrit ? Combien d'années nous en séparent ?

d/ L'expression

Pourquoi Cicéron écrit-il : *Damoclès se croyait un homme heureux* (l. 15-16) et non : « Damoclès était un homme heureux » ?

2. Le choix du vocabulaire

a/ Le sens des mots

Voici des mots du texte : *ressources* (l. 4), *opulence* (l. 5), *magnificence* (l. 5), *ciselé* (l. 11). Précisez leur signification :
— en les rapprochant d'autres mots que vous connaissez (ex. : flatteur/flatterie),
— en vous aidant du contexte, c'est-à-dire des mots qui les entourent.
Vérifiez votre définition dans le dictionnaire, puis employez chaque mot dans une phrase de votre composition.
Quel est le sens du mot *argent* (l. 11) dans le texte ? Employez-le dans une phrase où il aura un autre sens.

b/ Les mots et les idées

Relevez tous les mots qui évoquent l'idée de richesse, puis ordonnez-les dans les catégories suivantes : noms communs, adjectifs qualificatifs, verbes.

A l'aide du dictionnaire, enrichissez chaque catégorie de deux mots supplémentaires.

c/ Les synonymes

On appelle synonymes des mots qui ont le même sens.
Trouvez quatre synonymes du nom *demeure* (l. 5). Construisez une phrase dans laquelle vous utiliserez tour à tour les quatre synonymes.
Quelle différence faites-vous entre les verbes *vouloir* (l. 7) et *désirer* (l. 9) ? Utilisez ces deux mots dans deux phrases qui feront ressortir cette différence.

Allégorie du goût, peinture de l'école de Brueghel de Velours. XVIe-XVIIe s., *La Fère*, Musée Jeanne d'Aboville.

EXERÇONS - NOUS

Avec ou sans dictionnaire ?

Rédigez la définition des mots : ami, copain, livre, bouquin :
— sans l'aide du dictionnaire, — avec l'aide du dictionnaire.

Mots et définitions

a/ Voici deux ensembles de mots. ▶
Faites correspondre chaque mot avec sa définition.

b/ Utilisez les mots « briard », « pirogue », « zeppelin » dans une phrase de votre composition.

briard	maladie infectieuse
découper	petit fruit charnu et rouge
cervelle	appareil dentaire
pirogue	grand dirigeable
cerise	diviser en morceaux
zeppelin	substance constituant le cerveau
bridge	chien de berger à poils longs
peste	longue barque étroite

L'anorexia pertinax

Depuis des mois la princesse, Nathalie [...] (1).
Le roi son père avait [...] (2) les médecins les plus savants du monde, mais ils y perdaient tous leur latin. La princesse était jeune, elle était belle et ne paraissait souffrir d'aucune maladie particulière. Simplement elle refusait de [...] (3). Tous les [...] (4) qu'on lui présentait, [...] (5) elle en soupirant, lui soulevaient le cœur. C'est tout juste si elle acceptait parfois de tremper ses lèvres dans le verre de lait que lui apportait sa vieille nourrice. Cela suffisait à peine à la maintenir en vie. De semaine en semaine elle devenait plus [...] (6), plus diaphane. On n'osait même plus la faire asseoir devant sa fenêtre de peur qu'un coup de vent ne l'emporte.
— C'est de l'*anorexia pertinax,* disaient les médecins en hochant leurs bonnets pointus, ce qui ne les avançait pas beaucoup puisque cela voulait tout bonnement dire qu'elle manquait d'appétit.

ROBERT ESCARPIT, *Contes de la saint-Glinglin*, « Le Jeu de tire-larigot », Éd. Gallimard.

Illustration de Doma et Kacs Romi, Hongrie, 1935.
Droits réservés.

Les mots perdus

a/ Certains mots du texte ont été supprimés. Retrouvez-les à l'aide des définitions suivantes :
1 — perdre des forces,
2 — faire venir,
3 — prendre de la nourriture,
4 — aliments cuisinés,
5 — faire connaître par la parole,
6 — qui a perdu sa couleur.

b/ Utilisez ces mots dans une courte rédaction dont vous choisirez le thème dans la liste suivante :
— Pique-nique à la campagne.
— Bataille rangée à la cantine.
— Mystère au château.

Les poissons noirs

La quille de bois dans l'eau blanche et bleue
Se balance à peine. Elle enfonce un peu
Du poids du pêcheur couché sur la barge
Dans l'eau bleue et blanche il traîne un pied nu
Et tout l'or brisé d'un ciel inconnu   5
Fait au bateau brun des soleils en marge
Filets filets blonds filets filets gris
Dans l'eau toute bleue où le jour est pris
Les lourds poissons noirs rêvent du grand large.

LOUIS ARAGON,
Choix de poèmes,
Éd. Temps actuels.

Xylogravure de M.C. Escher « *Poissons et Écailles* », 1959. Fondation M.C. Escher, Musée Municipal de La Haye © 1990 M.C. Escher/Heirs/Cordon Art – Baarn, Holland.

Tous pour un, un pour tous !

a/ Voici trois mots empruntés au texte. Trouvez-leur un synonyme que vous replacerez dans le poème :
couché (v. 3), *bateau* (v. 6), *toute* (v. 8).
Quelle version préférez-vous ? Pourquoi ?

b/ Voici trois synonymes d'un mot du texte : « tangue », « oscille », « danse ». Retrouvez ce mot.
Utilisez ces mots dans trois phrases de votre composition.

Paul Klee : « Versunkene Landschaft (Nächtliche Blumen) » « Paysage englouti (Fleurs de nuit) », 1918. Aquarelle, sur Gouache, bleu, papier à lettres, signé en haut à droite. Collection Muséum Folkwang, Essen.

Demi-rêve

abougazelle élaromire
Élaroseille a la mijelle
a la mirate a la taraise

Mirabazelle élagémi
Rosetaraise et cœurmira   5
Talatara miralabou

Élaseta cœurgemirol
a laubaucœur bauzeillabel
Il est huit heures il est romil

Il est bonjour au cœur de lune   10
Le ciel alors lagélami
Lagélasou lagésommeil
Lagébonneil Lagésonjour.

ROBERT DESNOS,
Destinée arbitraire,
Éd. Gallimard.

De la réalité au rêve

a/ Le sens du poème

Relevez les mots et les expressions qui, dans le poème, rappellent la réalité quotidienne.
Par quels mots le poète évoque-t-il l'univers du rêve ?
Justifiez le titre du poème.

b/ A vos plumes

A la façon de Desnos, créez, à votre tour, un poème sur le thème du rêve.

Journal de vacances

Simon Larmier
Les Braqueux
Vizentine sur Agne.

maintenan je sai écrir. Je mapelle Simon Larmier, et j'ai 7 an, et je sui né le 15 out 1913.

C'est les vacance. Normallement, c'est encore l'école mais la maitresse est malade alors pour toute la classe enfentine c'est déja les vacance. Je sui conten d'être en vacance.

Cest le moi d'out et biento ce sera mon aniversère.

La maitresse a di que pendent les vacance on devais fère un journal de vacance. Cest pa un vrai journal et sa veu dire quon doi écrir sur un caié ce quon fai pendan les vacances.

Cest vendredi et il fai bau. Il y a du soleil. Aprémidi, jé atrapé des perlinquinquins dans le pré en ba de ché nous. Il y en a encor et poutan cest le moi d'out, dabitude au moi d'ou il y a lontan que les perlinquinquins son parti. Mai cet ané il y en a encor et c'est peutètre un signe de bau tan, je ne sé pas. Jen ai atrapé bocou et je les ai mis dans une grosse boite d'alumète.

il a fé drolement cho.

Simon, tirant la langue, délia la petite queue du *o* qui terminait le mot. Il piqua sur la feuille un point final bien net et se redressa.

P. PELOT,
Je suis la mauvaise herbe,
Éd. Livre de Poche

— y en de l'eau chez vous !
— c'est pas de l'eau, c'est du purin

Illustration de Francisque Poulbot (1879-1946). Collection Particulière.

La chasse aux fautes

Voici un texte écrit par un enfant. Il contient de nombreuses fautes d'orthographe. On fait une faute d'usage lorsqu'on se trompe sur l'orthographe d'un mot.

On fait une faute de grammaire lorsque l'on ne respecte pas les règles d'accord.

Voici les fautes relevées dans les deux premiers paragraphes du texte :

Fautes d'usage	Fautes de grammaire
maintenan	sai
écrir	an
mapelle	sui
out	vacance
normallement	
maitresse	
enfentine	
déja	
conten	
ètre	

a/ Corrigez les fautes présentées dans le tableau ci-dessus : dans quel cas pouvez-vous vous aider du dictionnaire ?

b/ Récrivez cette lettre correctement.

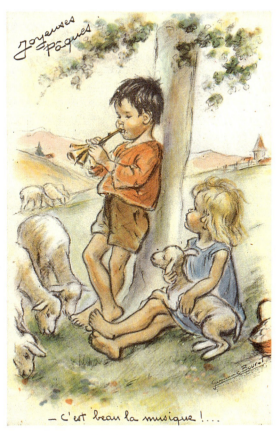

Illustration de Germaine Bouret. XXe s.
Collection Particulière.

Amusez-vous

a/ Inventez des définitions fantaisistes pour les mots suivants :
un zinnia ; une villanelle ; des tubitèles ; un wapiti ; un pédagogue ; un inspecteur ; ficeler.

b/ Recopiez ensuite, à l'aide du dictionnaire, le véritable sens de ces mots.

3. Le plaisir d'écrire

OBSERVONS

EXPRIMER SES SENTIMENTS

Un singe amoureux

Tarzan attendait en silence devant la porte de la maisonnette. Ses pensées allaient toutes vers la belle jeune fille blanche. Il se demandait si elle aurait peur de lui. Ce doute le décida presque à renoncer à son plan.

Il était impatient de la voir revenir, car il voulait repaître[1] ses yeux de sa vue et se trouver près d'elle, peut-être la toucher. L'homme-singe n'avait pas de dieu, mais il n'était pas loin de rendre un culte à cette déesse-ci car tout homme mortel a besoin de culte.

Tout en l'attendant, il passa le temps à lui écrire un message ; impossible de dire s'il avait l'intention de le lui donner, mais il prit infiniment de plaisir à voir ses pensées se transformer en caractères. En cela, il n'était, après tout, pas si sauvage. Il écrivit :

Je suis Tarzan, seigneur des singes. Je vous veux. Je suis à vous. Vous êtes à moi. Nous vivrons toujours ici ensemble dans ma maison. Je vous porterai les plus beaux fruits, les plus tendres antilopes, les meilleures viandes de la jungle. Je chasserai pour vous. Je suis le plus grand chasseur de la jungle. Je combattrai pour vous. Je suis le plus puissant combattant de la jungle. Vous êtes Jane Porter, je l'ai vu dans votre lettre. Quand vous verrez ceci, vous saurez que c'est pour vous, et que Tarzan, seigneur des singes, vous aime.

Il avait fini depuis longtemps d'écrire ce message et il restait là, près de la porte, comme un jeune Indien à l'affût, lorsque ses oreilles exercées perçurent un son familier. C'était le passage d'un grand singe dans les branches basses de la forêt.

Un instant, il écouta intensément, puis vint de la jungle le cri horrifié d'une femme ; et Tarzan, seigneur des singes, jetant au sol sa première lettre d'amour, bondit, telle une panthère, dans la forêt.

EDGAR RICE BURROUGHS,
Tarzan, seigneur de la jungle,
Éd. Néo.

1. nourrir.

1. Interrogez le texte

a/ Les idées
Relevez dans le texte quelques expressions montrant que Tarzan est un homme-singe.
Qu'apprenons-nous sur la jeune fille aimée de Tarzan ?

b/ Les personnages
Il se demandait si elle aurait peur de lui (l. 3) : expliquez les craintes de Tarzan.
Qui est la *déesse* dont parle le texte à la ligne 8 ?
Que signifie ce mot ? Justifiez son emploi.

c/ L'action
Pourquoi, à votre avis, Tarzan sort-il précipitamment de la maison à la fin de cette scène ?

d/ Le décor
Qu'est-ce que la jungle ?

2. L'expression des sentiments

a/ L'amour
Relevez les phrases où Tarzan exprime son amour pour Jane.
Pourquoi, dans la lettre de Tarzan, certains verbes sont-ils au futur ?

b/ Le plaisir d'écrire
Expliquez la phrase : *Il prit infiniment de plaisir à voir ses pensées se transformer en caractères* (l. 10-12).

c/ Le pouvoir de l'écriture
Quelle différence l'auteur fait-il entre un sauvage et Tarzan ? Citez une phrase du texte.

APPROFONDISSONS

INVENTER

Une bavarde incorrigible

Anne Frank, une jeune élève de 5e, a vécu à Amsterdam (Hollande) pendant la dernière guerre mondiale. Son Journal *raconte les événements de sa vie jusqu'au 1er août 1944, peu avant son arrestation par les Nazis et son départ pour le camp de concentration où elle devait mourir.*
Voici une des premières pages du Journal.

Dimanche, 21 juin 1942.

Chère Kitty,

Je m'entends assez bien avec mes professeurs, neuf en tout, sept hommes et deux femmes. Le vieux M. Kepler, professeur de mathématiques, a été très fâché contre moi pendant assez longtemps, parce que je bavardais trop pendant la leçon : avertissement sur avertissement jusqu'à ce que je fusse punie. J'ai dû écrire un essai sur le sujet *Une bavarde*. Une bavarde ! que pouvait-on bien écrire là-dessus ? On verrait plus tard ; après l'avoir noté dans mon carnet, j'essayai de me tenir tranquille.

Le soir, à la maison, tous mes devoirs finis, mon regard tomba sur la note de l'essai. Je me mis à réfléchir en mordant le bout de mon stylo. Évidemment, je pouvais, d'une grande écriture, écartant les mots le plus possible, tirer en longueur quelques idées sur les pages imposées – c'était l'enfance de l'art ; mais avoir le dernier mot en prouvant la nécessité de parler, ça c'était le truc à trouver. Je réfléchis encore et, tout d'un coup – *eurêka*[1] ! Quelle satisfaction de remplir trois pages sans trop de mal ! Argument : le bavardage est un défaut féminin que je m'appliquerais bien à corriger un peu, sans toutefois pouvoir m'en défaire tout à fait, puisque ma mère parle autant que moi, si ce n'est plus ; par conséquent il n'y a pas grand-chose à faire, étant donné qu'il s'agit de défauts héréditaires[2].

Mon argument fit bien rire M. Kepler, mais, lorsque au cours suivant je repris mon bavardage, il m'imposa un second essai. Sujet : *Une bavarde incorrigible*. Je m'en acquittai[3], après quoi

Montage d'Anne Frank réalisé à partir de ses photos d'identité.

1. mot grec signifiant « j'ai trouvé ».

2. que les parents transmettaient aux enfants.

3. je fis mon travail.

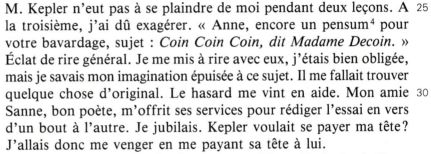

M. Kepler n'eut pas à se plaindre de moi pendant deux leçons. A la troisième, j'ai dû exagérer. « Anne, encore un pensum[4] pour votre bavardage, sujet : *Coin Coin Coin, dit Madame Decoin.* » Éclat de rire général. Je me mis à rire avec eux, j'étais bien obligée, mais je savais mon imagination épuisée à ce sujet. Il me fallait trouver quelque chose d'original. Le hasard me vint en aide. Mon amie Sanne, bon poète, m'offrit ses services pour rédiger l'essai en vers d'un bout à l'autre. Je jubilais. Kepler voulait se payer ma tête ? J'allais donc me venger en me payant sa tête à lui.

L'essai en vers était très réussi et magnifique. Il s'agissait d'une cane-mère et d'un cygne-père, avec leurs trois petits canards ; ceux-ci, pour avoir trop fait coin-coin, furent mordus à mort par leur père. Par bonheur, la plaisanterie eut l'heur[5] de plaire au fin Kepler. Il en fit la lecture devant notre classe et dans plusieurs autres, avec commentaires à l'appui.

Depuis cet événement, je n'ai plus été punie pour bavardage. Au contraire, Kepler est toujours le premier à dire une plaisanterie à ce sujet.

A toi. ANNE.

ANNE FRANK,
Journal,
Éd. Calmann-Lévy.

4. travail supplémentaire donné en guise de punition.

5. le bonheur

1. Interrogez le texte

a/ La lecture du texte
A quels signes voyez-vous que ce texte est une « lettre » ?

b/ Les idées du texte
Anne prétend que *le bavardage est un défaut féminin* (l. 16-17). Que pensez-vous de ce jugement ?

c/ Les personnages
Le professeur de mathématiques a-t-il raison de punir Anne ? Pourquoi ?

d/ Le vocabulaire
A l'aide de votre dictionnaire, recherchez le sens du mot *argument* (l. 22).

2. L'imagination

a/ Écrire sur commande
Quel est le premier sujet imposé par le professeur ?
Citez une phrase dans laquelle Anne exprime son embarras.

b/ L'inspiration
A quels signes voit-on qu'Anne manque d'idées pour faire sa première rédaction ?
Quelle est l'idée qui permet à Anne de traiter le premier sujet ? le troisième sujet ? Citez le texte.
A votre avis, pourquoi Anne n'éprouve-t-elle pas les mêmes difficultés pour traiter les deux derniers sujets ?

c/ La réussite
Que traduisent les rires de Monsieur Kepler (l. 22) et de la classe (l. 28) ?
Quelle qualité essentielle présentent les rédactions d'Anne ?
Anne aime-t-elle écrire ? Citez une expression du texte.

EXERÇONS-NOUS

« Rien ne sert de courir »

Le jeune Lucien doit écrire une rédaction dont le sujet ne l'inspire pas. Il s'agit d'expliquer le proverbe : « Rien ne sert de courir, il faut partir à point. » Devant ses difficultés, son père décide de l'aider...

— Allons, commanda M. Jacotin, écris.

A moitié endormi, Lucien sursauta et prit son porte-plume.

— Ma parole, tu dormais ?

— Oh ! non. Je réfléchissais. Je réfléchissais au proverbe. Mais je n'ai rien trouvé.   5

Le père eut un petit rire indulgent, puis son regard devint fixe et, lentement, il se mit à dicter :

— Par ce splendide après-midi d'un dimanche d'été, virgule, quels sont donc ces jolis objets verts à la forme allongée, virgule, qui frappent nos regards ? On dirait de loin qu'ils sont munis de longs bras,   10
mais ces bras ne sont autre chose que des rames et les objets verts sont en réalité deux canots de course qui se balancent mollement au gré des flots de la Marne.

Lucien, pris d'une vague anxiété, osa lever la tête et eut un regard un peu effaré. Mais son père ne le voyait pas. [...] La bouche entrou-   15
verte, les yeux mi-clos, il surveillait ses rameurs et les rassemblait dans le champ de sa pensée. A tâtons, il avança la main vers le porte-plume de son fils.

— Donne. Je vais écrire moi-même. C'est plus commode que de dicter.   20

Fiévreux, il se mit à écrire d'une plume abondante. Les idées et les mots lui venaient facilement, dans un ordre commode et pourtant exaltant[1], qui l'inclinait au lyrisme[2]. Il se sentait riche, maître d'un domaine magnifique et fleuri. Lucien regarda un moment, non sans un reste d'appréhension, courir sur son cahier de brouil-   25
lon la plume inspirée et finit par s'endormir sur la table. A onze heures, son père le réveilla et lui tendit le cahier.

— Et maintenant, tu vas me recopier ça posément. J'attends que tu aies fini pour relire. Tâche de mettre la ponctuation, surtout.

— Il est tard, fit observer Lucien. Je ferais peut-être mieux de   30
me lever demain matin de bonne heure ?

1. enthousiasmant.
2. expression du sentiment.

3. il faut faire les choses au bon moment.

— Non, non. Il faut battre le fer pendant qu'il est chaud[3]. Encore un proverbe, tiens.

M. Jacotin eut un sourire gourmand et ajouta :

— Ce proverbe-là, je ne serais pas en peine de l'expliquer non plus. Si j'avais le temps, il ne faudrait pas me pousser beaucoup. C'est un sujet de toute beauté. Un sujet sur lequel je me fais fort d'écrire mes douze pages. Au moins, est-ce que tu le comprends bien ?

— Quoi donc ?

— Je te demande si tu comprends le proverbe : « Il faut battre le fer pendant qu'il est chaud. »

Lucien, accablé, faillit céder au découragement. Il se ressaisit et répondit avec une grande douceur :

— Oui, papa. Je comprends bien. Mais il faut que je recopie mon devoir.

— C'est ça, recopie, dit M. Jacotin d'un ton qui trahissait son mépris pour certaines activités d'un ordre subalterne[4].

4. inférieur.

MARCEL AYMÉ,
le Proverbe,
Éd. Gallimard.

A l'aide !

a/ L'ennui d'écrire

Quels détails dans l'attitude de Lucien montrent sa difficulté à traiter le sujet ? Citez le texte.
Comment expliquez-vous cette attitude ?

b/ Le plaisir d'écrire

Pourquoi Monsieur Jacotin prend-il la plume ? L'approuvez-vous de faire le devoir à la place de son fils ? Justifiez votre point de vue.
Quels sentiments Monsieur Jacotin éprouve-t-il pendant qu'il rédige ? Citez le texte.
A votre tour, traitez le sujet : « Rien ne sert de courir, il faut partir à point. »

EXERCICE 2

Tu écriras

Jean-Paul Sartre, auteur célèbre, raconte ses débuts d'écrivain, lorsqu'il était enfant...

J'avais des conciliabules[1] avec le Saint-Esprit : « Tu écriras », me disait-il. Et moi je me tordais les mains : « Qu'ai-je donc, Seigneur, pour que vous m'ayez choisi ? – Rien de particulier. – Alors, pourquoi moi ? – Sans raison. – Ai-je au moins quelques facilités de plume[2] ? – Aucune. Crois-tu que les grandes œuvres naissent des plumes faciles ? – Seigneur, puisque je suis si nul, comment pourrais-je faire un livre ? – En t'appliquant. – N'importe qui peut donc écrire ? – N'importe qui, mais c'est toi que j'ai choisi. »

JEAN-PAUL SARTRE,
les Mots, Éd. Gallimard.

Jean-Paul Sartre,
par Tullio Pericoli,
illustration extraite de
Woody, Freud et les autres,
Éditions Grasset, 1990.

1. conversations chuchotées.
2. quelques facilités pour écrire.

L'élu

a/ *Et moi je me tordais les mains* (l. 2) : quels sentiments traduit cette attitude ?

b/ Pourquoi l'enfant pense-t-il qu'il ne pourra jamais être écrivain ? Citez le texte.

c/ Suffit-il de s'appliquer pour écrire des textes ? Développez votre point de vue.

d/ Répondez à la question que pose l'enfant au Saint-Esprit : *N'importe qui peut donc écrire* (l. 8) ?

L'écrivain à sa table

a/ Décrivez cette aquarelle.

b/ A votre avis quels sentiments éprouve l'écrivain Colette à sa table de travail ?

Colette à sa table de travail,
aquarelle d'André Dignimont (1891-1965).
Collection Richard Anacreon, Granville.

Le roman d'un enfant

Pierre Loti, enfant, écrit tous les jours son journal...

1. désordonnées.

2. qui s'enfuient.

J'y inscrivais, moins les événements de ma petite existence tranquille, que mes impressions incohérentes[1], mes tristesses des soirs, mes regrets des étés passés et mes rêves de lointains pays... J'avais déjà ce besoin de noter, de fixer des images fugitives[2], de lutter contre la fragilité des choses et de moi-même, qui m'a fait poursuivre ainsi ce journal jusqu'à ces dernières années... Mais, en ce temps-là, l'idée que quelqu'un pourrait un jour y jeter les yeux m'était insupportable ; à tel point que, si je partais pour quelque petit voyage dans l'île ou ailleurs, j'avais soin de le cacheter et d'écrire solennellement sur l'enveloppe : « C'est ma dernière volonté que l'on brûle ce cahier sans le lire. »

PIERRE LOTI,
le Roman d'un enfant,
Éd. Flammarion.

Le journal intime

a/ Confidences
Que peut-on lire dans le journal de Pierre ?
Citez le texte.

b/ Le secret
Pourquoi l'enfant ne veut-il pas montrer son journal ?

c/ Écrire pour soi
Aimeriez-vous, comme Pierre Loti, écrire un journal intime ?
Comment le présenteriez-vous ? Quelles confidences lui feriez-vous ?

AIDE MÉMOIRE

■ **Écrire est d'abord un exercice manuel qui exige beaucoup d'application**

● Pour bien écrire, vous devez :
- dessiner soigneusement chaque lettre,
- ne pas confondre les lettres a/o, m/n/r...,
- faire la différence entre majuscules et minuscules,
- mettre les points sur les i et les j,
- ne pas oublier la barre du t,
- penser aux accents.

■ **Écrire est aussi un exercice d'expression personnelle**

● Savoir écrire, c'est savoir se servir des mots pour exprimer des sentiments ou des idées.

● **Le dictionnaire,** véritable mine de renseignements, vous permet d'enrichir votre vocabulaire.

Un article du dictionnaire vous renseigne sur :
- l'orthographe et la prononciation d'un mot,
- l'origine de ce mot,
- les différents sens de ce mot,
- les synonymes de ce mot.

Il oriente également votre recherche vers d'autres mots de sens voisin.

■ **Écrire, enfin, est un plaisir**

● Savoir écrire, c'est pouvoir donner libre cours à son imagination, créer des textes intéressants et drôles, composer des rédactions riches et originales, que d'autres auront plaisir à lire.

TRAVAUX PRATIQUES

Bois gravé de Félix Valloton (1865-1925) — Librairie Flammarion, 1902.

I

MADAME LEPIC

Mon petit Poil de Carotte chéri, je t'en prie, tu serais bien mignon d'aller me chercher une livre de beurre au moulin. Cours vite. On t'attendra pour se mettre à table.

POIL DE CAROTTE

Non, maman.

MADAME LEPIC

Pourquoi réponds-tu : non, maman ? Si, nous t'attendrons. 5

POIL DE CAROTTE

Non, maman, je n'irai pas au moulin.

MADAME LEPIC

Comment ! tu n'iras pas au moulin ? Que dis-tu ? Qui te demande ?... Est-ce que tu rêves ?

POIL DE CAROTTE

Non, maman.

MADAME LEPIC

Voyons, Poil de Carotte, je n'y suis plus. Je t'ordonne d'aller tout de suite 10 chercher une livre de beurre au moulin.

POIL DE CAROTTE

J'ai entendu. Je n'irai pas.

MADAME LEPIC

C'est donc moi qui rêve ? Que se passe-t-il ? Pour la première fois de ta vie, tu refuses de m'obéir.

POIL DE CAROTTE
Oui, maman.

MADAME LEPIC
Tu refuses d'obéir à ta mère.

POIL DE CAROTTE
A ma mère, oui, maman.

MADAME LEPIC
Par exemple, je voudrais voir ça. Fileras-tu ?

POIL DE CAROTTE
Non, maman.

MADAME LEPIC
Veux-tu te taire et filer ?

POIL DE CAROTTE
Je me tairai, sans filer.

MADAME LEPIC
Veux-tu te sauver avec cette assiette ?

Illustration de Francisque Poulbot (1879-1946) — Éditions C. Levy, 1907.

II

Poil de Carotte se tait, et il ne bouge pas.
— Voilà une révolution ! s'écrie madame Lepic sur l'escalier, levant les bras.
C'est, en effet, la première fois que Poil de Carotte lui dit non. Si encore elle le dérangeait ! S'il avait été en train de jouer ! Mais, assis par terre, il tournait ses pouces, le nez au vent, et il fermait les yeux pour les tenir au chaud. Et maintenant il la dévisage, tête haute. Elle n'y comprend rien. Elle appelle du monde, comme au secours.
— Ernestine, Félix, il y a du neuf ! Venez voir avec votre père et Agathe aussi. Personne ne sera de trop.
Et même, les rares passants de la rue peuvent s'arrêter.
Poil de Carotte se tient au milieu de la cour, à distance, surpris de s'affermir[1] en face du danger, et plus étonné que madame Lepic oublie de le battre. L'instant est si grave qu'elle perd ses moyens. Elle renonce à ses gestes habituels d'intimidation, au regard aigu et brûlant comme une pointe rouge. Toutefois, malgré ses efforts, les lèvres se décollent à la pression d'une rage intérieure qui s'échappe avec un sifflement.
— Mes amis, dit-elle, je priais poliment Poil de Carotte de me rendre un léger service, de pousser, en se promenant, jusqu'au moulin. Devinez ce qu'il m'a répondu ; interrogez-le, vous croiriez que j'invente.
Chacun devine et son attitude dispense[2] Poil de Carotte de répéter.
La tendre Ernestine s'approche et lui dit bas à l'oreille :
— Prends garde, il t'arrivera malheur. Obéis, écoute ta sœur qui t'aime.

TRAVAUX PRATIQUES

Illustration de Francisque Poulbot (1879-1946) –
Éditions C. Levy, 1907.

Grand frère Félix se croit au spectacle. Il ne céderait sa place à personne. Il ne réfléchit point que si Poil de Carotte se dérobe désormais, une part des commissions reviendra de droit au frère aîné ; il l'encouragerait plutôt. Hier, il le méprisait, le traitait de poule mouillée. Aujourd'hui, il l'observe en égal et le considère. Il gambade et s'amuse beaucoup.

— Puisque c'est la fin du monde renversé, dit madame Lepic atterrée[3], je ne m'en mêle plus. Je me retire. Qu'un autre prenne la parole et se charge de dompter la bête féroce. Je laisse en présence le fils et le père. Qu'ils se débrouillent.

— Papa, dit Poil de Carotte, en pleine crise et d'une voix étranglée, car il manque encore d'habitude, si tu exiges que j'aille chercher cette livre de beurre au moulin, j'irai pour toi, pour toi seulement. Je refuse d'y aller pour ma mère.

Il semble que M. Lepic soit plus ennuyé que flatté de cette préférence. Ça le gêne d'exercer ainsi son autorité, parce qu'une galerie[4] l'y invite, à propos d'une livre de beurre.

Mal à l'aise, il fait quelques pas dans l'herbe, hausse les épaules, tourne le dos et rentre à la maison.

Provisoirement l'affaire en reste là.

JULES RENARD,
Poil de Carotte.

---

1. devenir plus fort. — 2. permettre de ne pas faire quelque chose. — 3. abattue. — 4. ici, les gens qui participent à la scène.

TRAVAUX PRATIQUES

1. Interrogez le texte

a/ Les personnages
Relevez le nom des personnages réunis dans cette scène : qui sont-ils ? Caractérisez chacun de ces personnages à l'aide d'un adjectif.
Ex. : *la tendre Ernestine* (l. 43).

b/ L'action
A votre avis, pourquoi Poil de Carotte refuse-t-il d'obéir à sa mère ?

c/ L'expression
Montrez que ce passage appartient à la fois au théâtre et au roman.

2. Écrivez mieux

a/ L'alphabet décoratif
Dessinez la première lettre du texte en donnant libre cours à votre imagination.

b/ La calligraphie
Sur une page blanche, reproduisez de votre plus belle écriture les trois derniers paragraphes du texte.

3. Les richesses du vocabulaire

a/ Le sens des mots
Qu'est-ce qu'une *poule mouillée* (l. 48) ?
Quel est le sens du verbe *filer* (l. 20) ? Employez-le dans une phrase où il aura un autre sens.

b/ Les mots et les idées
Relevez six mots exprimant la révolte de Poil de Carotte. Réutilisez-les dans une courte rédaction qui aura pour sujet : « Il m'a marché sur les pieds ! »

c/ Les synonymes
Retrouvez, dans le texte, des synonymes des mots suivants : « promeneur », « péril », « colère », « questionner », « se divertir ».

Illustration de Francisque Poulbot (1879-1946) – Éditions C. Levy, 1907.

4. Le plaisir d'écrire

Transformez la deuxième partie du texte en scène de théâtre. Votre rédaction devra se raccorder parfaitement à la première partie.

4 la lecture expliquée

1. L'approche des textes **2.** L'étude des textes

Vous allez apprendre à :
- identifier un texte
- évaluer la qualité d'un extrait
- réaliser une explication de texte

INTERVIEW PAGES 108-109

L'INTERVIEW

Robert Sabatier : « L'explication doit donner envie d'aller plus loin. »

1 Les élèves ont l'habitude, en classe de travailler sur les textes courts : extraits de romans, poésies, scènes de théâtre... Que pensez-vous de cet usage ?

ROBERT SABATIER. En tant qu'ancien écolier, je dirai que je suis plutôt d'accord pour l'étude des textes courts, à condition que ces extraits donnent à l'enfant le désir d'en savoir plus long, le désir de lire toute une œuvre.

Et il me semble en effet qu'il y a beaucoup plus de possibilités en se concentrant sur un passage plutôt qu'en parcourant, de façon plus superficielle, les trois cents pages d'un livre.

2 Quels souvenirs gardez-vous du cours d'explication de texte quand vous étiez élève ?

Je pense que le souvenir s'est modifié avec le temps, mais je me souviens d'avoir étudié des textes très courts qui avaient parfois la longueur d'une dictée. Cela me ravissait à tel point que j'en connaissais quelques-uns par cœur.

3 La lecture d'un extrait de texte vous donnait-elle envie de connaître la suite ?

Ah oui ! Je me souviens avoir lu un extrait de *Sans famille*, et je n'ai eu de cesse que de lire *Sans famille* en entier ! Mais mon cas était peut-être un peu particulier car je n'étais pas un très bon élève : j'étais trop distrait. J'avais un goût de la lecture qui était complètement fou : je lisais tout ce qui me tombait sous la main. Cela étonnait un petit peu les professeurs, parce que, si je n'étais pas toujours au courant des programmes, je connaissais beaucoup d'autres choses. Je dois ajouter cependant que c'est l'école qui me donnait envie de découvrir ces autres choses.

4 Donc l'école a joué un rôle important dans votre vie ?
Un rôle essentiel. Et quand j'ai dû quitter l'école parce que j'étais orphelin, pour moi, cela a été un véritable déchirement. C'était abominable. A ce point que j'ai continué à étudier tout seul. J'avais pris une sorte d'élan qui s'est poursuivi toute ma vie.

5 Vers quel type de textes allait votre préférence ?
Le théâtre, non, mais la poésie, oui ! surtout la poésie. Et aussi les textes en prose.

6 Vous n'étiez pas gêné par la forme poétique, les vers, les strophes ?
Non, pas du tout. Quand je lisais des poèmes, je voulais savoir comment tout cela fonctionnait : je comptais les syllabes sur mes doigts, je trouvais que cette rime qui sonnait à la fin comme une petite clochette, c'était très joli...

7 Si vous étiez professeur, quels textes aimeriez-vous faire connaître à vos élèves ?
Je sélectionnerais des textes simples mais je ne les choisirais pas forcément dans les livres destinés aux enfants. Je suis persuadé que chez des auteurs parfois réputés très difficiles, on peut trouver de très beaux extraits accessibles aux enfants.

8 Dans un extrait de texte, la première et la dernière phrases sont-elles importantes ?
La première, surtout ; celle qui fait entrer dans le texte. La première phrase, c'est le coup de diapason qui donne le ton pour tout l'ensemble.

9 A votre avis, est-il utile d'expliquer les textes en classe ?
Je pense qu'il n'est pas mauvais de donner une explication, à condition qu'elle ne soit pas définitive. L'explication ne doit pas tout dire ; elle doit aider l'élève à exprimer ce qu'il ressent. Elle doit lui donner envie d'aller plus loin. Je pense qu'une explication trop détaillée fait dire à l'enfant : bon, eh bien, d'accord. C'est tout.

10 Quel est le rôle du professeur dans l'explication de texte ?
Le professeur donne des directions et, si l'enfant est timide ou réticent, il doit le diriger, l'amener à sortir ce qu'il possède en lui, ce qu'il a saisi du texte.

11 Les professeurs et les parents disent que les enfants ne lisent pas assez. Que diriez-vous à un élève de 6ᵉ pour l'encourager à lire davantage ?
D'abord, je ne lui ferais pas honte. Celui qui ne lit pas n'est pas un idiot. Simplement, il a d'autres sujets de préoccupation. Je lui dirais : tu adores regarder la télévision, aller au cinéma, jouer avec tes copains. Or, il y a là quelque chose que tu peux adorer en plus. Tu ne devrais pas te refuser ce plaisir.
Je lui dirais aussi : tu lis des bandes dessinées, mais, tu sais, c'est formidable aussi de lire un livre où il n'y a pas d'images, parce que les images, c'est toi qui vas les trouver dans ta tête...

Entretien recueilli par Évelyne Amon et Yves Bomati le 29 septembre 1989.

1. L'approche des textes

OBSERVONS

LA PRÉSENTATION D'UN TEXTE

Le paradis sur terre

Il faisait beau. Il faisait chaud. Il y avait des frous-frous de libellules dans les roseaux. Sur les prés planait le concert métallique des sauterelles et des grillons qui est comme le bruit de la chaleur. Au bord de la rivière, des aulnes[1] laissaient pendre leurs branches basses pour les tremper doucement dans l'eau de temps en temps, au gré de la toute petite brise. Aux endroits calmes, où

1. arbres qui poussent dans des lieux humides.

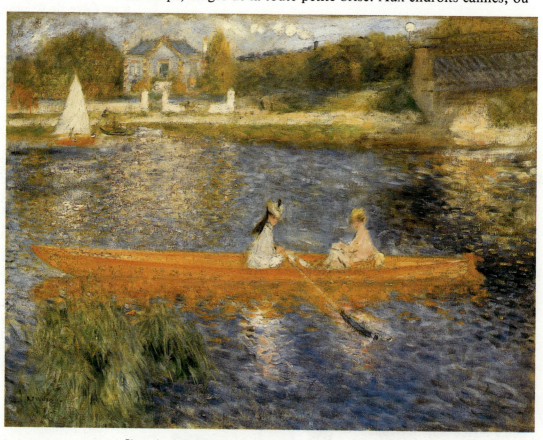

Pierre Auguste RENOIR (1841-1919), *La Seine à Asnières* (La Yole), huile sur toile (71 × 92 cm), Londres, National Gallery.

le courant flâne un peu et se repose entre la berge et les massifs de joncs, des moustiques à détentes brusques et saccadées jouaient silencieusement en laissant à la surface de petites traces vite effacées.

En tendant l'oreille, on aurait entendu le petit ruisseau sautillant, tout froid de la fraîcheur des bois, faire rire et chatouiller les pierres de son lit. C'était lointain, cristallin, imperceptible[2]...

2. que l'on entend à peine.

Le ciel était tout bleu. Dans l'herbe haute, jouaient des papillons noirs et roux.

Un souple bruit de chaîne dans une barque sonore troubla tout à coup l'évangélique[3] quiétude de la nature. Des êtres humains remuaient quelque part et deux grenouilles, prudemment, firent leur plongeon comme un éclair vert.

3. idéale, parfaite.

On perçut un rire de femme, un clapotis et un martin-pêcheur passa rapide, au ras de l'eau, bleu comme un oiseau publicitaire.

Puis de nouveau le silence.

Alors un air de guitare, menu, presque sans résonance, perdu dans la sérénité[4] du lieu, préluda[5] à une chanson. Une voix d'homme s'éleva. Son chant monta lentement, doucement, savamment, avec des inflexions[6] tendres et chaudes comme des caresses.

4. la paix.
5. précéda une chanson.
6. changements de voix.

Au fil du courant, une barque descendait.

THOMAS OWEN,
la Truie, Éd. Labor, Bruxelles.

1. Interrogez le texte

a/ Le plan du texte
Quels sont les deux temps principaux du récit? Citez quelques verbes à l'appui de votre réponse.
Où s'arrête la première partie? Donnez-lui un titre.

b/ Les personnages
Quels personnages apparaissent dans cette page? Pourquoi, à votre avis, l'auteur reste-t-il très vague à leur sujet? Quelle impression veut-il créer?

c/ L'action
Quel événement vient troubler la paix de la nature? Citez le texte.

d/ Le vocabulaire
Expliquez : *Il y avait des frous-frous de libellules dans les roseaux* (l. 1-2). Comment est formé l'adjectif *cristallin* (l. 12)? Qu'évoque-t-il?

2. La présentation d'un texte

a/ Le titre
Où est situé le titre? A quoi sert-il? Peut-on le supprimer? Pourquoi?
Sur quel aspect du texte ce titre met-il l'accent? Inventez un titre qui souligne un autre aspect du texte.

b/ L'auteur et l'œuvre
Relevez le nom de l'auteur et le titre de l'œuvre d'où est tiré cet extrait.
Ces précisions vous semblent-elles indispensables? Pourquoi?

c/ L'éditeur
Qu'est-ce qu'un éditeur? Consultez votre dictionnaire. Comment s'appelle l'éditeur du livre de Thomas Owen?

d/ Les notes de vocabulaire
Combien de notes accompagnent cet extrait? Sur quels mots portent-elles? A quoi servent-elles?

APPROFONDISSONS

LA VARIÉTÉ DES TEXTES

1. UNE PAGE DE ROMAN

Remords

C'est aussi un peu avant ce temps-là que je commis[1] mes deux premiers méfaits[2]. D'abord, un vol. J'avais admiré, moi qui jamais ne m'intéressai aux cartes, un jeu miniature que Carlos avait reçu pour sa fête et m'avait montré. Je le pris à la dérobée[3]. Durant le trajet en taxi de la rue Eugène-Delacroix à l'avenue d'Antin, ces cinquante-deux cartes minuscules me parurent peser dans mon sac de petite fille d'un poids de plus en plus lourd. Je m'affalai secouée de sanglots sur les premières marches de l'escalier de notre immeuble. La femme de chambre effrayée courut se faire ouvrir et me porta presque. Mes sanglots ne cessaient pas. Michel[4] venu, je montrai le corps du délit[5]. « Allons, allons, dit Michel, tu rapporteras cela demain matin. » Ainsi fut fait. Les deux cousins étaient entièrement pris par l'installation d'un chemin de fer électrique avec train pourvu de trois classes, feux verts et rouges, barrière et tunnel en carton-pâte. Carlos à qui je balbutiai je ne sais quoi prit l'objet et le posa sur un coin de table, sans même se demander si je l'avais volé ou pris par mégarde.

Le second méfait fut un mensonge. [...] Je racontai un soir à la bonne et à la cuisinière aux yeux écarquillés que Michel venait d'offrir à Madame de San Juan un grand bouquet de roses tout en or. Il s'agissait bien entendu d'une gerbe de rose soufre[6]. Mes auditrices, un peu scandalisées, ne s'étonnèrent pourtant pas : on savait que Monsieur avait le cadeau facile. L'histoire, comme il fallait s'y attendre, revint à Michel qui me dit de son ton affectueux :

— Voilà un mensonge que Jeanne de Reval[7] n'aurait jamais fait. (Tu te rappelles Jeanne de Reval ?) Tu savais que c'était un bouquet de fleurs fraîches. Pourquoi avoir prétendu qu'elles étaient en or ?

— Pour faire plus beau, dis-je en baissant un peu la tête.

— Jeanne savait que la vérité seule est belle, dit-il. Tâche de t'en souvenir.

MARGUERITE YOURCENAR, *Quoi l'éternité*, Éd. Gallimard.

1. verbe commettre au passé simple.
2. mauvaises actions.
3. en cachette.
4. le père de la fillette.
5. ici, le jeu de cartes.
6. de couleur jaune clair.
7. une amie de la famille.

LA LECTURE EXPLIQUÉE

1. Interrogez le texte

a/ La lecture du texte
Relevez tous les noms propres du texte : comment les repérez-vous ?

b/ Le plan du texte
Où se termine la première partie du texte ? Donnez-lui un titre.
Trouvez une expression du texte pouvant servir de titre à la deuxième partie.

c/ Les personnages
A quels détails voit-on que Carlos est un enfant gâté ?
Que pensez-vous de Michel, le père de la fillette ?
Est-il sévère ou indulgent ? Justifiez votre réponse.

d/ L'action
Pourquoi, à votre avis, la fillette s'empare-t-elle du jeu de cartes ?
Son mensonge, dans la deuxième partie du texte, est-il vraiment grave ? Pourquoi ?

2. Comment reconnaître une page de roman ?

a/ Les phrases
Comment les phrases sont-elles disposées dans le récit ? dans le dialogue ?

b/ Les paragraphes
La première partie du texte constitue un paragraphe : observez-la attentivement. A quel signe reconnaît-on le début et la fin d'un paragraphe ?
Quelle est, selon vous, l'utilité des paragraphes ?

2. UN POÈME

La fillette au beau visage

La fillette au beau visage,
la voici cueillant l'olive,
Le vent, ce galant de tours,
l'a prise par la ceinture.

Passent quatre cavaliers
sur des poulains andalous,
vêtus de vert et de bleu
sous leurs longues capes sombres.

« Viens donc à Cordoue, la belle. »
La belle n'écoute pas.

Passent trois toréadors
à la taille bien cambrée ;
leurs vêtements sont orange
et leurs épées d'argent vieux.

« Viens à Séville, la belle. »
La belle n'écoute pas.

A l'heure où le jour se teinte
de violet et se fond
en tendre lueur diffuse,
passe un jeune homme qui porte
roses et myrtes de lune.

« Viens à Grenade, la belle. »
La belle n'écoute pas.

La fillette au beau visage
cueille toujours ses olives,
avec le bras gris du vent
qui la serre par la taille.

FEDERICO GARCIA LORCA,
Romancero gitan et poèmes,
Éd. Seghers.

1. Interrogez le texte

a / Les personnages

Faites la liste des personnages qui apparaissent successivement au cours de cette scène? Quel est le signe particulier de chacun d'eux? Citez le texte.

b / L'action

Résumez brièvement cette scène. Pourquoi la jeune fille ne répond-elle pas aux invitations de ses admirateurs?

c / Le lieu et le décor

Relevez les noms de villes et de régions cités dans ce poème : où se trouvent-elles exactement?
Quelles sont les couleurs dominantes du poème? Réalisez à la gouache ou au crayon-feutre, un tableau composé de taches de couleurs qui suggéreront l'éclat de cette scène.

d / L'expression

A qui compare-t-on le vent dans les vers 3 et 26-27?

2. Comment reconnaître un poème?

a / Le vers

Où commence et où finit la première phrase du poème?
En combien de fragments est-elle divisée?
Chaque fragment constitue un « vers » : combien de vers comptez-vous dans le poème?

b / La strophe

Une strophe est un ensemble de vers : comptez les strophes de ce poème? Quelle est la strophe la plus longue? la plus courte? Recopiez les dix premiers vers du poème en supprimant les strophes. Quelle est votre impression?

3. *UNE SCÈNE DE THÉÂTRE*

Le petit malade

LE MÉDECIN. — *le chapeau à la main.* — C'est ici, madame, qu'il y a un petit malade?
MADAME. — C'est ici, docteur; entrez donc. Docteur, c'est pour mon petit garçon. Figurez-vous, ce pauvre mignon, je ne sais pas comment ça se fait, depuis ce matin tout le temps il tombe.
LE MÉDECIN. — Il tombe!
MADAME. — Tout le temps; oui, docteur.
LE MÉDECIN. — Par terre?
MADAME. — Par terre.
LE MÉDECIN. — C'est étrange, cela... Quel âge a-t-il?
MADAME. — Quatre ans et demi.
LE MÉDECIN. — Quand le diable y serait, on tient sur ses jambes, à cet âge-là!... — Et comment ça lui a-t-il pris?

Illustrations d'Adrien Barrère (1877-1931). Droits réservés.

MADAME. — Je n'y comprends rien, je vous dis. Il était très bien hier soir et il trottait comme un lapin à travers l'appartement. Ce matin, je vais pour le lever, comme j'ai l'habitude de faire. Je lui enfile ses bas, je lui passe sa culotte, et je le mets sur ses jambes. Pouf! il tombe!
LE MÉDECIN. — Un faux pas, peut-être.
MADAME. — Attendez!... Je me précipite; je le relève... Pouf! il tombe une seconde fois. Étonnée, je le relève encore... Pouf! par terre! et comme ça sept ou huit fois de suite. Bref, docteur, je vous le répète, je ne sais pas comment ça se fait, depuis ce matin tout le temps il tombe.
LE MÉDECIN. — Voilà qui tient du merveilleux[1]... Je puis voir le petit malade?
MADAME. — Sans doute.

Elle sort, puis reparaît tenant dans ses bras le gamin. Celui-ci arbore[2] sur ses joues les couleurs d'une extravagante bonne santé. Il est vêtu d'un pantalon et d'une blouse lâche, empesée[3] de confitures séchées.

LE MÉDECIN. — Il est superbe, cet enfant-là!... Mettez-le à terre, je vous prie.

La mère obéit. L'enfant tombe.

LE MÉDECIN. — Encore une fois, s'il vous plaît.

Même jeu que ci-dessus. L'enfant tombe.

MADAME. — Encore?

Troisième mise sur pieds, immédiatement suivie de chute, petit malade qui tombe tout le temps.

LE MÉDECIN, rêveur — C'est inouï.

Au petit malade, que soutient sa mère sous les bras.

Dis-moi, mon petit ami, tu as du bobo quelque part?
TOTO. — Non, monsieur.
LE MÉDECIN. — Tu n'as pas mal à la tête?
TOTO. — Non, monsieur.
LE MÉDECIN. — Cette nuit, tu as bien dormi?
TOTO. — Oui, monsieur.
LE MÉDECIN. — Et tu as appétit, ce matin? mangerais-tu volontiers une petite sousoupe?
TOTO. — Oui, monsieur.
LE MÉDECIN. — Parfaitement.

1. voilà qui n'est pas ordinaire.
2. montre avec évidence.
3. raidie.

4. sur le ton assuré d'un spécialiste.

Compétent[4].

C'est de la paralysie.

MADAME. – De la para !... Ah ! Dieu !

Elle lève les bras au ciel. L'enfant tombe.

LE MÉDECIN. – Hélas ! oui, madame. Paralysie complète des membres inférieurs. D'ailleurs, vous allez voir vous-même que les chairs du petit malade sont frappées d'insensibilité absolue.

Tout en parlant, il s'est approché du gamin et il s'apprête à faire l'expérience indiquée, mais tout à coup :

Ah çà, mais... ah çà, mais... ah çà, mais ???

Puis éclatant :

Eh ! sacrédié, madame, qu'est-ce que vous venez me chanter, avec votre paralysie ?

MADAME. – Mais, docteur...

LE MÉDECIN. – Je le crois, tonnerre de Dieu, bien, qu'il ne puisse tenir sur ses pieds... vous lui avez mis les deux jambes dans la même jambe du pantalon !

G. COURTELINE, *Coco et Toto.*

1. Interrogez le texte

a/ La lecture du texte
Lisez ce texte à haute voix : sur quel ton parle la mère ? le docteur ? Toto ? Quels sentiments expriment-ils ?

b/ L'intérêt du texte
Ce texte vous fait-il rire ? Pourquoi ?

c/ Les personnages
Que pensez-vous de la mère de Toto ? Citez le texte à l'appui de votre réponse.

d/ Le décor
Imaginez le décor dans lequel se déroule cette scène : dans quelle pièce les personnages sont-ils réunis ? Comment est composé le mobilier ?

e/ Le vocabulaire
Que signifie l'adjectif *extravagante* (l. 29) ? Utilisez ce mot dans une phrase de votre composition. Trouvez un autre adjectif de même sens.

2. Comment reconnaître une scène de théâtre ?

a/ Le dialogue
Dans cette scène à trois personnages, chacun prend tour à tour la parole, comme dans une conversation : c'est un dialogue.
A qui le médecin s'adresse-t-il successivement ? Citez le texte.
Montrez que le rôle de Toto est vraiment réduit. La mère parle-t-elle avec Toto dans cette scène ? Pourquoi ?

b/ Les répliques
Chaque élément du dialogue constitue une réplique.
A quoi servent le nom en majuscule et le tiret qui précède chaque réplique ? Montrez, en citant le texte, qu'une réplique peut être très courte ou très longue.

c/ Les indications scéniques
A quel moment l'auteur intervient-il directement dans la scène ? Que dit-il ? A qui s'adresse-t-il ?

EXERÇONS-NOUS

EXERCICE 1

Sempé. Dessin extrait de *Les Récrés du Petit Nicolas*. Éditions Denoël.

Un texte sans mots !

Voici le canevas d'un texte : à la place des mots, nous avons tracé des lignes...

a/ La mise en page
Où se trouvent le titre, les noms de l'auteur, de l'œuvre et de l'éditeur ?

b/ Paragraphes, lignes et phrases
Comptez les lignes de chaque paragraphe.
Combien de phrases comporte le deuxième paragraphe ?

c/ Une forme mystérieuse
Ce texte présente-t-il une page de roman, un poème ou une scène de théâtre ?

d/ Des mots ! Des mots !
En respectant le canevas de ce texte, racontez une petite histoire qui portera sur l'un des sujets suivants :
– le vase cassé,
– chien trouvé,
– vive les vacances !

Illustration de
E.G. Berne, 1946.
Droits réservés.

Le château du prince

Le château était construit de pierres jaunes et luisantes ; de grands escaliers de marbre conduisaient à l'intérieur et au jardin ; plusieurs dômes dorés brillaient sur le toit, et, entre les colonnes des galeries, se trouvaient des statues de marbre, qui paraissaient vivantes. Les salles, magnifiques, étaient ornées de rideaux et de tapis incomparables, et les murs couverts de grandes peintures. Dans le grand salon, le soleil réchauffait, à travers un plafond de cristal, les plantes les plus rares, qui poussaient dans un grand bassin au-dessous de plusieurs jets d'eau.

ANDERSEN,
« La petite sirène », *Contes*.

Si c'était un poème ?

Voici l'extrait d'un conte célèbre : « La petite sirène ». Transformez ce texte en poème.

a/ Les strophes
Divisez ce texte en trois parties qui formeront les trois strophes du poème.

b/ Les vers
Transformez les phrases en vers de différente longueur. Recopiez le texte ainsi transformé sur une page blanche.

c/ La métamorphose
Que pensez-vous du résultat ? Quelle forme préférez-vous ? Pourquoi ?

Les explorateurs

A la suite d'un accident d'avion dont ils sont les seuls survivants, une bande de jeunes garçons âgés de six à douze ans, se trouve livrée à elle-même sur une île déserte. Aucun adulte pour interdire quoi que ce soit : les portes de l'aventure sont grandes ouvertes.

— Allez! s'écria Jack enfin, on est des explorateurs.
— Allons jusqu'au bout de l'île, proposa Ralph, on verra ce qu'il y a de l'autre côté.
— Si c'est une île...
L'après-midi tirait à sa fin et les mirages[1] diminuaient un peu. Ils trouvèrent l'extrémité de l'île bien réelle, dépouillée de toute fantasmagorie[2]. D'épais blocs de roches se chevauchaient, un autre se prélassait seul dans le lagon[3], couvert d'oiseaux de mer.
— On dirait un gâteau rose glacé, dit Ralph.
— On ne peut pas faire le tour de cette extrémité, affirma Jack. D'ailleurs ce n'en est pas une. Ce n'est qu'une courbure de la côte. Et puis les rochers ont l'air impraticables...
De la main, Ralph protégea ses yeux et suivit du regard les rochers à pic dont la ligne déchiquetée montait à l'assaut de la montagne. Cette portion de la plage était toute proche de la montagne.
— C'est d'ici qu'il faudrait faire l'ascension, décida-t-il. Ce doit être le plus facile. Il y a moins de jungle et plus de rochers roses. Allez, on y va!

WILLIAM GOLDING,
Sa Majesté-des-Mouches,
Éd. Gallimard.

1. visions dues à la chaleur.
2. illusion.
3. petit lac d'eau de mer entre la terre et un récif de corail.

Si c'était du théâtre ?

a/ Les personnages
Qui sont les deux personnages mis en scène dans cet extrait ?

b/ Le dialogue
Par quel signe de ponctuation les passages de dialogue sont-ils signalés au lecteur ?
Combien de répliques les personnages échangent-ils ?

c/ Transformation
Quelles modifications devez-vous apporter à la disposition du texte pour transformer ce texte en scène de théâtre ?
Réalisez cette transformation.
Quelle version préférez-vous ? Pourquoi ?

2. L'étude des textes

OBSERVONS

QU'EST-CE QU'UN EXTRAIT?

Le concours d'orthographe

Un concours d'orthographe est organisé dans l'école de Gil. Les meilleurs élèves sont interrogés par deux institutrices : Mlle Kolshar et Mlle Iris.

Et puis ça a été le tour de Jessica. Mlle Iris lui a demandé comment mais Jessica a eu l'air de ne pas entendre.
— Jessica.
— Oui ?
— Comment.
— Comment quoi ?
Tout le monde a ri. Kolshar était folle de rage.
— Comment c'est votre mot, petite écervelée. Épelez-moi ça plus vite que ça.
— Ç-A.
— Dites donc, Jessica, vous préféreriez peut-être renoncer à votre droit de concourir pour vous rendre directement au bureau de la directrice ? a dit Kolshar. C'est ça que vous voulez ? Ça peut s'arranger très facilement mais croyez-vous que vos parents trouveront ça amusant ?
Ensuite, c'est Mlle Iris qui a parlé :
— Jessica, ou bien tu épelles un mot, ou bien je te colle un zéro en orthographe pour le semestre entier, nous sommes bien d'accord ?
Elle était furieuse aussi. Mais j'ai pensé quelque chose. J'ai pensé que Jessica était très forte en classe et qu'elle allait gagner le concours d'orthographe. Et je suis devenu très inquiet.
— Comment, a dit Mlle Kolshar.
— Pourriez-vous l'utiliser dans une phrase, s'il vous plaît ?
— Oui. Comment allez-vous ?
— Comment, a dit Jessica. M-O-X-P-L-Y-T. Comment.
Personne n'a rien dit, tout le monde ouvrait de grands yeux. Jessica restait debout sans bouger. Et puis, très, très doucement,

122 LA LECTURE EXPLIQUÉE

Illustration pour la Couverture de *J'apprends l'orthographe* de Mme Brès, éditions Hachette, 1905. Droits réservés.

1. accuser.

Mlle Kolshar a dit :
— Filez au bureau de la directrice, mademoiselle.

Jessica a repris son livre dans le pupitre et elle a pris la porte. Dave Sutton a fait : « Po-pom, po-pom, po-pom-po-pom-po-pom... » (C'est la musique de la panthère rose à la télé.)

— Qui vous a donné le signal de parler ? a demandé Kolshar.

Et puis les mots ont commencé à devenir difficiles. Les élèves savaient pas les épeler et ils abandonnaient le concours. Helen Tressler est sortie sur cellophane. Audrey Burnstein aussi, celle qui porte un appareil dentaire. Et cinq élèves sont tombés sur yacht, jusqu'à ce que Ruth Arnold l'épelle correctement. Elle n'a pas manqué non plus décorum et nausée. Moi, j'ai eu hospitalier et incriminer[1]. On n'était plus que quatre en jeu. Nancy Kelton est tombée sur engrais et Sidney Weiss après elle. Mais Ruth Arnold a encore réussi. Y restait plus qu'elle et moi. [...]

Mlle Kolshar m'a demandé finance.
— Finance. F-I-N-A-N-C-E. Finance.

Je l'ai dit un peu au hasard mais sans me tromper. Et alors Mlle Iris a demandé scène à Ruth Arnold.

— Sène. S-È-N-E. Sène, a dit Ruth Arnold.

123

Et moi je le savais, je le savais ! Je le savais à cause de « la grande scène du II » que j'avais cherchée au dictionnaire ! Alors je l'ai bien épelé. Et Mlle Kolshar m'a demandé nécessaire.

— Nécessaire. N-É-C-E-S-S-A-I-R-E. Nécessaire !

Mlle Iris s'est mise à applaudir. Kolshar lui a lancé un regard mais j'avais gagné le concours d'orthographe ! le concours de toutes les troisièmes années ! Et je me suis mis à applaudir aussi. Je m'applaudissais. Mlle Kolshar a fait remarquer que ce n'était pas très intéressant. Mais j'applaudissais encore et encore. J'ai applaudi jusqu'à ce que tous les autres soient sortis. Mlle Iris m'a donné un baiser sur le front et elle m'a dit :

— Va donc au bureau chercher ton prix, voilà un billet.

C'est ce que j'ai fait.

Devant le bureau il y avait quelqu'un d'assis sur le banc où s'asseyent les méchants et attendant de se faire engueuler par la directrice. C'était Jessica. Je suis passé devant elle, et je suis entré dans le bureau, sans rien lui dire parce qu'elle ne m'avait pas vu, elle était en train de lire son livre. J'ai demandé à la secrétaire rousse pour mon prix. Elle m'a dit que c'était un dictionnaire. Que j'aille l'attendre dehors, assis sur le banc. Alors j'y suis retourné. Jessica lisait toujours. J'ai vu le livre, c'était *l'Étalon noir*.

La cloche a sonné. Tous les élèves sont allés à leurs casiers. Ils m'ont vu assis sur le banc. J'ai dit :

— J'ai pas été puni. Je viens de gagner le concours d'orthographe.

Comme ça personne n'a pensé que j'étais puni. Mais Jessica, elle, elle a rien dit, elle continuait de lire. Au bout d'un moment, elle a posé le livre et elle a regardé dans le hall, mais personne en particulier. Personne. Et elle a dit :

— Pour le moment, il doit être dans le Wyoming. Il a commencé dans le Montana, avec tout le troupeau, c'est lui le chef parce qu'il est le plus grand et le plus sauvage, personne ne peut le monter que moi. Mais maintenant il vient tout seul.

— Qui ça ? j'ai demandé.

Elle s'est tournée et elle m'a regardé droit dans la figure et j'ai vu ses yeux. Y sont géants, mon vieux, verts avec des éclats marron dedans.

— Blacky, elle a répondu. Mon cheval.

— Ah, bon.

Et puis on a plus rien dit pendant longtemps. Les élèves ont arrêté de passer devant nous, les portes des casiers ont cessé de claquer et tout est resté coi² et tranquille dans le hall de l'école.

Et puis Jessica a dit quelque chose :

— Tu sais, Gil, je t'ai laissé gagner le concours d'orthographe, elle a dit. Parce que tu en avais très envie.

HOWARD BUTEN,
Quand j'avais cinq ans, je m'ai tué,
Éd. du Seuil.

2. immobile, figé.

1. Interrogez le texte

a/ Le plan du texte
Divisez ce texte en trois parties en vous aidant des titres suivants :
– 1re partie : la punition de Jessica.
– 2e partie : le gagnant.
– 3e partie : devant le bureau de la directrice.

b/ Les personnages
Pensez-vous que Jessica soit nulle en orthographe ? Justifiez votre réponse. Relevez une ou deux phrases montrant que le concours d'orthographe est un événement très important pour Gil.

c/ L'action
En quoi consiste le concours d'orthographe ? Comment est-il organisé ?
Quel est, à votre avis, le passage le plus drôle de cette scène ?

d/ Le vocabulaire
Faites la liste des mots proposés aux concurrents du concours d'orthographe : lesquels vous paraissent les plus difficiles ?
Sur quelles syllabes ou sur quelles lettres portent les difficultés ?

2. Qu'est-ce qu'un extrait de texte ?

a/ Un morceau choisi
Combien de lignes occupe cet extrait ? Vous paraît-il court ou long ? Calculez sur votre montre le temps que vous mettez à le lire.

b/ L'introduction
Que vous apprend l'introduction qui précède le texte ?
Essayez de supprimer cette introduction : le texte est-il compréhensible ou incompréhensible ?
A votre avis, l'introduction à un morceau choisi est-elle indispensable à la compréhension du texte ?

c/ Le début du texte
Et puis ça a été le tour de Jessica : pourquoi cette phrase est-elle particulièrement importante ?

d/ La fin du texte
La dernière phrase vous donne-t-elle envie de lire la suite ? Pourquoi ? Qu'aimeriez-vous savoir ?

APPROFONDISSONS

1. L'INTÉRÊT D'UN EXTRAIT

Privés de dessert!

Trois amis organisent un voyage de plusieurs jours en bateau, le long de la Tamise, un fleuve d'Angleterre. Mais les pique-niques ne sont pas de tout repos...

Nous aimons beaucoup l'ananas, tous les trois. Nous regardions l'image de l'étiquette; nous pensions au jus. Nous échangeâmes un sourire, et Harris apprêta sa cuiller.
On se mit en quête de l'ouvre-boîtes. On retourna tout le panier. On mit sens dessus dessous les valises. On souleva les planches au fond du canot. On déposa tous les objets sur la rive, un à un, et on les secoua. L'ouvre-boîtes demeurait introuvable.
Harris tenta d'ouvrir la conserve à l'aide de son couteau de poche, mais la lame se cassa et il se coupa profondément. Georges essaya d'une paire de ciseaux, mais les ciseaux lui échappèrent et faillirent l'éborgner. Tandis qu'ils pansaient tous deux leurs blessures, je m'efforçai de faire un trou dans la boîte avec le bout pointu de la gaffe, mais la gaffe en glissant me projeta entre le bateau et la rive dans soixante centimètres d'eau vaseuse, et la conserve alla rouler, intacte, sur une tasse à thé, qu'elle brisa.
Alors nous perdîmes tous la tête. On porta cette satanée boîte sur la berge. Harris alla chercher dans un champ une grosse pierre, et je retournai dans le bateau prendre le mât, puis Georges tint la boîte, Harris appuya sur le couvercle le bout pointu de sa pierre, et, levant le mât en l'air, je rassemblai toutes mes forces et l'abattis.
Ce fut le chapeau de paille de Georges qui lui sauva la vie ce jour-là. Il l'a conservé, — ce qu'il en reste, — et les soirs d'hiver, quand les pipes sont allumées et que les copains débitent des galéjades[1] sur les dangers qu'ils ont courus, Georges le décroche du mur pour

1. plaisanteries.

l'exhiber à la ronde, et conte à nouveau l'effroyable histoire, avec des exagérations inédites[2] chaque fois.

Harris s'en tira avec une simple égratignure.

Après cela, je pris la boîte à moi seul et la martelai à coups de mât jusqu'à n'en pouvoir plus, puis Harris s'en empara.

Nous la battîmes à plat ; nous la rebattîmes en cube ; nous lui infligeâmes toutes les figures connues de la géométrie... mais sans parvenir à y faire un trou. Georges alors s'y attaqua vigoureusement et lui donna une forme si étrange, si baroque[3], si repoussante dans sa monstrueuse hideur[4], que d'épouvante il rejeta son mât. Puis nous nous assîmes tous trois autour de la boîte, à la considérer.

Un grand renfoncement dans le dessus offrait l'aspect d'un rictus[5] railleur, ce qui nous mit dans une rage telle que Harris sauta sur l'objet, le brandit, et l'envoya voler au milieu du courant, où il s'enfonça sous une bordée de malédictions. Puis, remontés dans le bateau, nous fîmes force de rames[6] pour nous éloigner de ce lieu maudit, et ne nous arrêtâmes plus avant d'être à Maidenhead.

JÉRÔME K. JÉRÔME,
Trois Hommes dans un bateau,
Éd. Presses Pocket.

2. nouvelles.
3. biscornue.
4. laideur.
5. sourire forcé qui ressemble à une grimace.
6. ramer avec fureur.

1. Interrogez le texte

a/ Le plan du texte
A quelles lignes correspondent les trois parties du texte ?
— 1re partie : où est l'ouvre-boîtes ?
— 2e partie : le combat.
— 3e partie : la défaite.

b/ L'action
Quels moyens les jeunes gens inventent-ils pour ouvrir la boîte ?

c/ L'expression
Quel est le sens du mot *gaffe* dans le texte (l. 13) ? Utilisez ce mot dans une phrase où il aura un autre sens.
Quel sentiment traduit l'énumération des verbes dans la phrase : *... Harris sauta sur l'objet, le brandit, et l'envoya voler au milieu du courant* (l. 37-38) ?

Illustration de Campbell, éditions Nelson, 1951.
Droits réservés. Bibliothèque de l'Heure Joyeuse, Paris.

2. L'intérêt de l'extrait

a/ Un sujet bien choisi
Que raconte cet extrait ? Pourquoi ce sujet peut-il intéresser le lecteur ?

b/ Une histoire complète
Les trois parties du texte correspondent à l'introduction, au développement, à la conclusion.
Quelle impression l'auteur veut-il ainsi créer ?

c/ Une histoire amusante
Quels sont les passages les plus drôles de cette histoire ? Pourquoi rions-nous ?

d/ Des personnages sympathiques
Quels sentiments éprouvez-vous à l'égard des personnages ? Pourquoi ?

e/ Un texte pour la classe de 6e
Selon vous, l'expression de ce texte est-elle :
— facile,
— difficile,
— très difficile ?
Justifiez votre réponse en donnant un ou deux exemples.

3. Conclusion
Cet extrait de texte vous semble-t-il bien choisi ? Pourquoi ?

---

2. L'EXPLICATION DE TEXTE

Le Bel Inconnu

Le Bel Inconnu est un jeune chevalier avide d'aventures. Guidé par une demoiselle du nom de Hélie, il vole au secours de Blonde, la fille du roi de Galles « qui a grande tristesse et ennui ». Mais de nombreux obstacles se dressent sur son chemin. Le jeune héros doit affronter les épreuves de la Cité Gâtée.

Quand le jour fut sur son déclin, ils traversèrent une forêt et découvrirent la Cité Gâtée. Elle s'élevait avec ses tours, ses clochers, ses donjons, son palais resplendissant et ses maisons innombrables entre deux rivières rapides.
Chacun descendit de selle. Lampart[1] pleurait et la pucelle[2] aussi. 5

1. ami du Bel Inconnu.
2. la jeune fille.

Tim White "Kingdom of Summer" xxe s.

Le Bel Inconnu vêtit ses chausses de fer et mit son heaume en tête. Et Lampart lui dit :

— Vous allez donc aller dans la Cité Gâtée, sire ? N'y menez aucune compagnie. Car ceux qui iront avec vous seront tués aussitôt. Vous verrez les murs vieux et bigarrés[3], les portes, les clochers, les maisons, les étages, les arcs voûtés et sculptés, les créneaux, tout cela détruit et effondré. Vous ne verrez hommes ni femmes, rien que des animaux, serpents, lézards, crapauds, rats, fouines et genettes. Gardez-vous de retourner sur vos pas. Suivez la grande rue ; vous trouverez au milieu de la cité un antique et vaste palais de marbre. Vous entrerez par un portail magnifique dans une salle immense, et de là vous verrez très bien les êtres[4] de l'édifice. A chacune des fenêtres vous remarquerez un jongleur[5] en riches atours, ayant devant lui un cierge ardent[6] ; ils jouent sur des instruments divers maintes douces mélodies. Quand ils vous verront approcher, ils vous feront de beaux saluts. Vous répondrez : « Dieu vous maudisse ! » N'oubliez pas ce point. Pénétrez alors dans la salle et attendez l'aventure. Si vous tenez à la vie, demeurez là et n'entrez pas dans la chambre du fond. Maintenant c'est assez parler. Montez à cheval et que Dieu vous conduise !

Adapté par ANDRÉ MARY,
Le Bel Inconnu,
Éd. Gallimard.

3. de teintes différentes.
4. l'ensemble des pièces.
5. musicien et chanteur du Moyen Age.
6. qui brûle.

Modèle d'explication de texte

a/ Les personnages

QUESTION — Pourquoi Lampart et la pucelle pleurent-ils ?

RÉPONSE — Ils pleurent parce qu'ils vont se séparer du Bel Inconnu. Ils ne sont pas sûrs de revoir vivant leur ami et craignent qu'il ne se fasse tuer dans la Cité Gâtée.

QUESTION — Relevez une phrase qui montre le sang-froid du Bel Inconnu.

RÉPONSE — *Le Bel Inconnu vêtit ses chausses de fer et mit son heaume en tête* (l. 6-7) : le chevalier se prépare pour l'aventure sans manifester aucune crainte. Il est prêt à affronter les épreuves qui l'attendent à la Cité Gâtée.

b/ L'action

QUESTION — Relevez deux phrases montrant que la mort rôde dans la Cité Gâtée.

RÉPONSE — *N'y menez aucune compagnie. Car ceux qui iront avec vous seront tués aussitôt* (l. 8-9) ; *Si vous tenez à la vie, demeurez là et n'entrez pas dans la chambre du fond* (l. 23-24).

c/ L'époque et le lieu

QUESTION — A quels détails voit-on que la Cité Gâtée est une ville du Moyen Age ?

RÉPONSE — Elle comporte des *tours* et des *donjons* (l. 2-3), des *arcs voûtés et sculptés*, des *créneaux* (l. 11).
Cette description est celle d'un château fort, demeure féodale défendue par des fortifications.

d/ Le vocabulaire

QUESTION — Trouvez, dans le texte, un mot de la même famille que « chaussure ».

RÉPONSE — Les *chausses* sont des sortes de pantalons que l'on portait au Moyen Age. Les chausses du Bel Inconnu sont en fer car elles font partie de son armure.

L'explication de texte

a/ Les questions
A votre avis, pourquoi pose-t-on des questions sur les personnages ?
Quelles sont les questions destinées à vérifier que vous avez bien compris le texte ?
Repérez une question destinée à vérifier vos connaissances.
Quelle question vous oblige à consulter votre dictionnaire ?

b/ Les réponses
Les réponses sont-elles courtes ou longues ?
A votre avis, pourquoi doit-on citer le texte dans les réponses ? Par quel signe de ponctuation accompagne-t-on une citation ?
Que signifient les chiffres mis entre parenthèses ?

c/ L'intérêt de l'explication
Auriez-vous aussi bien compris le texte si vous ne l'aviez pas expliqué ?
Que vous apporte l'explication ?

EXERÇONS-NOUS

EXERCICE 1

Jonathan le Goéland

1. à la manière de.

2. ses semblables, ses compagnons.

3. à une vitesse vertigineuse.

4. renoncent à.

5. chutes suivies d'un redressement brutal à l'approche du sol.

6. mouvement d'un avion ou d'un oiseau en perte de vitesse, spirale.

Durant les quelques jours suivants, Jonathan s'efforça de se comporter à l'instar[1] des autres goélands. Il s'y efforça vraiment, criant et se battant avec ses congénères[2] autour des quais et des bateaux de pêche, plongeant pour attraper des déchets de poisson et des croûtons de pain. Mais le cœur n'y était pas.

« Cela ne rime à rien, se disait-il, abandonnant délibérément un anchois durement gagné à un vieux goéland affamé qui lui donnait la chasse. Dire que je pourrais consacrer toutes ces heures à apprendre à voler. il y a tant et tant à apprendre ! »

Il ne fallut donc pas longtemps à Jonathan le Goéland pour se retrouver à nouveau seul en pleine mer, occupé à apprendre, affamé, mais heureux.

L'objet de son étude était maintenant la vitesse et, en une semaine d'entraînement, il apprit plus sur la vitesse que n'en savait le plus rapide des goélands vivants. Battant des ailes de toutes ses forces, à une hauteur de trois cents mètres il se retournait pour piquer à tombeau ouvert[3] vers les vagues, et il comprit alors pourquoi les goélands s'abstiennent[4] de s'engager dans des piqués[5] prolongés. En moins de sept secondes il atteignait les cent dix kilomètres à l'heure, vitesse à laquelle les ailes des goélands deviennent instables. Et à chaque fois la même mésaventure lui advenait. Quelque soin qu'il prît à mettre en jeu dans cet exercice toutes ses facultés, il perdait aux vitesses élevées tout contrôle sur ses mouvements.

... Grimper à trois cents mètres. Accélérer d'abord à l'horizontale, tout droit, à pleine puissance de ses muscles, puis piquer par l'avant, ailes battantes, à la verticale... Alors invariablement son aile gauche décrochait au sommet d'un battement, il roulait brutalement vers la gauche puis, pour retrouver son équilibre, essayait de tendre l'aile droite, et c'était alors de ce côté que se déclenchait une vrille[6] folle.

Il ne parvenait pas à maîtriser son coup d'aile ascendant. Dix fois il s'y essaya, et dix fois, à l'instant où il dépassait les cent

7. équilibre.

8. affolé.

9. être, se situer.

10. mouvement par lequel on ramène un avion en vol horizontal après un piqué prolongé.

11. déchirées.

12. tout soit terminé.

13. limité.

dix kilomètres à l'heure, il perdait sa sustentation[7] dans un éperdu[8] désordre de plumes et allait s'abattre sur l'eau.

« La clé du problème, finit-il par penser en se séchant, doit résider[9] dans la nécessité de garder les ailes immobiles aux grandes vitesses — c'est sans doute cela : battre des ailes jusqu'à quatre-vingt-dix puis les conserver immobiles ! »

Il monta à six cents mètres, il tenta encore une fois de s'engager sur le dos et de piquer à la verticale, bec tendu, ailes totalement déployées et raidies à partir de l'instant où il dépassait quatre-vingts kilomètres à l'heure. Cela exigeait un terrible effort qui fut couronné de succès. En dix secondes Jonathan dépassa les cent trente-cinq kilomètres à l'heure, établissant ainsi un record mondial de vitesse pour goélands.

Mais bien court fut son triomphe. A l'instant où il amorçait sa ressource[10], quand il voulut modifier l'angle d'attaque de ses ailes, il fut victime du même incontrôlable et terrible désastre que précédemment mais, cette fois, à cent trente-cinq kilomètres à l'heure, cela fit sur lui l'effet de la dynamite. Jonathan le Goéland s'écartela littéralement au milieu des airs et s'écrasa sur une mer dure comme pierre.

Lorsqu'il revint à lui, la nuit était depuis longtemps tombée et, au clair de lune, il flottait à la surface de l'Océan. Ses ailes dépenaillées[11] étaient de plomb mais l'échec lui pesait davantage encore. Sans forces, il souhaitait que leur poids fût suffisant pour l'entraîner doucement vers le fond et pour qu'ainsi tout fût consommé[12].

Tandis qu'il sombrait, une étrange voix profonde parlait en lui.

« Il n'y a pas d'illusions à me faire, je suis un goéland. De par ma nature un être borné[13]. Si j'étais fait pour apprendre tant de choses sur le vol, j'aurais des cartes marines en guise de cervelle. Si j'étais fait pour voler à grande vitesse, j'aurais les ailes courtes du faucon et je me nourrirais de souris et non pas de poisson. Mon père avait raison. Il me faut oublier toutes ces folies. »

RICHARD BACH,
Jonathan Livingston le Goéland,
Éd. Flammarion.

Choisissez un extrait

a/ La longueur de l'extrait

Ce texte est long : il est difficile de l'étudier en une heure, pendant le cours de français.

Isolez un extrait plus court en choisissant avec soin la première et la dernière phrase.

Cet exercice vous paraît-il difficile ? Pourquoi ?

b/ L'intérêt de l'extrait

Donnez un titre significatif à l'extrait que vous avez sélectionné. Pourquoi l'avez-vous choisi ?

Vincent Van Gogh, *La nuit étoilée*, 1888, Paris, Musée d'Orsay.

La passion des étoiles

Elle feignit[1] de me chercher et m'appela, je répondis ; elle vint au figuier où elle savait que j'étais.

« Que faisiez-vous donc là ? me dit-elle.

— Je regardais une étoile.

— Vous ne regardiez pas une étoile, dit ma mère qui nous écoutait du haut de son balcon ; connaît-on l'astronomie[2] à votre âge ?

— Ah ! madame, s'écria mademoiselle Caroline ; il a lâché[3] le robinet du réservoir, le jardin est inondé. »

Ce fut une rumeur générale. Mes sœurs s'étaient amusées à tourner ce robinet pour voir couler l'eau ; mais, surprises par l'écartement d'une gerbe qui les avait arrosées de toutes parts, elles avaient perdu la tête et s'étaient enfuies sans avoir pu fermer le robinet. Atteint et convaincu[4] d'avoir imaginé cette espièglerie, accusé de mensonge quand j'affirmais mon innocence, je fus sévèrement puni. Mais, châtiment horrible ! je fus persiflé[5] sur mon amour pour les étoiles, et ma mère me défendit de rester au jardin le soir. Les défenses tyranniques[6] aiguisent encore plus une passion chez les enfants que chez les hommes ; les enfants ont sur eux l'avantage de ne penser qu'à la chose défendue, qui leur offre alors des extraits irrésistibles. J'eus donc souvent le fouet pour mon étoile.

HONORÉ DE BALZAC,
Le Lys dans la vallée.

2. science des astres.
3. ouvert.
4. accusé.
5. tourné en ridicule.
6. interdictions autoritaires et injustes.

Un extrait mal choisi

A votre avis, quel principal reproche peut-on adresser à ce texte :
— il ne présente pas d'intérêt particulier,
— la première phrase n'accroche pas le lecteur,
— il ne traite pas un sujet en particulier,
— la dernière phrase ne donne pas envie de lire la suite,
— il est trop court,
— il est trop difficile pour un élève de 6e ?
Justifiez votre réponse.

EXERCICE 3

Choisissez la première phrase

Le 22 mars de l'an de grâce 1718, jour de la mi-carême, un jeune seigneur de haute mine, âgé de vingt-six à vingt-huit ans, monté sur un beau cheval d'Espagne, se tenait vers les huit heures du matin à l'extrémité du Pont-Neuf qui aboutit au quai de l'École.

Lorsqu'il se réveilla, il faisait grand jour, et comme, la veille, il avait oublié, dans sa préoccupation, de fermer ses volets, la première chose qu'il vit fut un rayon de soleil qui se jouait joyeusement à travers sa chambre, traçant de la fenêtre à la porte une brillante ligne de lumière dans laquelle voltigeaient mille atomes.

Vers les huit heures du soir et comme le jour commençait à tomber, Buvat entendit un grand bruit à sa porte et une espèce de froissement métallique qui ne laissa point de l'inquiéter ; il avait entendu raconter bon nombre de lamentables histoires de prisonniers d'État assassinés dans leur prison, et il se leva tout frissonnant et courut à sa fenêtre.

Choisissez la dernière phrase

Je me suis levée, j'ai ramassé ma monnaie sur la table et je suis partie voir la mer.

Arrivé près d'elle, le motard tourna d'abord la tête vers les voitures qui passaient sur la route, traversant la nuit d'un grand souffle mugissant, puis il soupira, releva ses grosses lunettes sur son casque, s'accouda pesamment à la portière et dit :
– Alors, mademoiselle Longo ? On se promène ?

Je n'avais aucun autre souvenir de lui et le contenu du portefeuille, que j'ai épluché soigneusement, ne m'a rien rappelé non plus.

Les phrases ci-dessus sont empruntées à un roman d'Alexandre Dumas : *Le Chevalier d'Harmental*. Laquelle, selon vous, accroche le mieux l'attention du lecteur ? Pourquoi ?

Lisez attentivement ces phrases empruntées au roman policier de Sébastien Japrisot : *la Dame dans l'auto avec des lunettes et un fusil*.
Sélectionnez celle qui, à la fin d'un extrait de texte, vous donnerait envie de connaître la suite. Imaginez cette suite dans une rédaction où vous donnerez libre cours à votre imagination.

135

Thomas Waterford Wood *Un champ de maïs dans le Sud*, 1861. (71,1 × 101,6 cm). Montpelier, USA, Wood Art Gallery.

Le vieil esclave

1. agité par les vagues.

Je fus pris sur les bords houleux[1] du Sénégal
Où la brousse a bercé ma lumineuse enfance.
Parmi cent négrillons, aux yeux pleins de souffrance,
Je me vis emporté loin du pays natal.

Quand émergea des flots, sous l'azur tropical,   5
La verte Martinique où règne l'opulence,
Je sentis dans mon cœur renaître l'espérance,
Mon vieux maître ne fut ni cruel ni brutal.

J'ai planté le maïs, les caféiers, les cannes
Et mené les troupeaux vers la paix des savanes ; 10
Le soir, je chante au pied des filaos[2] plaintifs.

2. arbres de grande taille, poussant dans des lieux humides.

J'ai couvert d'une peau de bouc une barrique ;
Et mon tam-tam rappelle à nos frères captifs,
Les nuits, les grandes nuits ardentes de l'Afrique.

DANIEL THALY,
Poèmes choisis,
Éd. Casterman, 1976.

Posez des questions

Voici un poème que vous allez étudier en classe. Préparez son explication.

a/ Les questions

Posez une question sur :
– les personnages,
– l'action,
– les lieux,
– l'expression.

b/ Les réponses

Répondez à ces questions sans oublier de citer le texte.

AIDE MÉMOIRE

La lecture expliquée est un exercice qui permet de connaître une grande variété de textes et d'en approfondir le sens.

■ Roman, poésie, théâtre

Une page de roman présente un texte découpé en paragraphes. Chaque paragraphe comporte un ensemble de phrases qui s'enchaînent les unes aux autres. Les passages de dialogue sont signalés par des guillemets et des tirets.

Une poésie se compose généralement d'une succession de vers organisés en strophes.

Une scène de théâtre développe un dialogue à deux ou plusieurs personnages. Chaque réplique est précédée du nom d'un personnage. Des indications scéniques sont données par l'auteur.

■ La présentation d'un texte

Les textes étudiés sont accompagnés des informations suivantes :
- titre,
- introduction (ou chapeau),
- notes de vocabulaire,
- nom de l'auteur et de l'œuvre,
- nom de l'éditeur.

■ Le choix et l'explication d'un extrait

- Un extrait est sélectionné en fonction de :
  - son intérêt,
  - sa longueur,
  - son niveau.

- La première phrase doit accrocher l'attention du lecteur ; la dernière phrase doit donner envie de lire la suite.

- Pour expliquer un texte, on doit répondre avec précision à des questions portant essentiellement sur :
  - les personnages,
  - l'action,
  - l'époque et le lieu,
  - l'expression.

TRAVAUX PRATIQUES

Les yeux

La première fois qu'Édith la vit, elle éclata de rire et n'en crut pas ses yeux.

Elle fit quelques pas de côté et regarda encore : elle était toujours là, mais ses contours paraissaient un peu plus estompés. Dans le trou rond
5 du nichoir[1], une tête semblable à celle d'un écureuil — mais qui avait quelque chose de démoniaque dans son intensité[2] — la regardait attentivement. Une illusion d'optique, bien sûr, provoquée sans doute par les ombres, ou un nœud dans la planche du fond. La lumière du soleil tombait directement sur le nichoir, de dimensions classiques, installé dans
10 l'angle de la cabane à outils et du mur en briques du jardin. Édith s'approcha davantage. Quand elle ne fut plus qu'à trois mètres, la tête disparut.

15 — Tiens, c'est bizarre, pensa-t-elle en rentrant dans la villa. Elle devrait en toucher un mot à Charles dans la soirée.

20 Mais elle oublia d'en parler à Charles.

Trois jours plus tard, alors qu'elle se relevait après avoir déposé deux bouteilles de lait
25 vides sur le seuil de sa porte de derrière, elle revit la même tête. Du nichoir, une paire d'yeux noirs et globuleux l'observaient avec application, d'un regard direct, horizontal et soutenu, et ils semblaient entourés de fourrure brunâtre. Édith tressaillit, puis se raidit. Elle crut voir deux
30 oreilles arrondies et une bouche qui n'était ni celle d'un animal ni celle d'un oiseau, mais paraissait seulement menaçante et cruelle.

Elle savait pourtant que le nichoir était vide. La famille de mésanges bleues s'était envolée depuis des semaines, et les bébés mésanges l'avaient échappé belle, car le chat de leurs voisins, les Mason, leur avait
35 témoigné un vif intérêt ; en effet, en se plaçant sur le toit de la cabane à outils et en étendant la patte, ce chat pouvait atteindre le trou du nichoir,

---

1. niche pour faire couver les oiseaux.
2. une force diabolique.

TRAVAUX PRATIQUES

noirs

que Charles avait fait un rien trop grand pour des mésanges bleues. Mais Édith et Charles avaient maintenu Jonathan à l'écart jusqu'à ce que les oiseaux fussent bien partis. [...]

Pendant que ces pensées traversaient l'esprit d'Édith, elle n'arrivait pas à détacher son regard de ce visage brun à l'expression tendue, et les yeux noirs et perçants la fixaient elle aussi.

« Il n'y a qu'à aller voir ce que c'est », pensa Édith, et elle prit le sentier qui menait à la cabane à outils. Mais elle s'arrêta au bout de trois pas. Elle avait peur de se faire mordre si elle touchait le nichoir — peut-être par les dents d'un sale rongeur. Elle en parlerait à Charles dans la soirée. Mais maintenant qu'elle se trouvait plus près, la chose était toujours là, plus visible que jamais. Ce n'était pas une illusion d'optique.

Son mari, Charles Beaufort, ingénieur informaticien, travaillait dans un établissement situé à une dizaine de kilomètres de l'endroit où ils vivaient. Il fronça légèrement les sourcils et sourit quand Édith lui dit ce qu'elle avait vu. « Vraiment ?, fit-il.

— Il se peut que je me trompe. J'aimerais bien que tu secoues encore une fois le nichoir, pour voir s'il y a quelque chose dedans, dit Édith, se forçant à sourire maintenant, malgré le ton sérieux de sa voix.

— D'accord, je vais le faire », dit rapidement Charles, puis il se mit à parler d'autre chose. Ils étaient alors au milieu du dîner.

Édith dut lui rappeler sa promesse au moment où ils mettaient les assiettes dans le lave-vaisselle. Charles sortit donc, et Édith resta debout sur le seuil, à observer. Charles tapa du plat de la main sur

TRAVAUX PRATIQUES

le nichoir et écouta, en dressant l'oreille. Il détacha le nichoir de son clou, le secoua, puis le renversa lentement, le trou en bas. Il le secoua de nouveau.

« Absolument rien, cria-t-il à Édith. Même pas un brin de paille. »
Il adressa à sa femme un large sourire et raccrocha le nichoir à son clou. « Je me demande ce que tu as bien pu voir. Tu n'aurais pas bu un ou deux verres de scotch[3], par hasard ? »

Patricia HIGHSMITH,
le Nichoir vide,
Éd. Calmann-Lévy.

---
3. Alcool.

1. Interrogez le texte

a / La présentation

Repérez le titre de l'extrait, le titre de l'œuvre, le nom de l'auteur et de l'éditeur : de toutes ces informations, laquelle, à votre avis est la plus importante ? Pourquoi ?
Combien de notes de vocabulaire comptez-vous ? Lesquelles, selon vous, pourrait-on supprimer ? Sur quels mots devraient-on peut-être en ajouter ?

b / La disposition

Le texte propose-t-il des strophes, des répliques ou des paragraphes ? Quelle différence faites-vous entre les trois ?

2. L'intérêt de l'extrait

a / La première et la dernière phrase

La première fois qu'Édith la vit, elle éclata de rire et n'en crut pas ses yeux (l. 1-2) : pourquoi cette première phrase accroche-t-elle l'intérêt du lecteur ? Quelles questions se pose-t-on dès le début du texte ?
Tu n'aurais pas bu un ou deux verres de scotch, par hasard ? (l. 78-79), quelle impression cette dernière phrase éveille-t-elle en vous ?

b / Le sujet du texte

Choisissez, parmi les titres suivants, celui qui, selon vous, traduit le mieux le sujet du texte : une vision, le monstre, mystère dans la maison, un homme courageux.
Ce sujet vous plaît-il ? Pourquoi ?

3. L'explication du texte

a / Les personnages

Voici la réponse à une question : « Charles croit que sa femme a des visions. En effet, il sourit sans attacher d'importance aux paroles d'Édith (l. 63) et à la fin du passage, il suppose que sa femme est ivre (l. 78-79). »
Quelle est cette question ?

b / L'action

Posez une question sur l'événement qui vient perturber la vie d'Édith et de Charles. Répondez à cette question en citant le texte.

c / L'expression

Posez une question de vocabulaire sur l'expression « illusion d'optique ». Répondez à cette question.

5 la lecture suivie : le conte

1. L'univers des contes **2.** La lecture d'un conte

Vous allez apprendre à :
- explorer le monde des contes
- lire un conte

INTERVIEW PAGES 142-143

L'INTERVIEW

Francis Bebey : « Vos oreilles sont-elles là ? »

1 Lisiez-vous des contes lorsque vous étiez enfant ?
FRANCIS BEBEY. Lorsque j'étais enfant, je ne lisais pas du tout. J'ai été admis à l'école très tard, vers l'âge de dix-douze ans, comme la plupart des enfants d'Afrique de ma génération. En revanche, je connaissais le conte. En effet, chez nous, le soir, on allait de maison en maison ; et nos oncles et tantes nous racontaient les plus vieilles légendes de la région. Aujourd'hui encore, malgré le livre, la radio, la télévision, cette tradition se perpétue dans les villages africains.

2 De quels héros vous souvenez-vous ?
De presque tous ! Nos contes sont surtout peuplés d'animaux : la tortue, par exemple, est l'animal le plus rusé chez les Bantous, le plus intelligent, celui qui possède les neuf sagesses...

3 Pourquoi ? Parce qu'elle est la plus lente ?
Il ne faut jamais demander pourquoi ! La tortue a neuf sagesses, c'est le maximum de ce que l'on peut trouver chez un animal. Si l'éléphant et la panthère se chamaillent, eh bien, ils viennent consulter la tortue... Le lièvre, lui, a sept sagesses. Aucun animal ne possède huit sagesses... et ne me demandez pas pourquoi !

4 Quel est l'animal le moins aimé ?
C'est l'hyène. Elle est bête et ne fait que des bêtises.

5 Et vous, quel animal préfériez-vous ? Celui qui avait le plus de sagesse ?
A vrai dire, je ne sais plus... Ce que j'aimais le plus, c'était le conte lui-même. Je l'écoutais les deux oreilles grandes ouvertes. J'étais triste qu'il se termine.

6 Les contes vous faisaient-ils rêver ou vous terrifiaient-ils ?
Les contes sur les fantômes me faisaient peur. Vous savez, la nuit africaine est souvent noire ; aussi, lorsque l'on parle de fantômes ou de feux follets, on est terrifié.

7 Peut-il exister des contes modernes ?
Sans aucun doute.

142

Les contes reflètent les problèmes de leur temps. Plus on voyage, plus les contes se transforment. Il m'est même arrivé d'écrire l'histoire d'une tortue africaine, allant apprendre le métier de banquier en Suisse !

8 Ainsi le conte se moquerait de la logique ?
Oui, on y met ce qu'on espère trouver, ce que la vie ne nous a pas donné. Le conte est le refuge des paresseux qui, comme moi, pensent qu'ils ne vont pas changer le monde, mais qu'ils peuvent le voir autrement, l'inventer. Si ceux qui écoutent le conte sont emportés dans son univers, alors là on a vraiment changé le monde.

9 Les contes africains diffèrent-ils beaucoup des contes européens ?
Non, je ne crois pas. Ils traduisent la même rêverie de l'homme, ils font intervenir une magie comparable.

10 Comment commencent les contes en Afrique ? Par « Il était une fois » ?
D'abord, il faut savoir que le conte africain s'accompagne de musique. Ainsi, parfois, une musique sans paroles annonce que ça va commencer. Parfois aussi, quelqu'un dit : « Vos oreilles sont-elles là ? » Et l'auditoire répond : « Oui, elles sont là. » On joue alors quelques notes de musique. « Qu'écoutent vos oreilles ? — Elles écoutent ta musique. Qu'écoutent vos oreilles ? — Elles écoutent ta parole. — Qu'écoutent vos oreilles ? — Elles écoutent ton conte. » Et le conte commence.

11 Par quelle phrase commenceriez-vous le conte ?
« Si je vous dis que le lion est le roi de la forêt, ce n'est pas un mensonge. La main a cinq doigts. » Ce qui revient à dire que mon histoire est vraie. On raconte ensuite comment le lion, une fois de plus, a prouvé qu'il était le roi de la forêt.

12 Voilà une histoire qui s'annonce passionnante. Au début de l'entretien, vous disiez que dans le conte, on ne peut jamais poser la question du Pourquoi.
En effet, on vit avec la nature ; on ne lui a jamais demandé ce qu'elle faisait là. Nous vivons, c'est tout. Nos seuls besoins sont que le soleil brille dans le ciel et que nous soyons heureux. Nous n'avons aucune question à nous poser. Pourquoi ? Pourquoi ? Il suffit de vivre les choses de la vie, de converser avec la nature. Le pourquoi commence avec les problèmes. Et les problèmes surgissent si l'homme oublie de vivre.

13 Que pensez-vous des gens qui n'aiment pas les contes ?
Ce n'est pas possible qu'ils existent... Ce sont sans doute des gens qui ne vivent pas, qui ont cessé de vivre sans le savoir. Quand on vit, le conte apporte le plaisir, l'émotion, la frayeur... Nous avons besoin de toute cette diversité... c'est cela la vie... Autant de contes, autant de vies !

Entretien recueilli par Évelyne Amon et Yves Bomati, le 26 octobre 1989.

1. L'univers des contes

OBSERVONS

UN MONDE À PART

Un Roi à sa fenêtre

Une petite étoile brillait dans le ciel pâle de la nuit d'été. On l'apercevait de la fenêtre pratiquée dans l'épaisseur de la muraille ; l'éclat paisible de cette étoile troublait le roi, et le sommeil le fuyait. Les rossignols, qui toutes les nuits emplissaient les bois de leurs assourdissants chants d'amour, se taisaient pendant quelques heures aux environs de minuit, le silence régnait partout. Mais les bocages[1], autour du château, répandaient à travers la fenêtre ouverte un frais parfum de feuillage mouillé apportant l'atmosphère du monde forestier jusque dans l'alcôve[2] du roi.

L'esprit du souverain vagabondait sans obstacle et sans but dans le paysage enchanté. Le roi voyait le cerf et le daim couchés paisiblement sous les grands arbres, et, par la pensée, il s'approchait d'eux sans le moindre désir de les tuer. Peut-être la biche blanche était-elle en train de paître, là-bas ; cette biche qui n'en était pas une, mais une jeune fille sous l'aspect d'une biche et dont les sabots étaient d'or.

Plus loin, au tréfonds[3] du bois, le dragon dormait, son affreux cou écailleux replié sous ses ailes ; sa puissante queue remuait mollement sur l'herbe.

Le roi éprouvait une émotion, une agitation singulière[4] ; il était triste, et pourtant il se sentait plus fort que jamais. On eût dit que sa force pesait sur lui, l'écrasant de son poids. Il pensait à bien des choses. [...] Il se rappela le ravissement qui emplissait son cœur aux jours d'autrefois, à la seule idée de la chasse, de la danse, des tournois, de la guerre, ou de rencontres avec ses amis et des femmes. Le passé défilait lentement dans sa mémoire. Mais à présent où trouverait-il le vin qu'il boirait pour être heureux ? Pas un seul être humain n'avait le pouvoir de le verser dans sa coupe. Il était aussi seul dans son royaume du Danemark que dans son sommeil et dans ses rêves.

1. champs entourés de haies.

2. renfoncement aménagé dans une chambre pour installer le lit.

3. au plus profond.

4. peu commune.

KAREN BLIXEN,
Contes d'hiver, « Le poisson », traduit de l'anglais par Marthe Metzger, Éd. Gallimard.

Dame à la Licorne. Milieu du XVᵉ s. Esztergom, Hongrie ; Keresteny Museum.
École Lombarde.
Maître de l'histoire de Paris.

1. Interrogez le texte

a/ La lecture du texte
Combien de paragraphes comporte ce texte ?
Pourquoi a-t-on utilisé des points de suspension à la ligne 22 ?

b/ L'intérêt du texte
Pourquoi le roi était-il triste ? Citez le texte à l'appui de votre réponse.

c/ L'expression
Expliquez les expressions suivantes :
l'éclat paisible de cette étoile (l. 2-3) ;
par la pensée, il s'approchait d'eux (l. 12).

2. Découvrez le monde des contes

a/ Les personnages
Le roi : qui est-il, où habite-t-il, quelles sont ses occupations ?

Les autres personnages (humains ou animaux) : quels autres personnages repérez-vous dans ce texte ? Vous en dresserez la liste. Quelles sont leurs particularités ?

b/ Le décor
Dans quel pays et dans quels lieux se situe ce début de conte ? Relevez dans le texte quelques éléments qui le précisent.
Le dragon et la biche vivent-ils dans la même forêt ?

c/ Le temps
A quel moment le roi rêve-t-il ? Relevez quelques expressions du texte.

d/ La situation
Comment imaginez-vous la suite de ce texte ? Justifiez votre réponse.

3. Conclusion

Après la lecture de ce texte court, aimez-vous le monde des contes ? Pourquoi ?

APPROFONDISSONS

LE MERVEILLEUX, LES PERSONNAGES, LES SITUATIONS, L'EXPRESSIO

1. LE MERVEILLEUX

Le palais d'or de Swayamprabha

Le prince Sougriva est amoureux de la belle Sîtâ qui a disparu. Pour la retrouver, il confie alors une armée à Hanouman qui s'engage dans les terribles déserts de l'Inde du Sud. En vain. Découragé, Hanouman n'ose cependant rebrousser chemin, craignant la fureur de Sougriva. Soudain, il aperçoit des hérons et des oies sauvages qui sortent « d'une faille sur la pente d'une colline argentée dressée à l'horizon ». L'espoir renaît : des oiseaux viennent s'abreuver dans « ce trou ». Hanouman décide alors d'aller voir de plus près...

Ils arrivèrent à la faille. C'était une grotte envahie d'arbustes et de plantes grimpantes d'un vert délicieux à contempler après l'aridité[1] du désert. [...] Les soldats s'arrêtèrent, émerveillés.

Hanouman se glissa le premier à l'intérieur. L'obscurité était totale. Il longea prudemment la paroi humide et toute l'armée le suivit sur un chemin descendant en un long corridor. Il descendait, descendait toujours, se demandant si cette pente sans fin conduisait à Patala, le royaume des enfers. Fatigués, les pieds endoloris, les singes et les ours suivaient toujours, anxieux d'arriver à une source qui les rendrait à la vie. La descente semblait interminable ; combien de lieues[2] avaient-ils parcourues dans les ténèbres, comme des aveugles, se tenant par la main, n'entendant que leur souffle ? [...]

Pourtant, à un certain moment, l'obscurité sembla moins dense[3] — ou peut-être s'y habituaient-ils ? La procession descendait toujours. Comment la lumière viendrait-elle des profondeurs de la terre ? Sans y croire, ils commençaient à se distinguer les uns des autres et après quelques minutes, les visages devinrent tout à fait perceptibles[4]. Enfin, l'horizon se dégagea, une vaste plaine s'étendit devant eux et ils comprirent d'où venait la lumière : la plaine était couverte d'arbres aux feuilles d'or, les fleurs, les fruits, tout était

1. sécheresse.

2. une lieue = 4 km environ.

3. épaisse, impénétrable.

4. visible.

d'or ; de l'or pur, l'étang, couvert de lotus d'or, où glissaient des poissons et des cygnes d'or. Ils n'en croyaient pas leurs yeux, ils en oubliaient leur soif, ils avançaient, fascinés par ce qui les entourait.

Après avoir traversé la plaine et longé l'étang merveilleux, ils découvrirent, au milieu d'un grand jardin, un palais tout en or : les murs, les portes, les piliers. Ils passèrent la porte d'entrée pour se trouver dans une grande salle aux murs incrustés de diamants, de rubis, d'émeraudes. Sur des tapis de couleurs étaient disposés des sièges finement sculptés et des miroirs de cristal. Dans les vasques[5] d'albâtre baignaient des fleurs fraîches comme si l'on venait de les y déposer ; pourtant, il n'y avait personne. Les yeux écarquillés de surprise, les soldats suivaient Hanouman, envahissaient l'une après l'autre les salles du palais qui semblait tout à fait inhabité. Ils se préparaient à sortir à l'autre extrémité lorsque, dans la dernière salle construite comme un petit temple, ils virent une femme, très vieille mais d'une grande beauté, assise sur un trône, vêtue d'une peau de biche. Saisis de respect, ils s'arrêtèrent.

POURNAPRÉMA,
Les Contes de Ramayana,
Éd. Sand/Pournapréma, F. Morisset.

5. les bassins.

1. Interrogez le texte

a/ Le texte
Ce texte a été écrit en Inde, il y a 24 siècles. Où se trouve ce pays ?

b/ Les personnages
Dressez la liste des personnages. Qu'apprend-on sur eux ?

c/ L'action
Résumez l'action de ce texte.

d/ L'expression
Pourquoi les singes et les ours étaient-ils *anxieux d'arriver à une source qui les rendrait à la vie* (l. 9-10) ?
Expliquez l'expression : *Les yeux écarquillés de surprise* (l. 32-33).

2. Étudiez le merveilleux

a/ Le mystère
Montrez que le narrateur sait entretenir le mystère dans ce passage. Citez des éléments précis du texte.

b/ Le lieu
Énumérez les différents lieux décrits dans ce texte. En quoi contrastent-ils chacun avec le désert ?
Quel lieu vous émerveille le plus ?

c/ La lumière
A quel moment du texte l'armée aperçoit-elle la lumière ? D'où provient-elle ? Qu'a-t-elle de magique ?

d/ Les couleurs
Quelles sont les couleurs dominantes lors de la descente dans la faille, dans le jardin, dans le palais ?
Quels effets produit sur vous la mention de ces différentes couleurs ?

e/ L'apparition
Dans quelles conditions la femme apparaît-elle (l. 36-37) ? Qu'apprenons-nous sur elle ? Quel doit être son pouvoir ?

3. Conclusion : Pourquoi ce conte est-il « merveilleux » ? Qu'est-ce que le « merveilleux » ?

2. LES PERSONNAGES

Le Prince et la bergère

1. Interrogez le texte

a/ L'action
Quels sont les différents événements rapportés par l'auteur ?
Rangez-les selon leur ordre chronologique (leur succession).

b/ L'époque
Relevez dans les dessins et le texte des précisions sur l'époque où se situe ce récit.

c/ Le lieu
Où se passe l'action de cette page ? Relevez des détails qui vous l'indiquent.

2. Les personnages du conte

a/ Leurs portraits
Quel est le personnage principal de ce conte ?
Quelles sont ses qualités ? A-t-il des défauts ?
Qu'apprend-on sur l'héroïne ?

b/ Le milieu social des héros
Les personnages de ce texte ont-ils la même vie quotidienne ? Justifiez votre réponse.

c/ L'amour
De quelle manière le prince rencontre-t-il la bergère ?
Quelles conséquences cette rencontre a-t-elle sur lui ? Citez quelques vignettes particulièrement significatives.

3. Conséquences

En quoi consiste l'humour de ce conte ? Justifiez votre réponse, en citant, éventuellement d'autres contes que vous connaissez.

Marcel Gotlib *Rubrique-à-brac*, « Histoire à considérer sous plusieurs angles ». Éd. Dargaud, Paris.

3. LES SITUATIONS

Une robe couleur du temps

Un roi est tombé amoureux de sa fille, « l'infante ». Impossible pour la jeune princesse d'accepter ce terrible mariage. Heureusement, la fée des Lilas, sa marraine, a décidé de lui venir en aide...

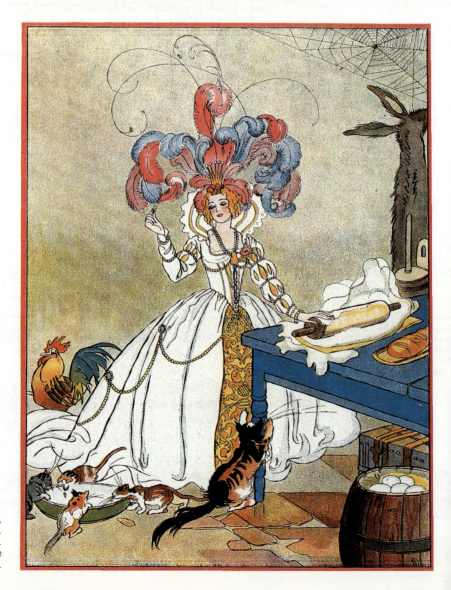

Illustration de Félix Lorioux, éd. Hachette, 1927. Droits réservés. Bibliothèque de l'Heure Joyeuse, Paris.

1. sans vous opposer à lui.

« Car, ma chère enfant, lui dit-elle, ce serait une grande faute que d'épouser votre père; mais, sans le contredire[1], vous pouvez l'éviter : dites-lui que, pour remplir une fantaisie que vous avez, il faut qu'il vous donne une robe de la couleur du temps; jamais, avec tout son amour et son pouvoir, il ne pourra y parvenir. »

La princesse remercia bien sa marraine, et, dès le lendemain matin, elle dit au roi son père ce que la fée lui avait conseillé, et protesta qu'on ne tirerait d'elle aucun aveu[2], qu'elle n'eût la robe couleur du temps.

2. approbation, consentement.

Le roi, ravi de l'espérance qu'elle lui donnait, assembla les plus fameux ouvriers et leur commanda cette robe, sous la condition que, s'ils ne pouvaient réussir, il les ferait tous pendre. Il n'eut pas le chagrin d'en venir à cette extrémité. Dès le second jour ils apportèrent la robe si désirée : l'empyrée[3] n'est pas d'un plus beau bleu, lorsqu'il est ceint[4] de nuages d'or, que cette belle robe lorsqu'elle fut étalée.

3. le ciel.
4. entouré.

5. attristée, chagrinée.

L'infante en fut toute contristée[5], et ne savait comment se tirer d'embarras. Le roi pressait la conclusion. Il fallut recourir encore à la marraine, qui, étonnée de ce que son secret n'avait pas réussi, lui dit d'essayer d'en demander une de la couleur de la lune.

CHARLES PERRAULT,
Contes, « Peau d'Ane ».

1. Interrogez le texte

a/ L'auteur

Qui est Charles Perrault? Citez trois autres contes de cet écrivain.

b/ Les personnages

Combien de personnages principaux comptez-vous?
Quelles relations entretiennent-ils les uns avec les autres?
Lequel préférez-vous? Pourquoi?

c/ L'expression

Que signifie la phrase : *Le roi pressait la conclusion* (l. 18)?
Quel était le *secret* (l. 19) de la marraine?

2. Appréciez la situation

a/ L'épreuve

En quoi consiste l'épreuve imaginée par la fée pour ruiner les projets du roi?
Pourquoi la condition imposée est-elle très difficile à remplir?
Quelle est la couleur du temps, selon vous?

b/ La réaction du roi

Le roi est-il troublé par les exigences de sa fille? Citez le texte, à l'appui de votre réponse.
Quelle punition réserve-t-il aux ouvriers en cas d'échec? Que pensez-vous de son attitude?

c/ Le dénouement

Quelle est la réaction de chacun des trois personnages, à la vue de la robe couleur du temps? Citez le texte.
Que pensez-vous de la nouvelle idée de la fée (l. 20)?

3. Conclusion

Que pensez-vous de la situation développée dans ce conte?
A quoi reconnaît-on une situation de conte de fées?

4. L'ART D'ÉCRIRE

Le peuple des Sirènes

La petite sirène est la plus jeune fille du Roi des Mers. Avant de nous raconter ses aventures, Andersen évoque le cadre de sa vie...

Bien loin dans la mer, l'eau est bleue comme les fleurs des bleuets, pure comme le verre le plus transparent, mais si profonde qu'il serait inutile d'y jeter l'ancre, et qu'il faudrait y entasser une quantité infinie de tours d'églises les unes sur les autres pour mesurer la distance du fond à la surface.

C'est là que demeure le peuple de la mer. Mais n'allez pas croire que ce fond se compose seulement de sable blanc; non, il y croît[1] des plantes et des arbres bizarres, et si souples que le moindre mouvement de l'eau les fait s'agiter comme s'ils étaient vivants. Tous les poissons, grands et petits, vont et viennent entre les branches comme les oiseaux dans l'air. A l'endroit le plus profond, se trouve le château du roi de la mer, dont les murs sont de corail, les fenêtres de bel ambre[2] jaune, et le toit de coquillages qui s'ouvrent et se ferment pour recevoir l'eau ou pour la rejeter. Chacun de ces coquillages renferme des perles brillantes dont la moindre ferait honneur à la couronne d'une reine.

> HANS CHRISTIAN ANDERSEN,
> *la Petite Sirène*, traduit du danois par David Soldi,
> Éd. Larousse.

1. il y pousse.
2. résine dure et translucide.

1. Interrogez le texte

a/ L'auteur
A quelle époque a vécu Andersen? Citez un autre de ses Contes.

b/ L'intérêt du texte
Ce texte constitue l'introduction au conte. Que nous apprend-il sur la situation générale?

c/ Les personnages
Quels personnages sont mentionnés? Pourquoi ne parle-t-on pas immédiatement de la petite sirène?

d/ L'époque et le lieu
L'époque où se situe l'action de ce conte est-elle précisée?
Le lieu est-il lui-même précis? Citez le texte à l'appui de vos réponses.

Illustration de E.G. Berne, 1946. Droits réservés.

2. Le style des contes

a/ Les phrases

Les phrases de ce texte sont-elles longues ou courtes ?
Laquelle vous donne le plus de renseignements sur les décors marins ? sur la vie sous-marine ? sur le château du roi ? A quel rythme et sur quel ton devez-vous les lire ?

b/ Les comparaisons

Quels sont les points communs entre le monde de la mer et celui de la terre ? Appuyez-vous sur les comparaisons du texte pour répondre à cette question. Comment l'auteur nous fait-il « voir » l'univers marin ? Citez le texte.

c/ Les superlatifs

Relevez les adjectifs employés au superlatif (ex. : *le plus transparent* [l. 2]). Pourquoi, selon vous, l'auteur utilise-t-il autant de superlatifs ?

d/ La poésie

Quelles sont les couleurs dominantes du monde marin ? du château ?
Montrez, en relevant quelques détails du texte, que ce monde est exceptionnel. Pourquoi ce texte est-il poétique ?

3. Conclusion : Expliquez en quelques phrases vos impressions à la lecture de cet extrait.

EXERÇONS-NOUS

Les barreaux

Peter Pan est un petit bébé de sept jours. Il s'est laissé enfermer dans les Jardins de Kensington, au centre de Londres, car il désire vivre les aventures qui se déroulent chaque soir, après l'« Heure de la Fermeture » des grilles. De plus, grâce aux fées, il apprend à voler.

Et sa mère, dans tout cela! Il la retrouvera bien vite, lorsqu'il le désirera, il en est sûr. Un soir, les fées lui ont permis de retourner la voir.

Illustration de Arthur Rackham (1867-1939), Éditions Hachette, 1907. Droits réservés. Bibliothèque de l'Heure Joyeuse, Paris.

A travers la fenêtre grande ouverte, il a aperçu sa chère maman, le visage inondé de larmes, qui prononçait son nom dans son sommeil. Mais Peter est retourné aux Jardins... Les semaines ont passé...

Peter soudain a décidé de redevenir un petit garçon comme les autres et de retrouver le monde des humains...

Il s'y résolut[1] brusquement, car il avait rêvé que sa maman pleurait ; il en connaissait la cause et savait que, si son beau Peter la serrait dans ses bras, elle retrouverait le sourire. Oh ! il en était sûr... et il était si impatient de se blottir contre elle que, cette fois-ci, il vola tout droit vers la fenêtre : elle était toujours ouverte pour lui..., n'est-ce pas ?

Mais, la fenêtre, ce soir-là, était fermée et on y avait mis des barreaux de fer. Alors, mort d'inquiétude, il regarda dans la chambre et aperçut sa mère. Elle dormait paisiblement, et son bras enlaçait un autre petit garçon.

Peter cria : « Maman ! maman ! » mais elle ne l'entendit même pas. Il tambourina contre les barreaux de fer, mais en vain. En sanglots, il se résigna à reprendre le chemin des Jardins... Il ne revit jamais sa chère maman. Pourtant, quel merveilleux enfant il aurait pu être pour elle ! Ah ! Peter, nous qui avons tous fait de graves erreurs, comme nous agirions différemment si une seconde chance nous était offerte ! Et comme Salomon[2] avait raison : une bonne occasion ne se représente jamais, et c'est vrai pour la plupart d'entre nous ! Quand nous arrivons enfin à la fenêtre, c'est l'Heure de la Fermeture et les barreaux sont scellés[3] à tout jamais.

JAMES M. BARRIE,
Peter Pan dans les Jardins de Kensington,
traduit de l'anglais par Yves Bomati et Gérard Militon,
Éd. Larousse, collection Classiques Juniors.

1. il prit la décision.
2. Salomon est un corbeau très sage et très vieux.
3. fixés très solidement.

L'émotion dans le conte

a/ La situation
Pourquoi Peter décide-t-il de retrouver définitivement sa mère ?
Dans quel but la mère de Peter a-t-elle fait poser des barreaux à la fenêtre de sa chambre ?
Que pensez-vous du résultat de la visite de Peter ?

b/ Peter Pan
Quels sont les différents sentiments éprouvés par Peter durant cet épisode ? Peter Pan est-il un être humain ou un personnage de conte ? Justifiez votre réponse.

c/ La morale du conte
Comment comprenez-vous la phrase : *Une bonne occasion ne se représente jamais* ? S'applique-t-elle à Peter Pan ?

La métamorphose[1] de Byblis

Byblis vient de perdre le frère qu'elle aime tant, Caunos. Personne, ni les nymphes qui habitent la forêt, ni les naïades qui peuplent les rivières, ne peut arrêter le flot de ses larmes...

1. la transformation.

2. les nymphes ne meurent jamais.

3. avaient couru partout.

4. elle se changeait en pierre progressivement.

5. une faible lueur.

Réveillées par le clair de lune, les immortelles[2] de la forêt étaient accourues de toutes parts. L'écorce des arbres, devenue transparente, avait laissé voir la figure des nymphes ; et même les naïades frissonnantes, quittant leurs eaux et leurs rochers, s'étaient répandues[3] dans les bois.

Et elles se pressaient autour de Byblis, et elles lui parlaient, effrayées, car le cours des pleurs de l'enfant avait tracé dans la terre une ligne sinueuse et foncée, qui gagnait lentement le chemin de la plaine.

Mais Byblis déjà n'entendait plus rien, ni les voix, ni les pas, ni le vent de la nuit. Son attitude devenait peu à peu éternelle. Sa peau avait pris, sous le flot des larmes, la teinte lisse et blanche qui est celle des marbres baignés par les eaux. Le vent n'aurait pas dérangé un de ses cheveux le long de son bras. Elle se mourait en pierre pure[4]. A peine une lueur obscurcie[5] éclairait encore sa vision. Tout à coup, elle s'éteignit ; mais les larmes plus fraîches coulent encore de ses yeux.

Et c'est ainsi que Byblis fut changée en fontaine.

PIERRE LOUŸS,
Byblis, changée en fontaine,
Librairie Borel, 1898.

La poésie du conte

a/ Le merveilleux
Dans quel univers vit Byblis ? Quelles sont ses compagnes ?
Montrez que sa transformation est progressive.
Dans quels autres contes les personnages se métamorphosent-ils ?

b/ La poésie
Quelle phrase ou quel passage vous semble le plus poétique ? Pourquoi ?
Mais Byblis déjà n'entendait plus rien, ni les voix, ni les pas, ni le vent de la nuit (l. 10-11). Sur quel ton doit-on lire cette phrase ? Pourquoi ?

Illustration de Margaret W. Tanant. 1914. Droits réservés.

Le jardin des fleurs vivantes

Alice a sauté à travers un miroir. Elle est parvenue dans un jardin étonnant...

Elle arriva devant un grand parterre de fleurs, entouré d'une bordure de pâquerettes, ombragé par un saule pleureur qui poussait au beau milieu.

— Ô, Lis Tigré, dit Alice, en s'adressant à un lis qui se balançait avec grâce au souffle du vent, comme je voudrais que tu puisses parler.

— Nous pouvons parler, répondit le Lis Tigré ; du moins, quand il y a quelqu'un qui mérite qu'on lui adresse la parole.

Alice fut tellement surprise qu'elle resta sans rien dire pendant une bonne minute, comme si cette réponse lui avait complètement coupé le souffle. Finalement, comme le Lis Tigré se contentait de continuer à se balancer, elle reprit la parole et demanda d'une voix timide et très basse :

— Est-ce que toutes les fleurs peuvent parler ?

— Aussi bien que toi, dit le Lis Tigré, et beaucoup plus fort que toi.

— Vois-tu, déclara une rose, ce serait très mal élevé de notre part de parler les premières ; je me demandais vraiment si tu allais te décider à dire quelque chose ! Je me disais comme ça : « Elle a l'air d'avoir un peu de bon sens, quoique son visage ne soit pas très intelligent ! » Malgré tout, tu as la couleur qu'il faut, et ça, ça compte beaucoup.

— Je me soucie fort peu de sa couleur, dit le Lis Tigré. Si seulement ses pétales frisaient un peu plus, elle serait parfaite.

Alice, qui n'aimait pas être critiquée, se mit à poser des questions.

LEWIS CARROLL,
De l'autre côté du miroir, traduit de l'anglais par Jacques Papy, Éd. Jean-Jacques Pauvert.

J.J. Grandville (1803-1847). La Rose extraite des *Fleurs animées,* 1847. Collection particulière.

Les questions d'Alice

a/ Imaginez les questions qu'Alice peut poser au Lys Tigré et à la Rose.
b/ Aimeriez-vous être à la place d'Alice ?

2. La lecture d'un conte

OBSERVONS

LA PRÉSENTATION DU CONTE

L'Eau de la vie

Les auteurs

Les frères Grimm (Jakob et Wilhelm), écrivains allemands, vécurent au XIXᵉ siècle. Durant toute leur vie, ils furent à l'écoute des vieux conteurs qui, sachant par cœur les contes et les légendes de leur pays, se les transmettaient oralement de génération en génération. Pour la première fois, les frères Grimm décidèrent d'écrire ces histoires centenaires puis de les publier. Ils garantirent ainsi plus de deux cents contes de l'oubli. C'est entre 1812 et 1815 que parurent les *Contes d'enfants et du foyer* dont *l'Eau de la vie* est un extrait.

Le conte

Tout le royaume est en émoi. Le roi est atteint d'une maladie terrible. Il mourra si on ne lui fait pas boire « l'Eau de la vie », une eau qu'il est presque impossible de se procurer, à moins de connaître les dédales[1] d'une sombre forteresse.

Heureusement, le roi a trois fils. Chacun d'eux s'avance pour aller chercher l'Eau mystérieuse. Lequel la ramènera au chevet du père moribond[2] ? Qui épousera la belle princesse du château enchanté ? Nul ne le sait... sauf peut-être le redoutable nain qui connaît tous nos secrets...

---

1. détours. Le Grec Dédale avait construit, dans le palais du roi Minos, un labyrinthe : quiconque s'y aventurait perdait son chemin.

2. mourant.

1. Interrogez le texte de présentation

a/ Le plan du texte
Quelles sont les deux parties du texte ? Présentent-elles le même intérêt ?

b/ L'expression
Expliquez : *Ils garantirent ainsi plus de deux cents contes de l'oubli.* Employez le verbe « garantir » dans une phrase où il aura un autre sens.

2. Utilisez les informations de la présentation

a/ Les auteurs
Où et quand vécurent les frères Grimm ? Ont-ils inventé les histoires de leurs contes ? Citez le texte.
Quand le conte *l'Eau de la vie* est-il paru ?
Pensez-vous que le travail des frères Grimm a été utile ? En quoi ?

b/ Le conte
Où se passe l'action ?
Quels sont les personnages de ce conte ? Quels rapports entretiennent-ils entre eux ?
Dans quelle situation les héros principaux se trouvent-ils plongés ?

3. Conclusion

Cette présentation du conte nous révèle-t-elle tout sur le contenu de l'histoire ? Pourquoi est-il utile de bien lire la présentation lors d'une lecture suivie ?

APPROFONDISSONS

LES DIFFÉRENTES ÉTAPES D'UN CONTE

1re PARTIE

Une situation désespérée

1. tristes.

Il était une fois un roi qui était malade et personne ne croyait qu'il resterait en vie. Il avait trois fils et tous trois étaient fort affligés[1]. Ils descendirent au jardin du château et pleurèrent. Un vieil homme qui passait par là leur demanda la raison de leur chagrin. Ils lui dirent que leur père était si malade qu'il allait certainement mourir et qu'il n'y avait plus rien à faire. Alors le vieillard leur dit : « Je connais cependant un moyen de le sauver : c'est l'Eau de la vie. S'il en boit, il guérira. Mais cette eau merveilleuse est difficile à trouver. »

L'aîné des fils dit : « J'arriverai bien à la découvrir. » Il se rendit auprès du roi malade et lui demanda l'autorisation de partir à la recherche de l'Eau de la vie qui seule pourrait le guérir. « Non, répondit le roi, le danger est trop grand. Je préfère mourir. » Le prince insista tant que le roi finalement accepta. Et son fils se disait : « Si j'apporte l'Eau, j'aurai la préférence de mon père et j'hériterai du royaume. »

Il se mit donc en quête. Après avoir cherché pendant quelque temps, il aperçut un nain devant lui sur la route. Le nain l'interpella :

« Où courez-vous si vite ?

— Sot avorton, répondit le prince avec hauteur, qu'as-tu besoin de le savoir ! » Et il poursuivit sa route.

Le nain était fort irrité. Il lui jeta un sort. Bientôt le prince arriva

dans une gorge profonde et plus il avançait, plus les parois se rapprochaient l'une de l'autre. A la fin, la voie devint si étroite qu'il ne put avancer d'un pas. Impossible de faire faire demi-tour au cheval, ou de descendre de selle. Il était là comme enfermé.

Le roi malade l'attendit longtemps, mais il ne revint pas. Alors le second fils dit : « Père, laisse-moi partir à la recherche de l'Eau de la vie. » Et il pensait en lui-même : « Si mon frère est mort, c'est à moi que reviendra le royaume. » Tout d'abord, le roi ne le laissa pas partir. Mais, finalement, il accepta.

Le prince prit donc le même chemin qu'avait emprunté son frère et, lui aussi, rencontra le nain. Celui-ci l'arrêta et lui demanda où il courait si vite : « Petit avorton[2], répondit le prince, cela ne te regarde pas ! » et il poursuivit sa route sans se retourner. Le nain lui jeta un sort et, comme son frère, le fils du roi s'enfonça dans une gorge, où il ne put ni avancer ni reculer.

Voilà ce qui arrive aux orgueilleux.

2. le prince insulte le nain. Un avorton est un être mal formé.

1. Guide de lecture suivie

a/ La situation de départ
En quoi la situation du roi est-elle désespérée ?
Quelles informations sur l'Eau de la vie apprend-on ? Citez le texte.

b/ L'expédition de l'aîné
Pourquoi le roi ne veut-il pas laisser partir son fils (l. 12-13) ? Laquelle de ses qualités apparaît ici ?
Pourquoi l'aîné désire-t-il cependant trouver l'Eau de la vie ? Qu'apprend-on sur son caractère ?
Pour quelle raison le nain interroge-t-il le prince (l. 20) ? puis lui jette-t-il un sort ?

c/ L'expédition du second fils
Montrez que le second fils agit de la même façon que le premier. Citez le texte à l'appui de votre réponse.

2. Réflexions sur l'épisode

Par quelle expression savons-nous que nous entrons dans l'univers des contes ? Expliquez la phrase : *Voilà ce qui arrive aux orgueilleux* (l. 39). S'applique-t-elle à la situation ?

3. Prolongements

Dessinez chacun des personnages évoqués dans cet épisode. Vous pouvez éventuellement réaliser des découpages dans différents magazines.

2ᵉ PARTIE

L'expédition du plus jeune prince

Comme son second frère ne revenait pas, le plus jeune demanda à son tour à partir à la recherche de l'Eau de la vie. Le roi, à la fin, l'y autorisa. Quand le prince rencontra le nain et que celui-ci lui demanda où il allait avec tant de hâte, il s'arrêta, engagea la conversation et dit :

« Je cherche l'Eau de la vie, car mon père va mourir.
— Sais-tu où tu la trouveras ?
— Non, répondit le prince.
— Parce que tu t'es comporté comme il convient et que tu n'es point vaniteux comme tes frères, je vais te dire où tu trouveras l'Eau de la vie. Elle coule d'une fontaine située dans la cour d'un château enchanté. Mais tu ne pourras y pénétrer, si je ne te donne une baguette de fer et deux miches de pain. Avec la baguette, tu frapperas trois fois à la porte de fer du château. Elle s'ouvrira. Dans la cour il y a deux lions à la gueule grande ouverte. Si tu leur lances à chacun un pain, ils se tiendront tranquilles. Ensuite, tu te hâteras et tu prendras l'Eau avant que minuit ne sonne. Sinon la porte se refermerait et tu serais prisonnier. »

Le prince le remercia, prit la baguette et les pains et se mit en route. Tout se passa comme le nain l'avait prédit. La porte s'ouvrit au troisième coup et, après avoir apaisé les lions avec le pain, il entra dans le château et arriva dans une salle, grande et belle. Des princes victimes d'un sort qu'on leur avait jeté s'y tenaient endormis. Il leur prit l'anneau qu'ils portaient tous au doigt ; il s'empara également d'une épée et d'un pain qui étaient là.

Dans une autre pièce, il vit une jolie jeune fille qu'il salua joyeusement. Elle lui donna un baiser et lui dit qu'il l'avait délivrée et qu'il recevrait son royaume entier en remerciement. Et s'il revenait une année exactement plus tard, leurs noces seraient célébrées. Elle lui dit aussi où se trouvait la fontaine d'où coulait l'Eau de la vie. Il devait cependant se hâter et en prendre avant que sonnât minuit.

Il continua donc et finit par arriver dans une chambre où se trouvait un beau lit invitant au sommeil. Comme il était fatigué, il décida de se reposer un peu. Il se coucha et s'endormit. Quand il se réveilla, minuit moins le quart sonnait. Effrayé, il sauta du lit, courut à la fontaine, prit de l'Eau dans un gobelet qui se trouvait là et partit en courant. Mais, tout juste comme il passait la porte, les douze coups de minuit sonnèrent et l'huis[1] se referma si vite qu'il en eut un morceau du talon coupé.

1. la porte.

1. Guide de lecture suivie

a/ Un prince différent
Quelles qualités, inconnues chez ses frères, le plus jeune prince possède-t-il ? Résumez les informations que lui apporte le nain.

b/ Des instruments magiques
Quels objets le nain donne-t-il au prince dans cet épisode ? A quoi servent-ils ?

c/ La jolie princesse
Où vit la princesse ? Est-elle libre ? Citez le texte.
A quelle condition ses noces avec le prince pourraient-elles avoir lieu ?

d/ La fontaine miraculeuse
Où se trouve la fontaine ?
Pourquoi n'est-elle pas gardée ?
Que se passe-t-il aux douze coups de minuit ?

2. Réflexions sur l'épisode

Le prince est-il fautif de s'endormir, alors que la vie de son père est en danger (l. 34) ?
Quelle particularité présente *minuit* ? Pourquoi cette heure apparaît-elle souvent dans les contes ?
Aimeriez-vous ressembler au prince ? Pourquoi ?

3. Prolongements

Recherchez dans vos documents des photos qui pourraient être celles du prince et de la princesse.

3e PARTIE

Un retour mouvementé

Il était cependant heureux d'avoir l'Eau de la vie. Il reprit le chemin de la maison et rencontra de nouveau le nain. Quand celui-ci vit l'épée et le pain, il lui dit : « Tu viens de faire une bonne affaire ! Avec l'épée, tu seras capable de défaire une armée entière ; et le pain se renouvellera sans cesse. »

Le prince ne voulait pas revenir chez son père sans avoir retrouvé ses frères. Il dit : « Cher petit nain, ne pourrais-tu me dire où sont mes frères ? Ils sont partis avant moi à la recherche de l'Eau et ne sont pas revenus.

— Ils sont enfermés entre deux montagnes, répondit le nain. Je leur ai jeté un sort parce qu'ils étaient vaniteux. »

Le prince le supplia tant que le nain les libéra. Mais il lui dit : « Garde-toi d'eux ; ils ont mauvais cœur ! »

Quand ses frères arrivèrent, il se réjouit et leur conta ce qui était advenu : qu'il avait trouvé l'Eau de la vie et en rapportait un plein gobelet ; qu'il avait libéré du sort une jolie princesse ; qu'elle l'attendrait pendant un an et que leurs noces seraient célébrées ; qu'il recevrait un grand royaume.

Ils partirent tous trois sur leurs chevaux et parvinrent dans un pays où régnaient la famine[1] et la guerre ; son roi croyait déjà qu'il allait mourir, tant était grande sa misère. Le prince vint vers lui, lui donna le pain et tous les habitants du pays s'en nourrirent. Il donna également l'épée au roi. Grâce à elle, celui-ci détruisit l'armée de ses ennemis et le royaume retrouva la paix et la tranquillité.

Le prince reprit son pain et son épée et les trois frères poursuivirent leur chemin. Sur leur route, ils trouvèrent deux autres pays encore, en proie à la famine et à la guerre. A chaque fois, le prince prêtait au roi son épée et son pain. Il sauva donc ainsi trois royaumes. Ensuite, ils montèrent dans un bateau et traversèrent la mer.

1. la faim.

LA LECTURE SUIVIE : LE CONTE

Pendant le voyage, les deux aînés s'entretinrent en secret. « Notre cadet a trouvé l'Eau de la vie et nous, rien du tout. Notre père lui donnera le royaume qui nous revient. Il nous enlèvera toute chance. » Ils se mirent d'accord pour lui nuire. Ils attendirent qu'il fût profondément endormi, prirent l'Eau dans son gobelet et la remplacèrent par l'eau salée de la mer.

1. Guide de lecture suivie

a/ Des instruments magiques
Quelles sont les pouvoirs de l'épée et du pain trouvés par le prince dans le château ?
Retrouvez dans la suite de l'épisode l'usage qui en est fait.

b/ Le complot des deux frères
Pourquoi le jeune homme désire-t-il délivrer ses frères malgré les prédictions du nain ? Est-il prudent lorsqu'il leur raconte toutes ses aventures ?
Expliquez la phrase : *Notre père lui donnera le royaume qui nous revient* (l. 31-32). Qu'est-ce que le « droit d'aînesse » ?
Le lecteur pouvait-il prévoir la traîtrise des deux frères ?

2. Réflexions sur l'épisode

Quelles différentes actions comporte cet épisode ?
De telles entreprises sont-elles possibles dans la vie quotidienne ? Pourquoi ?

3. Prolongements

Retrouvez d'autres contes ou légendes où l'on reçoit une épée et/ou des pains magiques. Les héros s'en servent-ils de la même façon qu'ici ?
Quels autres objets magiques avez-vous déjà rencontrés dans les contes que vous avez lus ? Quels pouvoirs possèdent-ils ?

4ᵉ PARTIE

La guérison du roi

Quand ils arrivèrent chez eux, le plus jeune apporta son gobelet au roi malade pour qu'il y boive et recouvre la santé. Mais à peine en eut-il goûté qu'il tomba plus malade encore qu'auparavant. Comme il s'en plaignait, ses deux fils aînés vinrent auprès de lui et accusèrent leur cadet d'avoir voulu l'empoisonner. Mais eux, lui dirent-ils, apportaient la véritable Eau de la vie.

Ils la lui donnèrent. Dès les premières gouttes, il sentit que la maladie l'abandonnait et se retrouva fort et sain comme au temps de sa jeunesse. Les deux frères allèrent alors trouver le plus jeune et se moquèrent de lui, disant :

« C'est bien toi qui as découvert l'Eau et qui as eu tout le mal ; mais c'est nous qui en avons le bénéfice. Tu aurais été plus avisé de garder les yeux ouverts : nous te l'avons prise pendant que tu dormais sur le bateau. Et dans un an, l'un de nous ira chercher la jolie princesse. Mais garde-toi bien de nous dénoncer ! Notre père ne te croirait pas et si tu dis un seul mot, c'en sera fait de toi ! Si tu te tais, nous te ferons grâce. »

Le vieux roi était en colère contre son plus jeune fils et croyait qu'il avait voulu le tuer. Il fit rassembler la cour qui décida qu'il serait abattu secrètement.

Un jour, le prince était à la chasse et ne pensait pas à mal ; le chasseur du roi l'accompagnait. Comme celui-ci semblait triste, le prince lui demanda : « Qu'est-ce qui ne va pas, cher chasseur ? » Le chasseur répondit : « Je ne puis le dire, mais il faut que je le fasse. » Alors le prince :

« Dis-moi franchement ce qu'il en est, je te pardonnerai.

— Ah ! répondit le chasseur, il me faut vous tuer ; le roi me l'a ordonné. »

Le prince prit peur et dit : « Cher chasseur, laisse-moi en vie. Je te donnerai mes habits royaux, donne-moi les tiens qui sont bien moins beaux. » Le chasseur répondit : « Je veux bien ; je n'aurais de toute façon pas pu tirer sur vous. »

Ils échangèrent leurs vêtements et le chasseur rentra chez lui tandis que le prince s'enfonçait plus avant dans la forêt.

1. Guide de lecture suivie

a/ La guérison

Pourquoi les aînés laissent-ils donner à leur père une eau qui risque de le faire mourir (l. 2-5) ?

Quel prodige accomplit sur le roi l'Eau de la vie ?

b/ Les menaces des traîtres

En quoi consistent les menaces des frères ?

Pourquoi, d'après vous, le jeune prince ne se défend-il pas ?

c/ L'exil du prince

Pourquoi le roi envoie-t-il un chasseur tuer son fils (l. 27) ?

Quel trait de caractère du chasseur apparaît dans cet épisode ? Qu'en pensez-vous ?

Pourquoi le prince tutoie-t-il le chasseur alors que le chasseur le vouvoie (l. 26-32) ?

Le jeune prince est-il courageux, selon vous ? Justifiez votre réponse.

2. Réflexions sur l'épisode

Sur quels points cet épisode ressemble-t-il au conte de « Blanche-Neige » ?

3. Prolongements

A cet endroit du conte, comment imaginez-vous la suite ?

5ᵉ PARTIE

Le triomphe de l'amour

Au bout d'un certain temps, trois voitures chargées d'or et de pierreries destinées au plus jeune des princes arrivèrent au château. Elles étaient envoyées, en signe de reconnaissance, par les trois rois qui avaient défait[1] leurs ennemis avec l'épée prêtée par lui et nourri leur peuple avec son pain.

Le vieux roi songea : « Mon fils serait-il innocent ? » Il dit à ses gens :

« Si seulement il était encore en vie ! Je regrette de l'avoir fait tuer.

— Il vit encore, dit le chasseur. Je n'ai pas eu la force d'exécuter vos ordres », et il raconta au roi ce qui s'était passé. Celui-ci se sentit libéré d'un grand poids. Il fit savoir par tout le royaume que son fils avait le droit de revenir et qu'il rentrerait en grâce.

Pendant ce temps, la princesse avait fait tracer une allée d'or et de brillants[2] devant le château autrefois enchanté. Elle dit à ses gens que celui qui chevaucherait vers elle tout droit par ce chemin serait l'époux attendu et qu'il faudrait le laisser entrer.

Mais celui qui passerait à côté ne devrait pas être reçu.

Quand le temps fut venu, l'aîné des princes se dit que le moment était arrivé de se rendre auprès de la princesse et de se donner pour son sauveur. Elle le recevrait pour époux et il obtiendrait le royaume, de surcroît. Il s'en alla donc et quand il arriva au château, il se dit en voyant la route d'or : « Ce serait bien dommage de galoper là-dessus ! » Il fit un écart et chevaucha sur le bas-côté. Quand il fut devant la porte, les gens lui dirent qu'il n'était pas l'époux attendu et qu'il devait s'en retourner.

Peu de temps après, le deuxième prince prit à son tour le chemin du château. Quand il arriva à la voie d'or et que son cheval y eut posé un sabot, il songea : « Ce serait bien dommage ! Je vais passer à côté. » Il fit un écart et passa par le bas-côté. Quand il parvint à la porte, les gens lui dirent qu'il n'était pas celui qu'on attendait et qu'il devait s'en retourner.

Lorsque l'année fut entièrement écoulée, le troisième prince s'apprêta à quitter les bois pour chevaucher vers sa bien-aimée et oublier auprès d'elle tous ses malheurs. Il se mit en route sans cesser de songer à elle. Perdu dans ses douces pensées, il ne vit pas du tout la route d'or sur laquelle trottait son cheval. Quand il arriva à la porte, elle lui fut ouverte.

La princesse l'accueillit avec joie et lui dit qu'il était son sauveur et le seigneur de ce royaume. Les noces furent célébrées dans une grande félicité[3].

1. vaincu.
2. diamants.
3. avec un grand bonheur.

Quand la fête fut terminée, la princesse raconta à son époux que son père l'avait invité à retourner auprès de lui et qu'il lui avait pardonné. Il chevaucha jusque chez lui et raconta au roi comment ses frères l'avaient trompé et comment, malgré cela, il s'était tu sur leur compte. Le vieux roi voulait les punir. Mais ils s'étaient déjà embarqués sur un bateau et avaient disparu. On ne les revit jamais.

W. et J. GRIMM,
L'Eau de la vie, traduit de l'allemand par Pierre Durand,
Éd. Librairie Gründ et Pierre Durand.

1. Guide de lecture suivie

a/ La révélation de la vérité
Comment le roi a-t-il le soupçon que ses fils aînés ont menti ?
Quelles sont les conséquences de cette révélation ?

b/ Le stratagème de la princesse
— En quoi consiste la ruse de la princesse ? Citez le texte.
— Pourquoi pense-t-elle de cette façon écarter les mauvais prétendants ?
— Montrez que, cette fois encore, les deux frères aînés agissent de la même façon.

c/ La récompense du prince
— Pourquoi le prince ne commet-il pas les mêmes erreurs que ses frères ?
— Résumez le dernier paragraphe du conte. (l. 41-46).

2. Réflexions sur l'ensemble du conte

a/ Combien d'épisodes importants comporte ce conte ? Citez-les.

b/ Parmi les différentes « moralités » suivantes que l'on pourrait proposer à ce conte, laquelle choisiriez-vous ? Pourquoi ?
— La vérité triomphe toujours.
— On ne peut tromper tout le monde tout le temps.
— Les méchants sont toujours punis.
— L'amour triomphe de tout.

3. Prolongements

Recherchez des contes merveilleux où le héros doit aussi surmonter des épreuves terribles avec des objets magiques.
Réalisez une bande dessinée qui raconterait l'histoire que vous venez de lire.
Imaginez l'histoire de la jolie princesse enfermée dans le château enchanté de <i>l'Eau de la vie.</i>

EXERÇONS-NOUS

LIRE ET COMPRENDRE

Dessin de Desclozeaux, 1985.

L'ambition du marmiton Gauwain

François Gauwain est né dans une famille pauvre. Cependant, il désire devenir riche. Pour cela, il a réussi à se faire engager comme marmiton au palais du roi. Il faut bien un début à tout... Autour de la table des cuisiniers, il apprend une grande nouvelle...

1. officiers en charge de la Chambre du roi.

Quand les courtisans, chambellans[1], fonctionnaires, magistrats, pages et invités quittaient la salle des festins pour aller prendre le café dans le jardin, c'était le tour des domestiques de déjeuner et, en déjeunant, ils causaient de tout ce qui se disait et se faisait au palais. François écoutait et apprenait : il apprit, en écoutant, que le roi avait trois filles et que les deux aînées étant mariées à des princes riches, mais paresseux et dépensiers, la troisième avait juré qu'elle n'épouserait qu'un jeune homme de métier, très courageux et très capable, tant elle s'était dégoûtée des fainéants en voyant ses beaux-frères. Si bien qu'un jour François dit :

« Je voudrais épouser la fille du roi, la jeune ! »

Comme de juste, toute la tablée se mit à rire ; on croyait qu'il plaisantait, car un marmiton n'épouse pas une princesse ; ça ne se fait pas.

Le chef rit le premier et on l'imita. Il rit tant qu'il avala son vin de travers et toussa douze minutes ; une servante lâcha l'os de pintade qu'elle rongeait, pour rire à son aise ; un marmiton avala une arête de saumon et un autre qui, à ce moment-là, cherchait à pêcher du foie gras dans un pâté grand comme une tonne, tomba la tête en bas dans la croûte. On le sortit du pâté tout sali par la gélatine et le hachis.

François rougissait parce qu'on le regardait ; les uns et les autres s'essuyaient la bouche et recommençaient à manger ; néanmoins Gauwain se disait :

« J'épouserai la fille du roi ! »

MAX JACOB,
*Histoire du roi Kaboul I*er* et du marmiton Gauwain*,
Éd. Gallimard.

Le mariage du siècle

a/ Comment, d'après vous, Gauwain s'y prendra-t-il pour réaliser son projet : épouser la fille du roi ?

b/ Vous proposerez une suite à ce conte, où le héros devra affronter de nombreuses épreuves. Il disposera d'objets magiques dont vous préciserez le pouvoir.

Dessin de Bruno Mallart,
Éd. Gallimard.

Le lièvre et ses oreilles

EXERCICE 2

Un jour, le lion fut blessé d'un coup de corne. Comme il était le roi, il condamna aussitôt à l'exil tous les animaux porteurs de cornes.
Un grillon, perché sur une borne frontière du royaume, regardait passer le triste cortège des proscrits[1]. Il y avait là chèvres, vaches, béliers, daims, cerfs, rhinocéros et même une licorne[2]. Mais le grillon eut la surprise d'apercevoir un lièvre mêlé à cette foule.
— Oh, lièvre! lui dit-il. Pourquoi pars-tu? Tu n'as pas de cornes que je sache?
— Non, répondit le lièvre, je n'ai pas de cornes, mais j'ai des oreilles.
— Sans doute, mais des oreilles ne sont pas des cornes.
— Bien sûr, dit le lièvre, mais comment le prouver?

MICHEL TOURNIER,
les Contes du Médianoche,
Éd. Gallimard.

1. exilés.
2. animal légendaire en forme de cheval qui possède sur le front une corne.

1. Interrogez le texte

a/ L'intérêt du texte
Donnez un autre titre à ce texte, puis résumez-le en quelques lignes.

b/ Les personnages
Dans quels autres textes les personnages sont-ils fréquemment des animaux? Que pensez-vous de la réaction du roi? Pourquoi le lièvre s'enfuit-il aussi?

c/ Les idées
D'après vous, qu'a voulu dire l'auteur dans ce texte?

2. Imaginez un conte

A votre tour, sur le modèle de ce conte, inventez une histoire courte dont le titre sera « La girafe et son cou », ou « Le rhinocéros et son nez » ou bien encore « Le dromadaire et sa bosse ».

AIDE MÉMOIRE

Les contes sont des récits, souvent courts, d'**aventures imaginaires.**

Ils nous sont arrivés du fond des âges, grâce à des conteurs qui se les transmettaient oralement et qui les récitaient.

Les contes se ressemblent souvent.

Les personnages

- Ils évoluent dans un univers merveilleux, où tout est possible si l'on a la formule magique.
- Ils sont confrontés à des situations très délicates.
- Ils ne surmontent les obstacles que grâce à leur force de caractère et à leurs qualités exceptionnelles.
- Ils sont souvent aidés par des génies, des nains ou des fées qui leur assurent la victoire en leur donnant des objets magiques.

Les événements

Chaque conte possède un nombre limité d'événements ou d'actions, qui s'enchaînent avec clarté et simplicité, afin que le lecteur ou l'auditeur ne perde jamais le fil du récit.
De plus, on remarquera que la même action se répète souvent à l'intérieur du même conte.

La poésie

Les contes sont souvent poétiques, alliant aux beautés des situations celles de l'expression.

TRAVAUX PRATIQUES

Le pays du souvenir

Tyltyl et Mytyl possèdent l'oiseau bleu. Grâce à lui et à la Fée, ils arrivent au pays des brumes où vivent ceux qui sont morts depuis longtemps déjà. C'est le « Pays du souvenir ». Soudain...

La brume s'est mise en mouvement; elle s'allège, s'éclaire, se disperse, s'évapore. Bientôt, dans une lumière de plus en plus transparente, on découvre, sous une voûte de verdure, une riante maisonnette de paysan, couverte de plantes grimpantes. Les fenêtres et la porte sont ouvertes. On voit des ruches d'abeilles sous un auvent, des pots de fleurs sur l'appui des croisées[1], une cage où dort un merle, etc. Près de la porte un banc, sur lequel sont assis, profondément endormis, un vieux paysan et sa femme.

TYLTYL, *les reconnaissant tout à coup.*
C'est Bon-papa et Bonne-maman !...

MYTYL, *battant des mains.*
Oui ! Oui !... C'est eux !...

TYLTYL, *encore un peu méfiant.*
Attention... On ne sait pas encore s'ils remuent... Restons derrière l'arbre...

Grand-maman Tyl ouvre les yeux, lève la tête, s'étire, pousse un soupir, regarde grand-papa Tyl qui lui aussi sort lentement de son sommeil.

GRAND-MAMAN TYL
J'ai idée que nos petits-enfants qui sont encore en vie nous vont venir voir aujourd'hui...

GRAND-PAPA TYL
Bien sûr, ils pensent à nous; car je me sens tout chose et j'ai des fourmis dans les jambes...

GRAND-MAMAN TYL
Je crois qu'ils sont tout proches, car des larmes de joie dansent devant mes yeux...

GRAND-PAPA TYL
Non, non; ils sont fort loin... Je me sens encore faible...

GRAND-MAMAN TYL
Je te dis qu'ils sont là; j'ai déjà toute ma force...

TYLTYL et MYTYL, *se précipitant de derrière le chêne.*
Nous voilà !... Nous voilà !... Bon-papa, Bonne-maman !... C'est nous !... C'est nous !...

GRAND-PAPA TYL
Là !... Tu vois ?... Qu'est-ce que je disais ?... J'étais sûr qu'ils viendraient aujourd'hui...

GRAND-MAMAN TYL
Tyltyl !... Mytyl !... C'est toi ! C'est elle !... C'est eux... *(S'efforçant de courir au-devant d'eux.)* Je ne peux pas courir !... J'ai toujours mes rhumatismes !

---

1. fenêtres.

Illustration de J. Touchet pour « l'Oiseau Bleu » de Maurice Maeterlinck.

Éd. d'Art Piazza, 1911. Bibliothèque de l'Heure Joyeuse, Paris.

GRAND-PAPA TYL, *accourant de même en clopinant.*
Moi non plus... Rapport à ma jambe de bois qui remplace toujours celle que j'ai cassée en tombant du gros chêne...

Les grands-parents et les enfants s'embrassent follement.

GRAND-MAMAN TYL
Que tu as grandi et forci, mon Tyltyl !...

GRAND-PAPA TYL, *caressant les cheveux de Mytyl.*
Et Mytyl !... Regarde donc !... Les beaux cheveux, les beaux yeux !... Et puis, ce qu'elle sent bon !...

GRAND-MAMAN TYL
Embrassons-nous encore !... Venez sur mes genoux...

GRAND-PAPA TYL
Et moi, je n'aurai rien ?...

GRAND-MAMAN TYL
Non, non... A moi d'abord... Comment vont Papa et Maman Tyl ?...

TYLTYL
Fort bien, Bonne-maman... Ils dormaient quand nous sommes sortis...

GRAND-MAMAN TYL, *les contemplant et les accablant de caresses.*
Mon Dieu, qu'ils sont jolis et bien débarbouillés !... C'est Maman qui t'a débarbouillé ?... Et tes bas ne sont pas troués !... C'est moi qui les reprisais autrefois. Pourquoi ne venez-vous pas nous voir plus souvent ?... Cela nous fait tant de plaisir !... Voilà des mois et des mois que vous nous oubliez et que nous ne voyons plus personne...

TYLTYL
Nous ne pouvions pas, Bonne-maman ; et c'est grâce à la Fée qu'aujourd'hui...

GRAND-MAMAN TYL
Nous sommes toujours là, à attendre une petite visite de ceux qui vivent... Ils viennent si rarement !... La dernière fois que vous êtes venus, voyons, c'était quand donc ?... C'était à la Toussaint, quand la cloche de l'église a tinté...

TYLTYL
A la Toussaint ?... Nous ne sommes pas sortis ce jour-là, car nous étions fort enrhumés...

TRAVAUX PRATIQUES

GRAND-MAMAN TYL
Non, mais vous avez pensé à nous...

TYLTYL
Oui...

GRAND-MAMAN TYL
Eh bien, chaque fois que vous pensez à nous, nous nous réveillons et nous nous revoyons... 50

TYLTYL
Comment, il suffit que...

GRAND-MAMAN TYL
Mais voyons, tu sais bien...

TYLTYL
Mais non, je ne sais pas...

GRAND-MAMAN TYL, *à grand-papa Tyl.*
C'est étonnant, là-haut... Ils ne savent pas encore... Ils n'apprennent donc 55 rien ?...

MAURICE MAETERLINCK,
l'Oiseau bleu,
acte II, scène 3, Éd. Fasquelle.

1. Interrogez le texte

a/ L'intérêt du texte
Ce texte est-il extrait d'un roman, d'une poésie ou d'une pièce de théâtre ?
Citez des éléments du texte à l'appui de votre réponse.
Sur quel ton peut-on le lire ?

b/ L'organisation du texte
Faites la liste des événements successifs.

c/ L'expression
Expliquez les expressions suivantes : *J'ai des fourmis dans les jambes* (l. 15-16), *des larmes de joie* (l. 17).

2. L'univers des contes

a/ Le merveilleux
Où se situe la scène ?
Relevez deux expressions du texte, l'une concernant le lieu, l'autre la lumière, qui renforcent le mystère de l'atmosphère.

b/ Les personnages
Quels sont les différents personnages de cette scène ? Quels rapports les unissent ? Pourquoi ne se rencontrent-ils pas plus souvent ?

c/ La situation
En quoi la situation est-elle exceptionnelle ?
Qui a permis aux enfants de vivre cette aventure ?

3. Prolongements

Imaginez que vous possédiez l'oiseau bleu. Où iriez-vous ? Que feriez-vous ?

6 raconter

1. Construire un schéma narratif
2. Raconter une histoire

Vous allez apprendre à :
– raconter une histoire à partir d'un « schéma narratif »

INTERVIEW PAGES 178-179

L'INTERVIEW

Andrée Chédid :
« J'aime bien raconter des histoires à mes enfants. »

1 Andrée Chédid, aimez-vous raconter des histoires ?

ANDRÉE CHÉDID. Oui, j'aime bien raconter des histoires à mes enfants et petits-enfants. Je préfère cependant les écrire malgré les difficultés que je rencontre : six ou sept versions ou brouillons sont nécessaires pour arriver à quelque chose de satisfaisant. Au départ, j'écris par élan, sans plan, sans me soucier de rien. C'est comme une jetée de lave.

2 Vous écrivez donc librement ; le plan arrive ensuite ?

Oui. Je ne commence pas par le plan où j'aurai prévu ce qui doit arriver. Je pars d'une image qui s'installe en moi, d'un lien entre deux ou trois personnages. J'écris ensuite : l'histoire s'agence alors ; les personnages secondaires auxquels je n'avais nullement songé apparaissent.

3 Racontez-vous plutôt des histoires vraies ou des histoires imaginaires ?

Des histoires imaginaires dans lesquelles s'incrustent ensuite des histoires vraies. Par exemple, dans *Le sixième Jour*, lorsqu'il s'est agi pour moi de raconter une histoire du choléra, j'ai réellement vu une grand-mère traînant un enfant malade dans une brouette. J'ai écrit ensuite l'histoire entière, puis je me suis documentée énormément.

4 Votre façon de procéder est étonnante. Le plus souvent, les écrivains se documentent avant d'écrire. Pour vous, c'est donc le contraire ?

En effet, cela vient du fait que durant dix ans, je n'ai écrit que de la poésie. Or la poésie est d'abord un élan.

5 Que mettez-vous dans vos histoires ? des descriptions, des portraits... ?

Mes histoires se déroulent d'elles-mêmes sans que je me pose de questions techniques. La technique, bien que nécessaire, est secondaire. L'image, le rythme sont premiers. Je tiens aussi aux sonorités, à la musique.

6 Le dialogue tient-il une place importante dans vos récits ?

Oui, car j'aime beaucoup le théâtre et le cinéma. Je travaille peut-être comme le ferait un metteur en scène. Le dialogue est très important, ainsi que les gestes. Je saisis mes personnages sur le vif, comme au cinéma. J'aime le mouvement.

7 Que désirez-vous provoquer chez votre lecteur ?

Je ne pense pas au lecteur. Quand on crée quelque chose, on le fait au fond de soi, sans penser au lecteur. Bien sûr, je suis heureuse ensuite si mon récit est apprécié par de nombreux lecteurs.

8 Qu'aiment vos lecteurs dans vos livres ?

Le bonheur de vivre. Les enfants sont souvent sensibles au mélange entre la réalité et le rêve, la poésie et le quotidien.

9 Lorsque vous avez terminé un livre, que ressentez-vous ?

Je me sens libérée. Écrire est une joie et aussi une épreuve.

10 Votre plaisir d'écrire existe-t-il avant, pendant, après l'écriture ? Vous retrouvez-vous dans vos personnages ?

Je ne sais pas. C'est un mélange de plaisir et de douleur, un bonheur fou, entrecoupé de moments angoissants, difficiles. On devient tour à tour ses différents personnages. On est dans leur peau. Je suis même dans le petit ânon que je décris, dans « Le ouistiti ».

11 Écriviez-vous déjà lorsque vous étiez enfant ?

J'écrivais de petits poèmes drôles. A l'école, j'étais bonne en rédaction, malgré les sujets qui étaient assez plats.

12 Quand avez-vous découvert le bonheur de l'écriture ?

Assez tard. Je voulais faire du théâtre, de la danse... Et puis, j'ai écrit des poèmes. Tout s'est fait lentement. A cette époque, on ne disait pas : « Je veux devenir écrivain. » Je n'ai jamais prononcé cette phrase.

13 Êtes-vous heureuse de votre métier d'écrivain ?

Très heureuse. L'art, tout art multiplie la vie. On n'aboutit jamais, c'est merveilleux d'être toujours en marche.

14 Que diriez-vous à un enfant qui veut devenir écrivain ?

Qu'il doit aimer ça à la folie.
C'est difficile de devenir écrivain. Il faut être tenace, accepter les refus, les obstacles. On n'est jamais sûr de réussir.
Il faut aimer ce que l'on fait, l'aimer assez pour y consacrer sa vie. Si vous ne pouvez pas vivre sans écrire, alors écrivez.

15 Quel sujet de rédaction donneriez-vous à des enfants de 6e ?

« Qui aimeriez-vous rencontrer ? Comment l'imaginez-vous ? Que représentera-t-il pour vous ? »

Entretien recueilli par Évelyne Amon et Yves Bomati, le 19 octobre 1989.

1. Construire un schéma narratif

OBSERVONS

QU'EST-CE QU'UN « SCHÉMA NARRATIF » ?

Le serpent

J'étais enfant et je jouais près de la case de mon père. Quel âge avais-je en ce temps-là ? Je ne me rappelle pas exactement. Je devais être très jeune encore : cinq ans, six ans peut-être. Ma mère était dans l'atelier, près de mon père, et leurs voix me parvenaient, rassurantes, tranquilles, mêlées à celles des clients de la forge[1] et au bruit de l'enclume[2].

Brusquement j'avais cessé de jouer, l'attention, toute mon attention, captée par un serpent qui rampait autour de la case, qui vraiment paraissait se promener autour de la case ; et je m'étais bientôt approché. J'avais ramassé un roseau qui traînait dans la cour — il en traînait toujours, qui se détachaient de la palissade de roseaux tressés qui enclôt notre concession[3] — et, à présent, j'enfonçais ce roseau dans la gueule de la bête. Le serpent ne se dérobait pas : il prenait goût au jeu ; il avalait lentement le roseau, il l'avalait comme une proie, avec la même volupté[4], me semblait-il, les yeux brillants de bonheur, et sa tête, petit à petit, se rapprochait de ma main. Il vint un moment où le roseau se trouva à peu près englouti, et où la gueule du serpent se trouva terriblement proche de mes doigts.

Je riais, je n'avais pas peur du tout, et je crois bien que le serpent n'eût plus beaucoup tardé à m'enfoncer ses crochets dans les doigts si, à l'instant, Damany, l'un des apprentis, ne fût sorti de l'atelier. L'apprenti fit signe à mon père, et presque aussitôt je me sentis soulevé de terre : j'étais dans les bras d'un ami de mon père !

SCHÉMA NARRATIF

Un enfant joue à proximité de la case de ses parents.

Survient un serpent.

L'enfant s'amuse à enfoncer un roseau dans la gueule du serpent.

La main de l'enfant est tout près de la gueule du serpent.

L'enfant, inconscient du danger, rit.

Un des apprentis de son père l'arrache à son jeu.

Agitation générale ; la mère gifle l'enfant.	Autour de moi, on menait grand bruit ; ma mère surtout criait fort et elle me donna quelques claques. Je me mis à pleurer plus ému par le tumulte qui s'était si opiniément[5] élevé, que par les claques que j'avais reçues. Un peu plus tard, quand je me fus un peu calmé et qu'autour de moi les cris eurent cessé, j'entendis ma mère m'avertir sévèrement de ne plus jamais recommencer un tel jeu ; je le lui promis, bien que le danger de mon jeu ne m'apparût pas clairement.
Sévère avertissement de la mère.	

35

1. atelier où l'on travaille les métaux au feu. 2. masse d'acier sur laquelle on forge les métaux. 3. dans les colonies françaises, portion de terrain que le gouvernement accorde à un particulier pour la cultiver et la posséder. 4. plaisir. 5. à propos.

CAMARA LAYE,
L'Enfant noir,
Éd. Plon.

1. Interrogez le texte

a/ Les personnages
Qui est l'enfant mis en scène ici ?

b/ L'action
Pensez-vous que l'enfant soit réellement en danger ? Citez une phrase.

c/ Le lieu
Dans quel pays cette scène se déroule-t-elle ? Citez un mot ou une expression du texte.

d/ L'expression
Soit la phrase : *J'entendis ma mère m'avertir sévèrement de ne plus jamais recommencer un tel jeu ; je le lui promis* (l. 34-36). Transformez-la en faisant parler directement la mère et l'enfant. Quelle version préférez-vous ? Pourquoi ?

2. Observez un schéma narratif

Lisez attentivement le « schéma narratif » accompagnant le texte.

a/ Le début de l'histoire
« Un enfant joue à proximité de la case de ses parents » : qu'apprenons-nous d'essentiel sur les personnages, l'action et les lieux ?

b/ L'incident
Un incident est un événement inattendu qui survient dans la vie des personnages : relevez dans le schéma narratif la phrase qui raconte l'incident.

c/ Les événements successifs
Quel est, à la suite de l'incident, l'événement le plus important de l'histoire ? Est-il indispensable de préciser les autres événements ? Pourquoi ?

d/ La fin de l'histoire
« Agitation générale. La mère gifle l'enfant ; sévère avertissement de la mère » : que pensez-vous de la fin de cette histoire ?

3. Texte et schéma narratif

Dites, d'après cet exercice, en quoi consiste le schéma narratif d'un texte. Quelle différence faites-vous entre le schéma narratif et le texte ?

APPROFONDISSONS

DÉGAGER LE SCHÉMA NARRATIF D'UN TEXTE

La marquise empoisonnée

Le roi a fait battre tambour *(bis)*
Pour voir toutes ces dames
Et la première qu'il a vue
Lui a ravi son âme[1].

— Marquis, dis-moi, la connais-tu *(bis)*   5
Quelle est cette jolie dame ?
Le marquis lui a répondu :
— Sire roi, c'est ma femme.

— Marquis, tu es plus heureux qu' moi *(bis)*
D'avoir femme si belle   10
Si tu voulais me la donner
Je me chargerais d'elle.

— Sire, si vous n'étiez pas le roi *(bis)*
J'en tirerais vengeance
Mais puisque vous êtes le roi   15
A votre obéissance.

— Marquis, ne te fâche donc pas *(bis)*
Tu auras ta récompense
Je te ferai dans mes armées
Beau maréchal de France.   20

— Adieu ma mie, adieu mon cœur *(bis)*
Adieu mon espérance
Puisqu'il te faut servir le roi
Séparons-nous d'ensemble.

Le roi l'a prise par la main *(bis)*   25
L'a menée en sa chambre
La belle en montant les degrés[2]
A voulu se défendre.

1. s'est emparé de son cœur.

2. les marches.

Carnaval vénitien (détail) 1565, peinture sur bois de Hieronymus Francken, école Flamande. Aix-La-Chapelle, Suermondt-Ludwig-Museum.

— Marquise, ne pleurez pas tant *(bis)*
Je vous ferai princesse 30
De tout mon or et mon argent
Vous serez la maîtresse.

La reine a fait faire un bouquet *(bis)*
De belles fleurs de lyse
Et la senteur de ce bouquet 35
A fait mourir marquise.

Le roi a fait faire un tombeau *(bis)*
Tout en fers de Venise
Sur sa tombe mit un écrit
« Adieu belle marquise ». 40

MARTINE DAVID et ANNE-MARIE DELRIEU,
Aux sources des chansons populaires,
Éd. Belin.

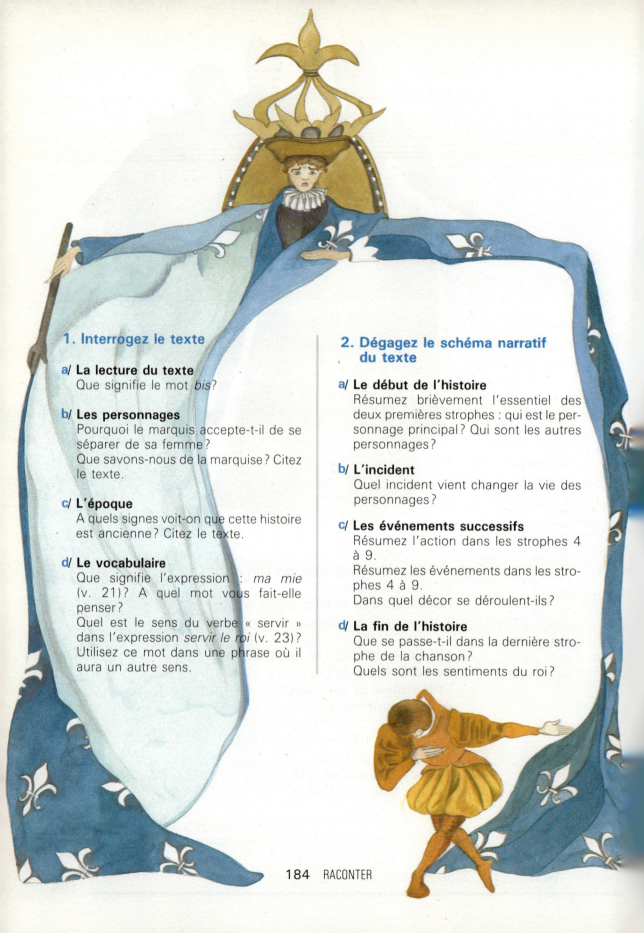

1. Interrogez le texte

a/ La lecture du texte
Que signifie le mot *bis*?

b/ Les personnages
Pourquoi le marquis accepte-t-il de se séparer de sa femme?
Que savons-nous de la marquise? Citez le texte.

c/ L'époque
A quels signes voit-on que cette histoire est ancienne? Citez le texte.

d/ Le vocabulaire
Que signifie l'expression : *ma mie* (v. 21)? A quel mot vous fait-elle penser?
Quel est le sens du verbe « servir » dans l'expression *servir le roi* (v. 23)? Utilisez ce mot dans une phrase où il aura un autre sens.

2. Dégagez le schéma narratif du texte

a/ Le début de l'histoire
Résumez brièvement l'essentiel des deux premières strophes : qui est le personnage principal? Qui sont les autres personnages?

b/ L'incident
Quel incident vient changer la vie des personnages?

c/ Les événements successifs
Résumez l'action dans les strophes 4 à 9.
Résumez les événements dans les strophes 4 à 9.
Dans quel décor se déroulent-ils?

d/ La fin de l'histoire
Que se passe-t-il dans la dernière strophe de la chanson?
Quels sont les sentiments du roi?

EXERÇONS-NOUS

Inventez une histoire

Voici quelques éléments d'une histoire.

> – **Personnage principal :** le premier de la classe.
> – **Autres personnages :** le professeur de sciences, la classe, un gardien de musée.
> – **Décor :** le musée de la Découverte.
> – **Objet :** une bicyclette.

Utilisez ces éléments pour construire un schéma narratif qui s'organisera en quatre parties :

- début de l'histoire,
- incident,
- événements successifs,
- fin de l'histoire.

Dessin de Cabu.

S.O.S. début !

Voici un schéma narratif dont on a égaré le début.

a/ Lisez attentivement les éléments qui vous sont donnés de façon à retrouver le début de cette histoire.

b/ Organisez l'ensemble en quatre parties :

- début de l'histoire,
- incident,
- événements successifs,
- fin de l'histoire.

1. Début de l'histoire : ....

2. Un voyageur A monte dans le bus.

3. Un voyageur B le regarde avec insistance.

4. Au bout de dix minutes d'observation, le voyageur B se lève et se plante devant le voyageur A.

5. Ils se reconnaissent : ils ne se sont pas vus depuis vingt ans.

6. Ils conviennent d'un rendez-vous dans l'après-midi car ils ont beaucoup de choses à se raconter.

7. Le voyageur B ne vient pas au rendez-vous.

S.O.S. événements !

Voici un schéma narratif incomplet. Retrouvez les événements qui privent le lecteur d'une bonne partie de l'histoire :

- **Début de l'histoire :** un jeune motard passe à toute vitesse devant vous au moment où vous vous apprêtez à traverser la rue.

- **Incident :** il perd une de ses sacoches qui tombe devant vos pieds.

- **Événements successifs :** ....

- **Fin de l'histoire :** vous lisez avec fierté votre nom dans les journaux : vous êtes le héros du jour.

S.O.S. fin !

Le schéma narratif suivant est incomplet : il manque la fin de l'histoire. Retrouvez-la en tenant compte des éléments qui vous sont donnés.

- **Début de l'histoire**
1. Vous vous amusez avec votre sœur à lancer un coussin au-dessus de la table basse du salon.

- **Incident**
2. Le coussin tombe sur le vase de Venise qui orne la table. Le vase se casse.

- **Événements successifs**
3. Vous essayez de recoller les morceaux.
4. La colle ne tient pas.
5. Vous mettez du sparadrap à l'intérieur.
6. Vous replacez le vase comme si de rien n'était.
7. Vous attendez le retour de vos parents.

- **Fin de l'histoire :** ....

De l'image aux mots

L'image suivante va vous inspirer trois schémas narratifs différents.
— Dans le premier schéma, elle servira de point de départ à votre histoire.
— Dans le second, elle illustrera un des événements de l'histoire.
— Dans le troisième, elle vous suggérera la fin de l'histoire.

Charlie Chaplin et Jackie Coogan dans *Le Kid*, 1921.

Le scénario

Gotlib. Extrait de *Rubrique-à-brac* T2, Éd. Dargaud, 1971.

a/ Qu'est-ce qu'un scénario ? En quoi peut-on rapprocher un scénario d'un schéma narratif ?

b/ Imaginez, sous forme de schéma narratif, le scénario de l'artiste.

2. Raconter une histoire

OBSERVONS

LES DÉTAILS D'UNE HISTOIRE

Les seringas[1]

1. petit arbre à grandes fleurs blanches.

Un matin, en arrivant à l'école, William entendit Mlle Serre qui parlait avec un autre professeur.
— J'adore les seringas, disait-elle, je serais tellement contente d'avoir des seringas...
Il décida donc aussitôt de lui apporter des seringas, des bouquets, des brassées de seringas. [...]
William commença alors à descendre la rue en observant systématiquement tous les jardins du quartier : partout il vit des lauriers-tins, mais nulle part des seringas. C'était peut-être la terre qui ne leur convenait pas, ou alors un problème de climat ?
Soudain, il s'arrêta net.
Dans une petite maison tout en bas de la route, sur une table devant une fenêtre entrouverte, il y avait dans un vase un bouquet de seringas. Il ne savait pas qui vivait dans cette maison mais il entra dans le jardin avec mille précautions. Il n'y avait personne en vue.
Il regarda par la fenêtre : la pièce était vide. Alors, il se glissa à l'intérieur, non sans emporter au passage quelques traînées de peinture blanche du rebord de la fenêtre. Il lui fallait des seringas à n'importe quel prix, rien n'aurait pu l'arrêter. Il les sortit donc du vase, ruisselants, et se retournait pour sortir quand la porte s'ouvrit, et une grosse dame apparut sur le seuil.
En voyant William, elle poussa un hurlement à glacer le sang puis se précipita vers la fenêtre ; William, poussé par l'instinct de conservation[2], bondit, contourna la table, se rua par la porte ouverte puis, de là, dans l'entrée avant de s'engouffrer sans réfléchir par une petite porte de service entrebâillée. La grosse dame ne le poursuivait pas : penchée à la fenêtre, elle était bien trop occupée à remplir la rue de ses hurlements.
— Police ! Au secours ! Au meurtre ! Au voleur !

2. le besoin de se protéger en cas de danger.

Illustrations de Tony Ross pour
l'Insupportable William,
de Richmal Cromptom,
Éd. Gallimard (Folio Junior).

3. sa colonne vertébrale.

4. sans issue.

Et ses cris résonnaient comme le tonnerre dans la petite rue tranquille. William sentit des frissons glacés parcourir son échine[3] de haut en bas quand il comprit quelle était sa situation : il était dans une petite arrière-cour en cul-de-sac[4]. Pendant ce temps, les cris redoublaient.

— Au secours ! Au meurtre ! Au secours !

Puis on entendit des pas, l'ouverture de la porte principale et des voix masculines.

— Hé ! Qu'est-ce qui se passe ? Qui est là ?

William jeta autour de lui des regards affolés. Il vit un poulailler au coin de la cour et il s'y rua, défonçant la porte au passage et plongeant au milieu d'un tourbillon de plumes et de poules furieuses d'être dérangées. Alors il s'accroupit dans le noir et attendit, fermement agrippé à son bouquet de seringas. Au début, il entendit des voix lointaines, puis elles se rapprochèrent et il distingua la voix de la grosse dame qui déclamait de toute sa puissance :

— C'était un homme plutôt petit, mais avec un visage tellement méchant ! Je l'ai très bien vu au moment où il passait à côté de moi en courant, ça a été comme un éclair, mais je suis sûre que, si je n'avais pas appelé au secours, il m'aurait tuée... Quel lâche ! Une pauvre femme sans défense ! [...]

— Pourriez-vous nous donner quelques précisions, madame ? demanda une voix masculine. Et d'abord, croyez-vous que vous pourriez le reconnaître ?

5. visage.

— N'importe où ! dit-elle sans hésiter. Ce faciès[5] d'assassin ! Vous ne pouvez pas savoir comme je suis bouleversée, j'en tremble encore ! A l'heure qu'il est, si je n'avais pas eu le courage d'appeler au secours, je ne serais plus qu'un cadavre...

— Nous sommes en train de prendre les empreintes. Vous dites qu'il est sorti par la porte principale ?

— J'en suis absolument sûre. Il se cache dans les buissons, j'en suis certaine, devant la grille du jardin. Non, vous ne pouvez pas

savoir, quelle lâcheté dans ce regard, quelle infamie ! Oh, je suis à bout de nerfs, je n'en peux plus !

— Nous allons fouiller les buissons encore une fois, madame, si vous voulez, reprit l'autre voix avec lassitude, mais il a dû s'enfuir, à présent.

— Quelle brute ! dit encore la grosse dame. Oh, quelle brute ! Et ce visage bestial ! Si je n'avais pas eu le courage de crier...

Les voix se turent, et William resta seul dans son poulailler. Une poule blanche s'approcha, lui adressa quelques caquètements furieux et se retira, piaillant avec indignation, tandis que des images de prison à perpétuité et de pendaison passaient devant les yeux de William. Sûr, il serait exécuté, il n'y avait pas le moindre doute. D'ailleurs, tout bien réfléchi, il préférait être exécuté. Puis il entendit la grosse dame qui disait au revoir au policier et revenait vers l'arrière-cour, probablement avec une amie sur qui elle continuait de déverser le récit de ses aventures.

— Et il s'est rué sur moi pour s'échapper, ma chère. Un homme plutôt petit, mais avec un visage horriblement méchant !

Une poule noire s'approcha de William, puis, avec un cri perçant et coléreux, retourna se promener dans la cour.

— Vous avez été magnifique, vraiment, magnifique ! disait l'invisible amie. Quel courage !

La poule blanche éclata d'un ricanement sardonique.

— Vous devriez rentrer vous reposer maintenant, ma chère, reprit l'amie.

— Oui, je crois, dit la grosse dame d'une voix plaintive et endolorie. Je suis très... très secouée.

Les voix se turent enfin, on ferma la porte et le silence se fit. Alors, avec la plus extrême prudence, William, couvert de plumes et les cheveux en bataille, rampa hors du poulailler et fit, toujours rampant, le tour de la maison. De l'autre côté du jardin, il trouva une grille fermée qu'il escalada et redescendit le plus silencieusement qu'il put de l'autre côté, sur la route, libre.

— Où est donc passé William, on ne l'a pas vu de l'après-midi ? disait Mme Brown. J'espère que ce soir il rentrera à l'heure pour se coucher.

— Oh, je viens juste de le voir, dit Armance. Il montait dans sa chambre. Il était couvert de plumes et il tenait un bouquet de seringas comme si c'était le trésor d'Ali Baba.

— Il est fou, dit son père, fou à lier !

Le lendemain matin, William, d'un pas tranquille, plein d'un orgueil viril[6], alla déposer triomphalement son bouquet de seringas sur le bureau de Mlle Serre. Mais Mlle Serre le reçut avec un mouvement de recul.

— Pas de seringas, William ! Je ne peux pas supporter leur parfum !

William la regarda fixement, muet de surprise, pendant quelques secondes.

— Mais... mais c'est vous qui... vous avez dit que vous adorez les seringas et que ça vous ferait plus plaisir que n'importe quoi d'en avoir...

— Moi ? J'ai dit seringas ? répondit distraitement Mlle Serre. J'ai dû vouloir dire laurier-tin.

Alors, avec un dernier regard plein d'un mépris glacial, William tourna les talons et alla lentement reprendre sa bonne vieille place au dernier rang.

RICHMAL CROMPTON,
l'Insupportable William,
Éd. Gallimard.

6. masculin.

1. Interrogez le texte

a/ L'intérêt du texte
Ce texte vous plaît-il ? Pourquoi ?

b/ L'action
A votre avis, quel est le moment le plus drôle de cette histoire ?
Que pensez-vous de la fin ?

c/ Le schéma narratif
Dégagez le schéma narratif de ce texte en résumant : le début de l'histoire, l'incident, les événements successifs, la fin de l'histoire.

2. Les détails de l'histoire

a/ Les faits et gestes des personnages
Suivez William à la trace depuis son arrivée à l'école jusqu'au moment où il se cache (l. 42) : relevez les verbes d'action. D'après ces verbes, quel est le caractère du jeune garçon ?

b/ Les pensées des personnages
Citez une phrase dans laquelle l'auteur révèle les pensées de William caché dans le poulailler. Cette précision est-elle importante ? Pourquoi ?

c/ Les sentiments des personnages
Le lendemain matin, William, d'un pas tranquille, plein d'un orgueil viril, alla déposer triomphalement son bouquet de seringas sur le bureau de Mlle Serre (l. 102-104) : quels sentiments William éprouve-t-il ici ? Pourquoi est-il indispensable de les souligner ?

d/ Les réactions des personnages
Isolez les passages consacrés à la réaction de la grosse dame : à votre avis, pourquoi l'auteur développe-t-il largement cet épisode ?

e/ Les paroles des personnages
Cette histoire est riche en dialogues : qui parle avec qui ?
A votre avis, pourquoi est-il important d'introduire des dialogues dans une histoire ?

f/ La description des personnes, des objets et des lieux
Relevez un passage dans lequel la grosse dame brosse un portrait peu ressemblant de William. Que cherche à montrer l'auteur à travers ces lignes ?

APPROFONDISSONS

COMMENT DÉVELOPPER UNE HISTOIRE ?

La clé d'or

1. coffret.

Par un jour d'hiver, la terre étant couverte d'une épaisse couche de neige, un pauvre garçon dut sortir pour aller chercher du bois en traîneau. Quand il eut ramassé le bois et chargé le traîneau, il était tellement gelé qu'il ne voulut pas rentrer chez lui tout de suite, mais faire du feu pour se réchauffer un peu d'abord. Il balaya la neige, et tout en raclant ainsi le sol, il trouva une petite clé d'or. Croyant que là où était la clé, il devait y avoir aussi la serrure, il creusa la terre et trouva la cassette[1] de fer. Pourvu que la clé aille ! pensa-t-il, la cassette contient sûrement des choses précieuses. Il chercha, mais ne vit pas le moindre trou de serrure ; enfin il en découvrit un, mais si petit que c'est tout juste si on le voyait. Il essaya la clé, elle allait parfaitement. Puis il la tourna une fois dans la serrure, et maintenant il nous faut attendre qu'il ait fini d'ouvrir et soulever le couvercle, nous saurons alors quelles choses merveilleuses étaient contenues dans la cassette.

GRIMM, *Contes,*
Éd. Gallimard.

1. Interrogez le texte

a/ Le schéma narratif du texte
Dégagez le schéma narratif du texte en résumant le début de l'histoire, l'incident, les événements successifs, la fin de l'histoire.
Montrez que ce schéma narratif ne satisfait pas totalement votre curiosité : qu'aimeriez-vous savoir? Pourquoi?

b/ Le personnage principal
Qui est le héros de cette histoire? Que savons-nous de lui? Citez le texte.

c/ L'action
Pourquoi le héros pense-t-il que *la cassette contient sûrement des choses précieuses*?

d/ L'expression
Quel est le temps du récit? Transformez le début du texte (l. 1-6) au présent de l'indicatif. Quelle version préférez-vous?

2. Développez cette histoire

a/ Le début de l'histoire
Soulignez, par une série de détails, la misère du jeune garçon. Vous pourrez faire son portrait (visage, corps, vêtements), décrire ses attitudes, révéler ses pensées au moment où il doit sortir pour aller chercher du bois.

b/ L'incident
Précisez les sentiments du garçon au moment où il découvre la clé.
Décrivez la clé.

c/ Les événements successifs
Développez le passage dans lequel le héros creuse la terre : insistez sur sa difficulté à remuer le sol glacé.
Montrez sa réaction au moment où il trouve la cassette.
Décrivez la cassette.
Il chercha (l. 10) : enrichissez ce passage, comme il vous plaira.

d/ La fin de l'histoire
Imaginez le contenu de la cassette sans oublier de préciser les sentiments (étonnement, joie, déception...) et les pensées du héros (d'où vient la cassette? que va-t-il en faire?).

3. Conclusion

Précisez maintenant de quelle manière on peut développer une histoire.

EXERÇONS - NOUS

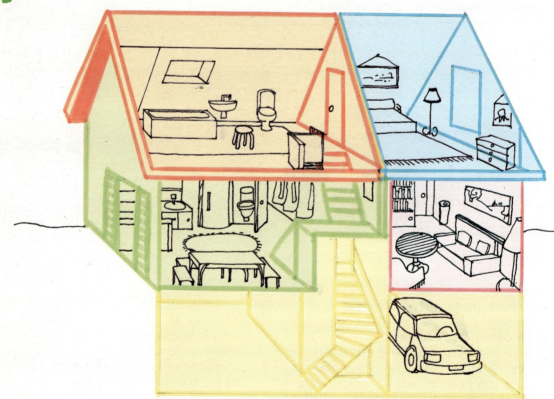

La porte ouverte

Imaginez une histoire qui se déroulera dans cette maison.
Le début prendra place dans la salle de bain et la fin dans la salle à manger.
Vous prendrez soin de décrire soigneusement les lieux à chaque épisode. Vous accorderez une importance particulière aux objets.

« Une rue de Whitechapel », illustration de Gustave Doré pour *Londres* de L. Enault, 1876, Bibliothèque Nationale, Paris.

L'enfant perdu

La scène se passe à Londres, la capitale de l'Angleterre. Le jeune Ralph, perdu dans la grande ville, est à la recherche de sa mère.

Cependant une femme passa à son tour.
Elle s'arrêta, contempla Ralph, lui mit la main sur l'épaule et lui dit :
— Qu'as-tu donc, mon cher mignon ?
L'enfant leva la tête et envisagea[1] celle qui lui adressait la parole d'une voix douce et compatissante[2].
Elle était jeune, elle était mise[3] simplement, comme une fille du peuple. Elle était belle, et il sembla à l'enfant qu'elle ressemblait à sa mère.

1. dévisagea.
2. charitable.
3. habillée.

Il redoubla ses sanglots.
— Tu es perdu, n'est-ce pas ? dit-elle.
— Je cherche maman, dit l'enfant.
— Comment s'appelle-t-elle, ta mère ?
— Jenny.
— Tu es Irlandais ?
— Oui, madame.
Et l'enfant pleurait toujours.
— Moi aussi, dit-elle, et je me nomme Suzannah. Veux-tu venir avec moi, je t'aiderai à retrouver ta mère ?

4. méfiance

Il la regarda encore, et son œil exprimait une certaine défiance⁴.
— Viens donc, mon mignon, reprit-elle, il ne sera pas dit que Suzannah l'Irlandaise, la plus belle fille de Broke Street, aura laissé un enfant de sa nation mourir de froid et peut-être de faim.
Et elle prit l'enfant par la main avec une douce insistance.

PONSON DU TERRAIL,
Rocambole, XII,
« L'enfant perdu », Éd. Arthème Fayard.

A suivre...

a/ Comment Ralph va-t-il retrouver sa mère ?

b/ Imaginez la suite de ce texte sans oublier de rapporter :
– les faits et gestes des personnages,
– leurs pensées, leurs sentiments, leurs réactions,
– leurs paroles.

EXERCICE 3

Mes chaussures

1. en s'attachant
2. une grosse corde.
3. ballons légers.

Ai-je perdu mes chaussures ? Comment ai-je perdu mes chaussures ?
C'était dans une grande fête foraine : on pouvait faire tout un tour aérien en s'amarrant¹ à l'extrémité d'un filin² rattaché à un boulet, à une balle, ou à des ballons – gag classique du marchand de ballons que ses baudruches³ emportent.
Le voyage s'achevait sur une plate-forme très haute. Pour revenir au niveau du sol, on pouvait – c'était une des attractions les plus courues de la fête foraine – se laisser glisser dans un immense boyau de tissu (comme une énorme manche qui serait pleine de plis, comme un gigantesque intestin grêle) : on m'assura que c'était très impressionnant, mais absolument sans danger.

196 RACONTER

4. ralenti.
5. sans danger.

Ce fut très agréable, en effet (chute libre à tout instant amortie[4]) et, effectivement, parfaitement inoffensif[5].

En sortant de cet appareil, très satisfait, je suis allé m'asseoir sur un banc. C'est alors que je me suis aperçu que j'avais perdu mes chaussures.

J'appelle l'employé responsable du bas et je lui demande d'aller voir si mes chaussures ne sont pas restées dans le fond de l'appareil. Il me répond que c'est impossible. J'insiste, ajoutant que ce sont des boots à lacets, presque neuves (on vient de me les offrir), facilement reconnaissables. Mais l'employé continue d'affirmer que cela n'arrive jamais, ne peut pas arriver. Je dois insister longtemps avant qu'il ne se décide à aller voir.

A plusieurs reprises, il revient, tenant à la main des chaussures qui ne sont manifestement pas les miennes. Il en trouve enfin une, puis l'autre.

6. pointes.

Je m'aperçois, détail que je n'avais pas encore remarqué, qu'à l'extrémité de mes semelles se trouvent deux petits pitons[6] métalliques qui permettent d'adapter instantanément des lames de patins à glace.

GEORGES PEREC,
la Boutique obscure,
Éd. Denoël.

Je rêve ?

a / Une étrange histoire

Dans ce texte, l'auteur raconte un rêve. Où se passe la scène ?

Montrez, en citant le texte, que les objets tiennent une place importante dans ce récit.

Qui sont les personnages ? Que savons-nous d'eux ? Ces informations vous paraissent-elles suffisantes ? Pourquoi ?

b / L'univers du rêve

Résumez cette histoire en une phrase. Dégagez son schéma narratif (point de départ, incident, événements, fin : quelle est votre impression ?).

A votre avis, l'auteur aurait-il pu raconter son rêve d'une autre manière, avec plus de détails sur le décor, les sentiments et les pensées des personnages ? Pourquoi ?

c / A votre tour

Racontez un rêve qui vous a marqué.

AIDE MÉMOIRE

Pour **raconter une histoire,** il est préférable de procéder en deux étapes.

■ Construire un schéma narratif

Il faudra prévoir des personnages, un décor, une action.

L'action sera découpée en quatre parties :
- **le début de l'histoire** dans lequel on précisera la situation de départ,
- **l'incident** qui présentera un événement inattendu,
- **les événements successifs** qui feront apparaître les suites de l'incident dans la vie des personnages,
- **la fin de l'histoire** dans laquelle l'action s'achèvera.

■ Donner les détails de l'histoire

Il est aisé de développer une histoire à partir d'un schéma narratif :
- On précisera les faits et gestes, les pensées, les sentiments et les réactions des personnages.
- On fera parler les personnages sous forme de dialogue.
- On brossera le portrait des principaux personnages.
- On décrira les objets et les lieux.

TRAVAUX PRATIQUES

La Fable et la Vérité[1]

« La Machine à imprimer la Vérité », Affiche. Draeger, 1956.

1. ici, le mensonge.	La Vérité toute nue
	Sortit un jour de son puits.
2. sa beauté.	Ses attraits[2] par le temps étaient un peu détruits ;
	Jeunes et vieux fuyaient sa vue.
3. gelée à force d'attendre.	La pauvre Vérité restait là morfondue[3], 5
	Sans trouver un asile où pouvoir habiter.
	A ses yeux vient se présenter
	La Fable richement vêtue,
	Portant plumes et diamants,
	La plupart faux, mais très brillants. 10
	Eh ! vous voilà ! bonjour, dit-elle ;
	Que faites-vous ici seule sur un chemin ?
	La Vérité répond : Vous le voyez, je gèle.
	Aux passants je demande en vain
	De me donner une retraite ; 15
	Je leur fais peur à tous. Hélas ! je le vois bien,
	Vieille femme n'obtient plus rien. —
4. sœur plus jeune.	Vous êtes pourtant ma cadette[4],
	Dit la Fable, et, sans vanité,
	Partout je suis fort bien reçue. 20
	Mais aussi, dame Vérité,
	Pourquoi vous montrer toute nue ?
	Cela n'est pas adroit. Tenez, arrangeons-nous,
	Qu'un même intérêt nous rassemble.
	Venez sous mon manteau, nous marcherons ensemble. 25
	Chez le sage, à cause de vous
5. renvoyée.	Je ne serais point rebutée[5] ;
	A cause de moi, chez les fous
	Vous ne serez point maltraitée.
	Servant par ce moyen chacun selon son goût, 30
	Grâce à votre raison et grâce à ma folie,
	Vous verrez, ma sœur, que partout
6. ensemble.	Nous passerons de compagnie[6].

FLORIAN, *Fables.*

TRAVAUX PRATIQUES

1. Interrogez le texte

a/ Les personnages
Montrez que *la Vérité* et *la Fable* ont des caractères opposés.
Qui sont *le sage* (v. 26) et *le fou* (v. 28) dans le texte ?

b/ L'action
A votre avis, pourquoi *la Vérité* vit-elle dans un *puits* (v. 2) ? Pourquoi chacun fuit-il à sa vue ?
Pourquoi *la Fable*, au contraire, est-elle partout bien reçue (v. 20) ?
Relevez les vers dans lesquels *la Fable* fait une proposition à *la Vérité*. Que pensez-vous de son idée ?

c/ L'expression
Quel est le sens du mot « fable » dans le texte ? Utilisez ce mot dans une phrase où il aura un autre sens.

2. Dégagez le schéma narratif du texte

a/ Le début de l'histoire
Résumez en une phrase le début de l'histoire en ne retenant que l'essentiel des informations.

b/ L'incident
Quel événement vient changer la vie de la pauvre *Vérité* ?

c/ Les événements successifs
Que se passe-t-il ensuite ?

d/ La fin de l'histoire
Comment se termine la rencontre entre *la Fable* et *la Vérité* ?
Quelle suite pourriez-vous imaginer ?

3. Racontez cette histoire en détail

Développez l'histoire de *la Fable et la Vérité* sous la forme d'un conte qui commencera par : « Il était une fois ».

Vous enrichirez le schéma narratif en précisant les faits et gestes des personnages, leurs pensées, leurs sentiments et leurs réactions :
— Vous introduirez des dialogues.
— Vous brosserez un portrait détaillé des deux personnages.
— Vous décrirez les objets et les lieux.

7 la parole

1. S'exprimer clairement **2.** Mettre le ton

Vous allez apprendre à :
- prononcer correctement les mots et les phrases
- mettre le ton dans la lecture et la récitation

L'INTERVIEW

Fanny Ardant : « J'articulais mal et je bégayais. »

1 **Quand vous étiez une élève de sixième, aimiez-vous la récitation ?**
FANNY ARDANT. Non ! Cela m'intimidait ! Je trouvais épouvantable d'avoir à me lever en plein milieu de la classe pour réciter devant tous les élèves des poèmes très ennuyeux.

2 **Lorsque vous avez décidé de devenir actrice, avez-vous pris des cours de diction ? Avez-vous travaillé votre voix ?**
Quand je suis entrée dans un cours d'art dramatique, on m'a tout de suite fait travailler la prononciation car j'articulais mal, et je bégayais. Mais j'avoue que lorsqu'on aime un texte, on a envie de l'apprendre par cœur, et de le dire à d'autres ; on est sensible à la poésie des mots, à l'enchaînement des phrases ou des vers, au rythme, à la ponctuation.

3 **Est-ce que l'on devrait donner des cours de diction aux élèves ?**
Non : il faudrait des cours de récitation libre. Si j'étais professeur, je dirais à mes élèves : « Apprenez une récitation de votre choix. Ou bien : « Voici dix poèmes. Choisissez d'apprendre et de réciter celui qui vous plaît le plus. »

4 **Si vous aviez un enfant qui bégaye, qui bafouille, qui zozote, quels conseils lui donneriez-vous pour améliorer sa prononciation ?**
Je lui dirais : « Ce n'est pas grave, ça va passer tout seul. J'ai connu des acteurs pleins de tics, qui, une fois sur scène, se mettaient à parler comme vous et moi, sans aucune difficulté ; j'ai entendu des gens qui avaient l'accent du midi perdre leur accent devant les spectateurs ! »
Je leur dirais aussi : « C'est joli, ce petit défaut de langue, c'est plein de charme ; j'aime que l'on soit différent des autres ».

5 En ce qui vous concerne, y a-t-il des mots que vous trouvez difficiles à prononcer ?
Pas de mots en particulier, mais je ne sais pas faire la différence entre les accents aigus, les accents graves et les accents circonflexes. Par exemple, pendant longtemps, j'ai dit : « cafè au lé » !

6 Votre voix est-elle la même au cinéma, au théâtre et dans la vie ?
Au cinéma et dans la vie, oui. Un jour, j'ai rencontré quelqu'un qui m'a demandé : « N'êtes-vous pas Fanny Ardant ? » J'ai répondu : « En effet, c'est moi. – Ah, bon ! vous avez la même voix qu'elle ! »

En revanche, au théâtre, la voix est forcément transformée car elle doit toucher ceux qui sont aux derniers rangs des spectateurs : elle doit donc se placer, être plus forte, comme la voix d'un professeur qui doit aller jusqu'au fond de la classe.

7 Peut-on changer de voix d'un rôle à l'autre ?
Oui, mais ce n'est pas tellement la voix qui change, c'est la respiration, la douceur ou la dureté, la lenteur ou la rapidité.

8 Aimez-vous les rôles où vous devez parler avec un accent ?
J'adore ça ! J'adore prendre les accents étrangers, comme l'accent arabe ou l'accent belge. Les accents régionaux aussi, comme l'accent du midi ! J'aime même parler des langues qui n'existent pas : souvent, je promène mon chien sans laisse. Et si quelqu'un me dit quoi que ce soit, je réponds : « Makach, nimoun, cril... » Et alors, on me dit : « Je parle beaucoup de langues, mais celle-là !... »

9 Lisez-vous quelquefois à voix haute ?
Je ne peux lire une histoire à voix haute que si elle me passionne. C'est un travail très dur, très fatigant, à cause de la respiration. Mais, en réalité, ce n'est pas vraiment un travail parce que j'adore lire !

10 Comment faites-vous pour captiver ceux qui vous écoutent ?
Il ne faut pas être trop sérieux quand on lit, il faut rire.

Fanny Ardant dans « Benvenuta » de A. Delvaux, 1983.

11 Mais si le texte que vous lisez est sérieux ?
Dans ce cas, il faut faire passer une émotion, transmettre la poésie des mots.

12 Peut-on tout exprimer par la voix ?
Oui. Par exemple, quand quelqu'un me téléphone, je suis très sensible au charme ou à la brutalité de la voix. Mais je sais aussi que l'on peut maquiller sa voix, prendre une autre identité en changeant de voix.

13 Vous est-il déjà arrivé de faire un lapsus très drôle ?
Sans doute, mais je ne m'en souviens pas. En revanche, je me rappelle très bien cet acteur qui devait dire : « On étouffe à Avila » et qui spontanément, devant une salle comble, a dit : « On est taf à Avilou ! »

Propos recueillis par Évelyne Amon et Yves Bomati, le 23 octobre 1989.

1. S'exprimer clairement

OBSERVONS

LA PRONONCIATION

La noce

Césaire, un garçon de la campagne, s'apprête à épouser une jeune femme dont il est amoureux.

« *Repas de Noces à Yport* », peinture d'Albert-Auguste Fourié (1854-?). Rouen, Musée des Beaux-Arts.

Ce jour-là, les gros nuages du nord, les nuages gris chargés de cette pluie mousseuse avaient disparu, et le ciel bleu se déployait au-dessus de la terre blanche sur qui le soleil levant jetait des reflets d'argent.

Césaire regardait devant lui, par la fenêtre, sans penser à rien, heureux.

La porte s'ouvrit, deux femmes entrèrent, des paysannes endimanchées, la tante et la cousine du marié, puis trois hommes, ses cousins, puis une voisine. Ils s'assirent sur des chaises, et ils demeurèrent immobiles et silencieux, les femmes d'un côté de la cuisine, les hommes de l'autre, saisis soudain de timidité, de cette tristesse embarrassée[1] qui prend les gens assemblés pour une cérémonie. Un des cousins demanda bientôt :

« C'est-il point l'heure ? »

Césaire répondit :

« Je crais ben que oui.

— Allons, en route », dit un autre.

Ils se levèrent. Alors Césaire, qu'une inquiétude venait d'envahir, grimpa l'échelle du grenier pour voir si son père était prêt. Le vieux, toujours matinal d'ordinaire, n'avait point encore paru. Son fils le trouva sur sa paillasse, roulé dans sa couverture, les yeux ouverts, et l'air méchant.

Il lui cria dans le tympan :

« Allons, mon pé, levez-vous. V'là l'moment d'la noce. »

Le sourd murmura d'une voix dolente[2] :

« J' peux pu. J'ai quasiment eune froidure qui m'a g'lé l' dos. J' peux pu r'muer. »

Le jeune homme, atterré[3], le regardait, devinant sa ruse.

« Allons, pé, faut vous y forcer.

— J' peux point.

— Tenez, j'vas vous aider. »

Et il se pencha vers le vieillard, déroula sa couverture, le prit par les bras et le souleva. Mais le père Amable se mit à gémir :

« Hou ! hou ! hou ! qué misère ! hou, hou, j'peux point. J'ai l'dos noué. C'est qué'que vent qu'aura coulé par çu maudit toit. »

Césaire comprit qu'il ne réussirait pas, et furieux pour la première fois de sa vie contre son père, il lui cria :

« Eh ben, vous n'dînerez point, puisque j' faisons le r'pas à l'auberge à Polyte. Ça vous apprendra à faire le têtu. »

Et il dégringola l'échelle, puis se mit en route, suivi de ses parents et invités.

MAUPASSANT,
Contes et nouvelles, le Père Amable,
Éd. Gallimard, collection Pléiade, T. 2, 1979.

1. gênée.
2. souffrante.
3. stupéfait.

1. Interrogez le texte

a/ Le plan du texte
Divisez ce texte en trois parties qui correspondront aux titres suivants :
— L'arrivée des invités.
— Césaire et son père.
— Le départ.

b/ Les personnages
Quels sentiments Césaire éprouve-t-il successivement ? Citez le texte.
Montrez, en citant une phrase que les invités sont intimidés. A votre avis, pourquoi se sentent-ils embarrassés ?

c/ L'action
Pensez-vous que le père Amable joue la comédie ? Justifiez votre réponse.

d/ L'expression
Trouvez dans le texte une phrase particulièrement poétique.

2. Prononcez correctement chaque mot

a/ Les mots déformés
Quelles déformations relevez-vous dans la phrase : *Je crais ben que oui* (l. 16) ? Rétablissez la bonne prononciation. A votre avis, pourquoi les invités ne corrigent-ils pas la prononciation de Césaire ? Trouvez dans ce passage un autre exemple de mot déformé. Rétablissez la forme correcte.

b/ Les mots raccourcis
Allons, mon pé, levez-vous. V'là l'moment d'la noce (l. 24) : dans quel mot manque-t-il une syllabe entière ? Que manque-t-il dans les autres mots ? Rétablissez la bonne prononciation. Relevez dans ce passage les autres mots raccourcis. Que remarquez-vous ?

3. Conclusion

a/ D'après cet exercice, quels sont les défauts essentiels d'une mauvaise prononciation ?

b/ Comment réagissez-vous lorsque la personne qui vous parle n'articule pas bien :
— vous riez,
— vous faites l'effort de comprendre,
— vous corrigez,
— vous vous énervez ?
Parmi ces réactions, quelle est, selon vous, la meilleure ?

APPROFONDISSONS

LES VOYELLES ET LES CONSONNES

La leçon

Monsieur Jourdain, commerçant qui s'est enrichi en vendant du drap, veut faire partie de la bonne société. Mais il doit apprendre à parler correctement. Aussi engage-t-il un professeur...

1. professeur qui apprend à penser et à écrire.

MAÎTRE DE PHILOSOPHIE[1]. — Que voulez-vous donc que je vous apprenne ?

M. JOURDAIN. — Apprenez-moi l'orthographe.

MAÎTRE DE PHILOSOPHIE. — Très volontiers.

2. calendrier sur lequel est indiquée la position des astres selon les jours et les mois de l'année.

M. JOURDAIN. — Après, vous m'apprendrez l'almanach[2], pour savoir quand il y a de la lune et quand il n'y en a point.

MAÎTRE DE PHILOSOPHIE. — Soit. Pour bien suivre votre pensée et traiter cette matière en philosophie, il faut commencer, selon l'ordre des choses, par une exacte connaissance de la nature des lettres et de la différente manière de les prononcer toutes. Et là-dessus j'ai à vous dire que les lettres sont divisées en voyelles, ainsi dites voyelles parce qu'elles expriment les voix ; et en consonnes, ainsi appelées consonnes parce qu'elles sonnent avec les voyelles, et ne font que marquer les diverses articulations des voix. Il y a cinq voyelles ou voix : A, E, I, O, U.

3. je comprends.

M. JOURDAIN. — J'entends[3] tout cela.

MAÎTRE DE PHILOSOPHIE. — La voix A se forme en ouvrant fort la bouche : A.

M. JOURDAIN. — A, A. Oui.

MAÎTRE DE PHILOSOPHIE. — La voix E se forme en rapprochant la mâchoire d'en bas de celle d'en haut : A, E.

M. JOURDAIN. — A, E ; A, E. Ma foi, oui. Ah ! que cela est beau !

MAÎTRE DE PHILOSOPHIE. — Et la voix I, en rapprochant encore davantage les mâchoires l'une de l'autre, et écartant les deux coins de la bouche vers les oreilles : A, E, I.

M. JOURDAIN. — A, E, I, I, I, I. Cela est vrai. Vive la science !

« Le Bourgeois Gentilhomme » de Molière. Mise en scène de Jean-Luc Boutte 1986. De gauche à droite : Roland Bertin, Simon Eine.

MAÎTRE DE PHILOSOPHIE. — La voix O se forme en rouvrant les mâchoires et rapprochant les lèvres par les deux coins, le haut et le bas : O.

M. JOURDAIN. — O, O. Il n'y a rien de plus juste. A, E, I, O, I, O. Cela est admirable ! I, O, I, O.

MAÎTRE DE PHILOSOPHIE. — L'ouverture de la bouche fait justement comme un petit rond qui représente un O.

M. JOURDAIN. — O, O, O. Vous avez raison, O. Ah ! la belle chose que de savoir quelque chose !

MAÎTRE DE PHILOSOPHIE. — La voix U se forme en rapprochant les dents sans les joindre entièrement, et allongeant les deux lèvres en dehors, les approchant aussi l'une de l'autre sans les joindre tout à fait : U.

M. JOURDAIN. — U, U. Il n'y a rien de plus véritable. U.

MAÎTRE DE PHILOSOPHIE. — Vos deux lèvres s'allongent comme si vous faisiez la moue : d'où vient que, si vous la voulez faire à quelqu'un et vous moquer de lui, vous ne sauriez lui dire que U.

M. JOURDAIN. — U, U. Cela est vrai. Ah ! que n'ai-je étudié plus tôt pour savoir tout cela !

MAÎTRE DE PHILOSOPHIE. — Demain nous verrons les autres lettres, qui sont les consonnes.

M. JOURDAIN. — Est-ce qu'il y a des choses aussi curieuses qu'à celles-ci ?

MAÎTRE DE PHILOSOPHIE. — Sans doute. La consonne D, par exemple, se prononce en donnant du bout de la langue au-dessus des dents d'en haut : DA.

M. JOURDAIN. — DA, DA. Oui. Ah ! les belles choses ! les belles choses !

MAÎTRE DE PHILOSOPHIE. — L'F, en appuyant les dents d'en haut sur la lèvre de dessous : FA.

M. JOURDAIN. — FA, FA. C'est la vérité. Ah ! mon père et ma mère, que je vous veux de mal !

MAÎTRE DE PHILOSOPHIE. — Et l'R, en portant le bout de la langue jusqu'au haut du palais ; de sorte qu'étant frôlée par l'air qui sort avec force, elle lui cède et revient toujours au même endroit, faisant une manière⁴ de tremblement : R RA.

4. une sorte de.

M. JOURDAIN. — R, R, RA : R, R, R, R, R, RA. Cela est vrai. Ah ! l'habile homme que vous êtes ! et que j'ai perdu de temps ! R, R, R, RA.

MAÎTRE DE PHILOSOPHIE. — Je vous expliquerai à fond toutes ces curiosités.

MOLIÈRE,
le Bourgeois gentilhomme,
Acte II, scène 4.

1. Interrogez le texte

a/ La lecture du texte
Sur quel ton le maître de philosophie s'adresse-t-il à M. Jourdain ?

b/ L'auteur
Qui est Molière ? Citez deux de ses œuvres.

c/ Les personnages
Relevez deux phrases dans lesquelles M. Jourdain exprime son enthousiasme. Pourquoi est-il aussi content ?

d/ Une scène drôle
Cette scène vous fait-elle rire ? Pourquoi ? Citez les passages les plus amusants.

e/ L'expression
Combien de fois M. Jourdain prononce-t-il le mot *chose* ?
A votre avis, pourquoi n'utilise-t-il pas des mots plus précis ?

2. L'articulation

a/ Les voyelles
D'où vient le mot *voyelle* ? Citez le maître de philosophie.
Prononcez chaque voyelle en suivant les conseils du maître de philosophie : quelle est la plus ouverte ? la plus fermée ?
Classez les cinq voyelles de la plus ouverte à la plus fermée.

b/ Les consonnes
Les consonnes sont *ainsi appelées parce qu'elles sonnent avec les voyelles* (l. 12-13). Que signifie ici le verbe *sonner* ? Remplacez-le par un autre verbe de même sens.
Prononcez les consonnes « d », « f », « r », selon les indications du maître de philosophie : que remarquez-vous ?

c/ Une gymnastique
Quelles parties du corps doit-on faire travailler pour prononcer correctement les voyelles et les consonnes ? Relisez la leçon du maître de philosophie.
Expliquez à M. Jourdain comment on doit prononcer les consonnes « b », « l », « s ».

3. Conclusion

D'après ce texte, quelles sont les règles essentielles de la bonne prononciation ? Pourquoi est-il indispensable de bien prononcer les mots lorsque l'on s'exprime à voix haute ?

EXERÇONS - NOUS

Le Signor Spaghetti

Le Signor Spaghetti est un héros de bande dessinée créé par un dessinateur d'origine italienne en 1957.

Signor Director,
Dans votre zournal « Tintin » dé cette semaine, oune dessinator s'a permis dé ridicouliser la profession qué z'ai l'honnor d'esercer. Zé fais évidemment allousion à ce « Signor Spaghetti, cuisinier » qui, dans l'espoir dé faire sourire vos lectors, il fait croire que les zens dé mon pays ils ne sont bons qu'à vendre dé la crème glacée ou à descendre dans la mine.

« Toute ressemblance avec des personnes ou endroits existants serait pure coïncidence », qu'il indique, votre dessinator. Il se fait que zé ressemble à ce Spaghetti, et que moi aussi zé sais préparer les espécialités. Ma donc il esiste des compatriotes à votre collaborator qu'ils tiennent leur ristorante avé autant dé sérieux qué céloui avé lequel vous ténez votre zournal. Le ristorante à moi il est encore très modeste. Il sé trouve zouste à l'ombre dou building qué vous lé faites construire dans lé quartier dé la gare dou Midi.

Venez donc dézeuner ici avé lé signor Attanasio. Vous zouzerez dé la qualité espéciale dou service et des prodouits qué c'est ma femme qui les a soisis.

Un zour mon ristorante il aura des étoiles dans lé guide Misselin, et zé souis sour qué vous ne regretterez pas dé l'avoir fait connaître à vos collaborators.

En espérant l'honnor dé votre visite, croyez, Signor Director, à mes sentiments les meilleurs.

Signé : G... (illisible).

Français, langue étrangère

1. Les erreurs de prononciation

Il n'est pas toujours facile d'apprendre à parler une langue étrangère. Le Signor Spaghetti a du mal à s'exprimer en français : aidons-le !

a/ Comment le Signor Spaghetti prononce-t-il les lettres « j », « e », « u », « x » ? Citez des mots du texte à l'appui de votre réponse.

Texte extrait de *L'Aventure du Journal Tintin, 40 ans de bande dessinée,* et dessins de Attanasio, Éd. du Lombard. Bruxelles-Paris.

b/ Comment prononce-t-il les sons « ai », « eu », « ui » ? Citez le texte.

c/ Pourquoi, selon vous, déforme-t-il ainsi la prononciation des mots ?

d/ De quelle manière pourrait-il améliorer sa prononciation ?

2. Une leçon de prononciation

Faites travailler le Signor Spaghetti : apprenez-lui à articuler correctement les mots : *zournal, dessinator, ristorante,* en lui expliquant comment il doit placer les lèvres, ouvrir ou fermer la bouche, placer sa langue dans le palais.

Le cacocalo

1. taxi.

Gabriel s'extrait avec habileté et souplesse du tac[1]. Tout le monde se retrouve autour d'une table, sur le trottoir. La serveuse s'amène négligemment. Aussitôt Zazie esprime son désir :
— Un cacocalo, qu'elle demande.
— Y en a pas, qu'on répond.
— Ça alors, s'esclame Zazie, c'est un monde.
Elle est indignée.

2. vin du Beaujolais.

— Pour moi, dit Charles, ça sera un beaujolais[2].
— Et pour moi, dit Gabriel, un lait-grenadine. Et toi ? demande-t-il à Zazie.
— Jl'ai déjà dit : un cacocalo.
— Elle a dit qu'y en avait pas.
— C'est hun cacocalo que jveux.

Illustration de Jacques Carelman pour *«Zazie dans le métro»*. Éditions Gallimard, 1959

— T'as beau vouloir, dit Gabriel avec une patience estrême, tu vois bien qu'y en a pas.
— Pourquoi que vous en avez pas ? demande Zazie à la serveuse.
— Ça (geste).
— Un demi panaché[3], Zazie, propose Gabriel, ça ne te dirait rien ?
— C'est hun cacocalo que jveux et pas autt chose.
Tout le monde devient pensif. La serveuse se gratte une cuisse.
— Y en a à côté, qu'elle finit par dire. Chez l'Italien.
— Alors, dit Charles, il vient ce beaujolais ?
On va le chercher. Gabriel se lève, sans commentaires. Il s'éclipse avec célérité, bientôt revenu avec une bouteille du goulot de laquelle sortent deux pailles. Il pose ça devant Zazie.
— Tiens, petite, dit-il d'une voix généreuse.
Sans mot dire, Zazie prend la bouteille en main et commence à jouer du chalumeau[4].
— Là, tu vois, dit Gabriel à son copain, c'était pas difficile. Les enfants, suffit de les comprendre.

RAYMOND QUENEAU,
Zazie dans le métro,
Éd. Gallimard.

3. mélange de bière et de limonade.

4. boire à la paille.

Bar, gouache de Raymond Queneau.

Façon de parler !

a/ Les personnages
Faites la liste des personnages qui apparaissent dans cette scène.

b/ Autour de la table
Montrez, en citant les mots du texte, que les personnages ne sont pas attentifs à la prononciation. Comment expliquez-vous ce laisser-aller ? Relevez trois mots dans lesquels l'auteur remplace la consonne « x » par la consonne « s » : à votre avis, pourquoi déforme-t-il ces mots ?

c/ Mieux dire
Corrigez les erreurs de prononciation qui se sont glissées dans la conversation.

Lettre à Laure

ÇA ME DIT, 24 AH ! OU
DIX HUIT S'EN VINT TE CETTE

Geai ressue mât chair l'or, lin vite à sion queue tu mats à dresser pourras l'air dix nez rats sein ment dés, dix manches d'œufs sept ambre. [...]

Dix manchons nos rats don l'age oie deux-tems bras serre, toît était-ce heure étai pas rends ; ai-je eaux ré, jean suisse hure, dupe les ire have ou art lac homme édit, eh ah ah si ce thé aux fesses teint. 5

CHARLES FOURIER,
Lettre à sa cousine Laure, 1827,
Éd. Anthropos.

Dressez l'oreille !

a/ Les mots en folie
Pourquoi cette suite de mots n'a-t-elle aucun sens pour le lecteur ?

b/ Écouter pour comprendre
Lisez à haute voix les deux premiers mots du texte : orthographiez ce que vous entendez.
Réalisez le même exercice sur tout le paragraphe, sans oublier de faire les liaisons : pourquoi les mots *l'air* et *sept* posent-ils problème ?

c/ Comprendre pour écrire sans fautes
Lisez chaque phrase à haute voix, jusqu'à ce que vous en saisissiez le sens.
Récrivez le texte en rétablissant la bonne orthographe.

EXERCICE 4

Élégant cantique de Salomé Salomon

Ma mer, m'amis, me murmure :
nos nus noient nos nuits nées neiges
Meurt momie ! môme : âme au mur.
Néant nie nom ni nerf n'ai-je !

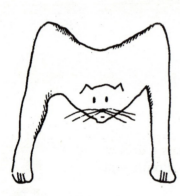

Aime haine
Et n'aime
haine aime
aimai ne

M N
N M
N M
M N

ROBERT DESNOS,
Corps et biens,
Éd. Gallimard.

Sans bafouiller !

1. Les difficultés de prononciation

a/ Pourquoi ce poème est-il difficile à dire ?

b/ Quel effet l'auteur veut-il produire ?

c/ Quel est, selon vous, le vers le plus facile à prononcer ? le plus difficile ? Pourquoi ?

2. Entraînez-vous

a/ Lisez ce poème à haute voix plusieurs fois de suite : cet entraînement vous aide-t-il à surmonter vos difficultés ?

b/ Apprenez ce poème par cœur.

Dessins de Jill Tanenbaum, *Catphabet,* International Typeface Corporation. Droits réservés.

Le petit pot de beurre

Dis-moi, petit pot de beurre, quand te dépetitpotde beurreras-tu ? Je me dépetitpotde beurrerai, quand tous les petits pots de beurre se dépetitpotde beurreront.

Le grain d'orge

Dis-moi, gros gras grain d'orge, quand te dégrogragraind'orgeras-tu ? Je me dégrogragraind'orgerai, quand tous les gros gras grains d'orge se dégrogragraind'orgeront.

Bassompierre

Un jour, un vieux fat aborda
Bassompierre en disant :
— Bonjour, gros gras gris !
Bassompierre répondit :
— Bonjour, peint teint feint.

Illustration de Jacques Viotte pour les *Contes* de Perrault, Éd. Mame, 1937. Droits réservés.

Mot à mot

Ce vin vermeille m'émerveille.

Le riz tenta le rat ; le rat tenté tâta le riz.

Bigre, les beaux gros bras gras blancs.

Le beau grand bambin blond prend un bon bain.

Tonton Toto, ton thé t'a-t-il ôté ta toux ?

Didon dîna, dit-on, du dos d'un dodu dindon.

Pour rire

a/ Lisez les phrases ci-dessus à haute voix. Précisez, dans chaque cas, où est la difficulté de prononciation.

b/ Refaites le même exercice avec un crayon entre les dents : quelle est la phrase la plus difficile à articuler ? Pourquoi ? Sur quel muscle doit porter votre effort pour une prononciation correcte ?

2. Mettre le ton

OBSERVONS

L'INTONATION

La voix d'Isabelle

Isabelle et Marcel sont des compagnons de jeu. Un jour, la fillette propose à son ami de lui lire un conte célèbre d'Andersen : la Petite Marchande d'allumettes, *qui raconte l'histoire d'une petite fille pauvre obligée, pour faire vivre sa famille, de vendre des allumettes. Un soir de jour de l'An, tandis que tout le monde fait la fête, la petite marchande meurt, dans la neige, après avoir fait brûler ses allumettes les unes après les autres, pour se réchauffer et pour rêver à travers les joyeuses flammes.*

Dès la première ligne du récit, il faisait froid, il faisait nuit, la neige tombait. Ces dures conditions atmosphériques ne me concernaient nullement, puisque je me balançais dans l'ombre tiède d'un acacia, au bord de la garrigue¹ ensoleillée.

A la cinquième ligne, la malheureuse enfant, qui était déjà tête nue, perdit bêtement ses savates, et il lui fallut *marcher dans la neige, sur ses petits pieds nus, qui étaient rouges et bleus de froid.*

Je pensai d'abord qu'elle ne savait pas se débrouiller, que ses parents étaient des criminels de la laisser sortir seule sous la neige, et que celui qui avait raconté cette histoire essayait par tous les moyens de me faire de la peine : je refusai donc d'avoir froid aux pieds avec elle : mais Isabelle prenait la chose très au sérieux, et elle lisait avec une conviction profonde, comme si c'était dans le journal. On aurait dit qu'elle avait plusieurs voix. Tantôt froide et monotone comme la neige qui tombait, puis gourmande et voluptueuse² pour dire : *Il y avait dans toute la rue le fumet³ délicieux des rôtis qui se préparaient,* puis vibrante d'indignation lorsque l'affreux gamin volait la seconde savate de l'innocente… Elle était sûrement première aux compositions de récitation, car elle lisait aussi bien que M. Besson, et peut-être même encore mieux. Comme le piano magique avait déjà ébranlé ma sensibilité, la voix d'Isabelle, aussi pathétique⁴ que l'histoire, pénétrait peu à peu mes défenses⁵, et je sentis que son émotion me gagnait.

1. terrain couvert de taillis et de chênes verts caractéristiques des régions du sud.

2. qui exprime le plaisir.

3. l'odeur.

4. émouvante.

5. me troublait.

Illustrations de Brunelleschi pour *La Petite Marchande d'allumettes,* de H.C. Andersen, Éd. d'Art Piazza, 1931. Droits réservés. Bibliothèque de l'Heure Joyeuse, Paris.

Cela commença lorsque la petite fille essaya de réchauffer *ses pauvres mains mortes de froid* en brûlant *ses allumettes l'une après l'autre* : je fus forcé de m'apitoyer sur l'inefficacité certaine d'un aussi médiocre moyen de chauffage, et comme je la voyais pâlir et bleuir, je conçus de grandes inquiétudes sur la suite des événements.

La féerie provoquée par la flamme « éblouissante » de ces allumettes (certainement suédoises[6]) me consola un moment, grâce à la gaieté soudaine de la voix d'Isabelle, qui décrivait triomphalement ces visions merveilleuses, et l'apparition de la grand-mère me rassura, quoiqu'elle me parût inexplicable. Enfin, quand elles arrivèrent toutes les deux chez le Bon Dieu, je fus bien content qu'il existât, pour leur donner le bonheur qu'elles méritaient. Mais ce n'était pas fini !

6. allumettes qui nécessitent un frottoir spécial pour s'enflammer.

Le cruel conteur apportait une affreuse révélation dans les dernières lignes. Isabelle les lut lentement, une tremblante émotion lui serrait la voix, et quand elle eût dit : *morte, morte de froid le dernier soir de l'année,* elle ne put plus dire un mot, et de grosses larmes coulèrent sur ses joues pâles.

Il me fut difficile de contenir un sanglot. [...]

« Gros nigaud ! dit elle. Ce n'est qu'une histoire, et tout ça, ce n'est pas vrai. Tu devrais avoir honte de pleurer comme ça !

— Mais vous aussi, vous pleurez ?

— Moi je suis une fille. Et puis, ça me plaît de pleurer quand c'est pour rire ! Tandis qu'un garçon... »

Elle s'interrompit soudain, et dit :

« Voilà mon père ! »

Elle tira de sa poche un petit carré de dentelles, et s'essuya les yeux, pendant que je soufflais dans mon mouchoir à carreaux.

MARCEL PAGNOL,
le Temps des secrets,
Éd. Pastorelly.

1. Interrogez le texte

a/ La lecture du texte

Relevez les phrases écrites en lettres italiques (écriture penchée). Pourquoi sont-elles ainsi mises en relief ?

b/ L'auteur

Marcel Pagnol a raconté ses souvenirs d'enfance dans plusieurs ouvrages célèbres. En vous aidant du dictionnaire, citez au moins une de ces œuvres.

c/ Les personnages

Quels sont les sentiments de Marcel pour Isabelle ? Citez le texte.

d/ L'action

Résumez ce texte en deux ou trois lignes. A votre avis, que cherche à montrer l'auteur ?

2. L'intonation

a/ La voix

Expliquez l'expression : *On aurait dit qu'elle avait plusieurs voix* (l. 14).

Que traduit la voix *froide et monotone* de la fillette (l. 14-15) ?

Pourquoi la voix devient-elle ensuite *gourmande et voluptueuse* (l. 15-16), puis pleine d'une *gaieté soudaine* (l. 31) ?

A votre avis, sur quel ton Isabelle lit-elle la phrase : *morte, morte de froid le dernier soir de l'année ?* (l. 39-40)

b/ L'expression des sentiments

Que signifie l'expression : *Elle lisait avec une conviction profonde, comme si c'était dans le journal ?* (l. 13-14)

Relevez une phrase qui souligne l'émotion des deux enfants au cours de cette lecture. Pourquoi, à la fin du texte, pleurent-ils tous les deux ?

3. Conclusion

a/ D'après ce texte, pourquoi est-il indispensable de mettre le ton lorsque l'on s'exprime à voix haute ?

b/ Vous expliquez à un enfant comment mettre le ton lorsqu'il lit ou lorsqu'il récite : quels conseils lui donnez-vous ?

APPROFONDISSONS

LA PONCTUATION

« Ô jours de mon enfance »

Pourquoi devant mes yeux revenez-vous sans cesse,
Ô jours de mon enfance et de mon allégresse ?
Qui donc toujours vous rouvre en nos cœurs presque éteints,
Ô lumineuse fleur des souvenirs lointains ?
Oh ! que j'étais heureux ! oh ! que j'étais candide[1] ! 5
En classe, un banc de chêne, usé, lustré[2], splendide,
Une table, un pupitre, un lourd encrier noir,
Une lampe, humble sœur de l'étoile du soir,
M'accueillaient gravement et doucement. Mon maître,
Comme je vous l'ai dit souvent, était un prêtre 10
A l'accent calme et bon, au regard réchauffant,
Naïf comme un savant, malin comme un enfant,
Qui m'embrassait, disant, car un éloge[3] excite :
— Quoiqu'il n'ait que neuf ans, il explique Tacite[4]. —
Puis près d'Eugène[5], esprit qu'hélas ! Dieu submergea[6], 15
Je travaillais dans l'ombre, — et je songeais[7] déjà.

VICTOR HUGO,
les Rayons et les Ombres,
XLIV, « Sagesse ».

1. innocent.
2. brillant.
3. compliment.
4. auteur latin.
5. le frère de Victor Hugo.
6. Eugène est mort à l'époque où Victor Hugo écrit son poème.
7. je rêvais.

---

1. Interrogez le texte

a/ Le plan du poème
Comment les deux parties du texte sont-elles signalées au lecteur ? Laquelle évoque le passé ? le présent ?

b/ Les idées du texte
Expliquez le vers 12 : *Naïf comme un savant, malin comme un enfant.*
De quelle manière un éloge peut-il exciter un élève (v. 13) ? Donnez un exemple à l'appui de votre réponse.

c/ L'époque et le lieu
Relevez dans ce poème quelques témoignages du passé.

d/ L'expression
Citez les mots et les expressions montrant que Victor Hugo a eu une enfance heureuse.

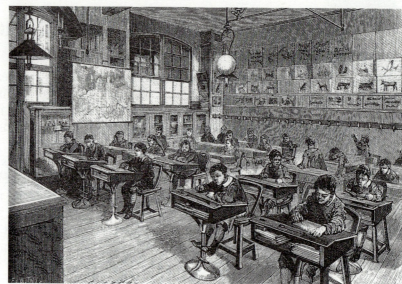

2. La ponctuation

a/ Les questions

Relevez les questions du poème. Par quel mot et par quel signe de ponctuation sont-elles signalées au lecteur ? Lisez ces vers tout haut : la voix doit-elle monter ou descendre ?
Quels sentiments le poète exprime-t-il à travers l'interrogation ?

b/ Les exclamations

A quels mots et à quel signe de ponctuation reconnaît-on les exclamations du poème ? Citez les vers exclamatifs.
Lisez ces exclamations à voix haute : quels mots, quelles syllabes devez-vous accentuer ?
Quels sentiments le poète exprime-t-il à travers l'exclamation ?

c/ Les pauses

La virgule, le point-virgule et le point permettent à l'élève qui récite de faire des pauses pour reprendre son souffle. Combien de pauses devez-vous faire dans les vers 6 à 9 ?
Quelle est la pause la plus longue ?

3. Conclusion

D'après cet exercice, comment un élève qui lit à voix haute ou qui récite doit-il se servir de la ponctuation pour mettre le ton ?

EXERÇONS-NOUS

« Tu dors? »

EXERCICE 1

Michel n'écoutait plus depuis longtemps. Les yeux mi-clos, perdu dans ses pensées, il entendait, sans en saisir le sens, la voix monocorde[1] de sa femme déchiffrant le manuscrit[2]. Françoise, peu habituée à lire à haute voix, ne parvenait pas à donner à son ton le relief[3] indispensable qui sépare le dialogue du récit et rend à chaque phrase la profondeur ou la légèreté qui lui convient. Elle récitait avec une application d'enfant débitant sa leçon, trébuchait puis se reprenait sur un mot mal écrit, butait ailleurs sur une rature. Michel n'enregistrait plus que le son un peu agaçant par sa monotonie. Il ne cherchait pas à saisir au vol le déroulement d'un récit qu'il connaissait par cœur et jugeait sans grand intérêt. Françoise le regarda, s'arrêta de lire.
— Tu dors?
— Non, non, dit-il en se levant, je vais voir Banou.

CLAUDE MICHELET,
Rocheflame,
Éd. R. Laffont.

1. qui ne change pas de ton.
2. texte écrit à la main.
3. l'intonation.

Extrait d'un dessin de Sempé.

A bas la monotonie!

a/ Quel ennui!
Quelles critiques peut-on adresser à la lecture de Françoise? Citez le texte. Comment réagit Michel? Pourquoi? A sa place, que feriez-vous?

b/ Réveillons-nous!
Quelles recommandations pourriez-vous faire à Françoise pour que sa lecture intéresse Michel?

Roxana

voix haute et forte	lukanaroid talaksidoa talaksidoa nado ksidéô nado ksidéô ikséô ikséô	
majestueux et ouvert	ksioala ksioaé ksioala ksioaé la ksioaé la ksioaé	
précis	naroidanon ikséô ikséô naroidanon ikséô ikséô	
angoissé	ok ok ok sidô naoaé ok ok ok sidô naoaé (hurlé)	
violent et net	ribérol ! ribérol !	
calme et lent	golanélidol dolidol dolidol dolidol	
détaché et clair	madolek madolek doksoli ksoli ksoli ksolidol NAOAé NAOAé (fort)	
accéléré et nerveux	klek klek dolokleks kleksido naoaé kleksido naoaé	
jeté et coléreux	ribérol ribérol ribérol ! [...]	
plus vite et plus fort	rokséon rokséon rokséana a a a rokséana a a a	
hurlé tragique	ROKSANA ROKSANA	
de nouveau calme égrené[1]	leksoana anaksoil anaksoil aksoillllll	
mourant	golanélidollllll	

MAURICE LEMAÎTRE,
Maurice Lemaître présente le lettrisme,
Colombia ESRF. 1171 (1958).

1. qui sépare les syllabes les unes des autres.

Sur tous les tons ! Lisez ce texte à voix haute en respectant les indications données en italique.

222   LA PAROLE

1. méprisante et moqueuse à la fois.

Les erreurs

La première voix est ténorisante, maniérée, prétentieuse; l'autre est rauque, cynique[1] et dure.

Je suis ravi de vous voir
bel enfant vêtu de noir.

— Je ne suis pas un enfant
je suis un gros éléphant.

Quelle est cette femme exquise   5
qui savoure des cerises?

— C'est un marchand de charbon
qui s'achète du savon.

Ah! que j'aime entendre à l'aube
roucouler cette colombe!   10

— C'est un ivrogne qui boit
dans sa chambre sous le toit.

Mets ta main dans ma main tendre
je t'aime ô ma fiancée!

— Je n'suis point vot'fiancée   15
je suis vieille et j'suis pressée
laissez-moi passer!

JEAN TARDIEU,
le Fleuve caché,
Éd. Gallimard.

A chacun son rôle

Voici un poème dans lequel deux personnages s'expriment sous forme de dialogue.

a/ Les voix
Vérifiez sur votre dictionnaire la signification des mots « ténorisante », « maniérée », « rauque ».

b/ Les caractères
Quel est, d'après leur voix, le caractère de chacun des personnages qui s'opposent dans cette scène?

c/ Les rôles
Faites une lecture expressive de ce dialogue avec un partenaire de votre choix. Présentez-la à votre classe.
Êtes-vous content de votre performance? Pourquoi?

Le charretier embourbé

Le Phaéton[1] d'une voiture à foin
Vit son char embourbé. Le pauvre homme était loin
De tout humain secours[2]. C'était à la campagne,
Près d'un certain canton de la basse Bretagne,
Appelé Quimper-Corentin.   5
On sait assez que le Destin
Adresse là les gens quand il veut qu'on enrage[3].
Dieu nous préserve du voyage !
Pour venir au Charretier embourbé dans ces lieux,
Le voilà qui déteste[4] et jure de son mieux,   10
Pestant, en sa fureur extrême,
Tantôt contre les trous, puis contre ses chevaux,
Contre son char, contre lui-même.
Il invoque[5] à la fin le dieu dont les travaux
Sont si célèbres dans le monde.   15
Hercule[6], lui dit-il, aide-moi : si ton dos
A porté la machine ronde[7],
Ton bras peut me tirer d'ici.
Sa prière étant faite, il entend dans la nue[8]
Une voix qui lui parle ainsi :   20
« Hercule veut qu'on se remue,
Puis il aide les gens. Regarde d'où provient
L'achoppement[9] qui te retient ;
Ote d'autour de chaque roue
Ce malheureux mortier[10], cette maudite boue   25
Qui jusqu'à l'essieu[11] les enduit.
Prends ton pic, et me romps ce caillou qui te nuit[12].
Comble-moi cette ornière. As-tu fait ? – Oui, dit l'homme.
– Or bien je vas[13] t'aider, dit la voix. Prends ton fouet.
– Je l'ai pris. Qu'est ceci ? mon char marche à souhait. 30
Hercule en soit loué ! » Lors[14] la voix : « Tu vois comme
Tes chevaux aisément se sont tirés de là.
Aide-toi, le Ciel t'aidera. »

Jean de La Fontaine,
Fables, 18,
Livre VI.

---

1. dans l'histoire des dieux et des héros de l'Antiquité, Phaéton, fils du soleil, fut foudroyé pour avoir mal dirigé le char du soleil.
2. dans un coin isolé.
3. la ville de Quimper accueillait ceux que le gouvernement voulait tenir à l'écart.
4. qui se met en colère.
5. il appelle à son secours.
6. demi-dieu, d'une taille et d'une force extraordinaires.
7. Hercule a porté la terre sur ses épaules.
8. le ciel.
9. l'obstacle.
10. matière pâteuse et épaisse.
11. l'axe de la roue.
12. casse ce caillou qui me gêne.
13. je vais.
14. alors.

Illustration de Jacques Carelman pour les *Fables*, de La Fontaine, Éd. Hachette, 1974. Bibliothèque de l'Heure Joyeuse, Paris.

Premier en récitation !

1. Interrogez le texte

a/ Le plan de la fable
Résumez en une phrase chaque partie du texte.

b/ Les idées
Expliquez la moralité de la fable : *Aide-toi, le Ciel t'aidera,* en donnant un exemple personnel.

c/ Les personnages
Montrez, en relevant quelques expressions du texte, que le charretier est coléreux.
Que pensez-vous d'Hercule dans cette scène ?

d/ Le vocabulaire
Que signifie le mot *embourbé* (v. 2) ? Utilisez-le dans une phrase de votre composition.

Quel est le sens de l'adjectif *malheureux* dans le vers 25 ? Construisez une phrase dans laquelle il aura exactement la même signification.

2. Récitez

a/ L'expression des sentiments
Sur quel ton réciterez-vous les vers 16-18 ? Pourquoi ?
Quel ton adopte Hercule dans les vers 21-28, puis dans les vers 29 et 31-33 ? Expliquez pourquoi sa voix change au cours de cette scène.
Quels sentiments le charretier éprouve-t-il successivement ? Sur quel ton s'adresse-t-il à Hercule ?

b/ La ponctuation
Relevez les exclamations et les interrogations de la fable.
Comment allez-vous les réciter ?
Combien de pauses allez-vous faire dans les trois premiers vers ? Ces pauses seront-elles courtes ou longues ? Pourquoi ?

AIDE MÉMOIRE

S'exprimer à haute voix exige un gros effort de **clarté** et d'**expressivité**.

Pour être compris et apprécié de ceux qui nous écoutent, il faut observer certaines règles :

- **Prononcer** correctement chaque mot, sans le déformer ni le raccourcir.

- **Articuler** avec soin les voyelles et les consonnes en utilisant tous les muscles du visage et de la bouche.

- **Changer d'intonation** suivant les sentiments que l'on veut exprimer (joie, tristesse, impatience, peur, etc.)

- **Élever la voix** dans les questions et les exclamations.

- **Faire des pauses** pour reprendre son souffle, en s'aidant des virgules, des points-virgules et des points.

TRAVAUX PRATIQUES

La farce du cuvier

Voici une farce, petite pièce de théâtre destinée à faire rire. Écrite au XVe siècle, elle met en scène le forgeron Jacquinot contraint par sa femme Anne et sa belle-mère Jacquette de faire tous les travaux ménagers. Les tâches qu'il doit accomplir chaque jour sont inscrites sur un « rôlet » (c'est-à-dire un rouleau de parchemin). Mais, un jour, la victime se révolte...

Scène IV

ANNE, JACQUINOT

ANNE
Vous allez m'aider à plier
Tout le linge de ce cuvier[1].
Prenez le bout de cette pièce
De drap qu'avec délicatesse
Je sors humide du baquet ;   5
Et puis tordons-la sans arrêt...
Tendez, tournez, et tirez fort.

JACQUINOT
Voyez : je fais tous mes efforts ;
Je ne boude pas à l'ouvrage
Et tends le linge avec courage...   10
Je tords ; je tire...

ANNE
               Vertuchou[2] !
Vous avez lâché votre bout
Et m'avez fait choir[3] en la cuve !

JACQUINOT
Dans l'onde[4] qui sort de l'étuve[5] !

ANNE
Hâtez-vous ! Je vais me noyer !   15
Retirez-moi de cette tonne[6] !

JACQUINOT *(Il va posément chercher le rôlet.)*
J'ai beau chercher ; cela m'étonne
Que vous n'ayez prévu ce cas...
Vous repêcher ? Je ne vois pas
Cet ordre-ci sur ma consigne...   20

ANNE
Que vous êtes d'humeur maligne !
Baillez-moi[7] la main, Jacquinot !

La colère, gravure sur bois, Nuremberg, XVe s.

---

1. cuve pour faire la lessive. — 2. juron, aujourd'hui disparu. — 3. tomber. — 4. l'eau. — 5. bain d'eau chaude. — 6. grand tonneau. — 7. donnez-moi.

TRAVAUX PRATIQUES

JACQUINOT
J'ai beau consulter mot à mot
Ce billet plein de prévoyance :
Que doit faire, en la circonstance, 25
Un mari devenu valet ?
Je ne vois rien sur mon rôlet.

ANNE
Terminez cette facétie [8] !
Mon ami, sauvez-moi la vie !
Hélas ! la mort va m'enlever. 30

JACQUINOT
« Bluter [9], pétrir, cuire, laver... »

ANNE
Déjà le démon me menace
N'étant pas en état de grâce...
Et je vais sans doute mourir...

JACQUINOT
« Aller, venir, trotter, courir... » 35

ANNE
Si je lâche, c'est la noyade !
Et pas moyen que je m'évade !
Je ne passerai point le jour...

JACQUINOT
« Faire le pain, chauffer le four... »

ANNE
C'est la mort la plus redoutée, 40
Car je vais être ébouillantée !
Au secours ! Jacquot, c'est la fin !

JACQUINOT
« Mener la mouture [10] au moulin... »

ANNE
Las ! J'ai de l'eau jusqu'aux aisselles !

JACQUINOT
« Et récurer les écuelles... » 45
J'ai tout parcouru, j'ai tout vu...
Ce cas-là n'était pas prévu...

ANNE
Au secours, ma chère Jacquette !

JACQUINOT
« Et tenir la cuisine nette... »

ANNE
Allez me chercher le curé ; 50
Que mon salut soit assuré !

---

8. plaisanterie. — 9. passer la farine au tamis. — 10. les grains de blé. — 11. règles. — 12. chargé d'angoisse. — 13. plein de regret. — 14. ici, prière du matin. — 15. un peu.

JACQUINOT
« Et nettoyer les casseroles... »
Non ; cela n'est pas dans mon rôle...

ANNE
Et pourquoi n'est-ce point écrit ?

JACQUINOT
Parce qu'on ne me l'a pas dit ! 55
Puisque vous m'avez fait promettre
D'exécuter l'ordre à la lettre,
J'obéis au commandement
Que vous-même et votre maman
M'avez fait signer tout à l'heure ! 60

ANNE
Vous souhaitez donc que je meure ?

JACQUINOT
Je me plie à tous vos décrets[11] ;
Sauvez-vous comme vous pourrez ;
Moi, je respecte ma consigne.

ANNE
Que votre conduite est indigne ! 65
Envoyez-moi quelque valet !

JACQUINOT
Cela n'est pas dans mon rôlet !

Scène V

ANNE, JACQUINOT, JACQUETTE
(Jacquette survient au bruit.)

ANNE
Au secours ! A l'aide, ma mère !

JACQUETTE
Mon enfant ! Ô douleur amère !
Ah ! j'ai le cœur en désarroi[12] ! 70

ANNE
Je défaille ! Secourez-moi !
Je m'en vais perdre connaissance !

JACQUETTE *(cherche en vain à tirer sa fille)*
Jacquot, un peu de complaisance !
Sauvez ma fille, s'il vous plaît !

JACQUINOT
Cela n'est pas dans mon rôlet ! 75
Et c'est en vain que je contrôle :
Repêcher n'est pas dans mon rôle !

ANNE
Ah ! Jacquinot, je vous le jure !
Si de cette triste posture
Vous me tirez en cet instant, 80
D'un cœur contrit[13] et repentant
Je vous servirai sans contrainte
Et sans proférer une plainte !

JACQUINOT
Vous me promettez de ne plus
Me réveiller à l'angélus[14] ? 85
Vous m'assurez que sans tapage
Vous ferez tout votre ménage,
Sans jamais rien me commander
Qui ne soit juste et bien fondé ?

ANNE
Ah ! Recevez-en la promesse ! 90

JACQUINOT
Par tous les saints qu'à la grand-
[messe
Nous invoquons, par l'Éternel,
Faites le serment solennel
De ne plus m'abreuver d'injures 95
Ni de sarcasmes !

ANNE
         Je le jure
Et promets de ne plus mentir !

JACQUINOT
Alors, je veux bien vous sortir
De ce baquet plein de lessive 100
Où le diable vous tint captive
Pour vous éprouver un tantet[15]...
Et je déchire mon rôlet.

Adapté par HENRI FARÉMONT,
Éd. Billaudot.

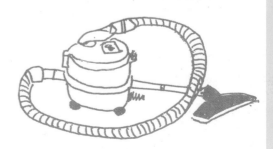

TRAVAUX PRATIQUES

1. Interrogez le texte

a/ Les personnages
Que pensez-vous d'Anne dans ces deux scènes?

b/ L'action
Quel est, selon vous, le passage le plus drôle? le plus dramatique? Donnez-leur un titre.

c/ L'époque
D'après ce texte, comment faisait-on la lessive au XVe siècle?
Relevez quelques mots ou expressions montrant l'importance de la religion à cette époque.

d/ L'expression
Pourquoi ce texte est-il accompagné de nombreuses notes de vocabulaire?

2. Jouez cette scène

a/ L'expression des sentiments
Quels sentiments Anne éprouve-t-elle au cours de ces deux scènes? Jacquinot est-il sensible aux supplications de sa femme? Citez le texte.

b/ Le ton
Sur quel ton Anne donne-t-elle ses ordres au début de la scène 4, dans les vers 1 à 7 : autoritaire, suppliant, moqueur, indifférent, angoissé? Choisissez, dans cette gamme, le ton qui convient aux répliques suivantes :

Hâtez-vous! Je vais me noyer!
Retirez-moi de cette tonne! (v. 15-16)

Que doit faire, en la circonstance,
Un mari devenu valet? (v. 25-26)

Mon ami, sauvez-moi la vie! (v. 29)

Et je vais sans doute mourir... (v. 34).

c/ La ponctuation
A quels signes de ponctuation voit-on que ce texte doit être dit avec une vivacité toute particulière?

d/ Le public
Quelles réactions chercherez-vous à déclencher chez le public? Comment y parviendrez-vous?

8 l'image et le texte : la BD

Vous allez apprendre à :
— vous familiariser avec les secrets de la BD

INTERVIEW PAGES 232-233

L'INTERVIEW

Pef : « J'aimerais qu'il dessine le vent. »

1 Vous êtes un auteur et un illustrateur réputé. Préférez-vous écrire ou bien dessiner ?

PEF. J'aime écrire et dessiner. Tous mes livres sont illustrés. Je suis une sorte de scénariste de cinéma, de cadreur. Parfois, lorsque j'ai terminé mes illustrations, il m'arrive de récrire le texte. Et puis, vous savez, tout n'est pas illustrable. Les mots peuvent se défendre seuls. Le texte et l'image ne sont pas en concurrence, mais en complémentarité.

2 Avez-vous commencé à dessiner en classe ?

J'ai eu le même professeur de dessin de la sixième à la terminale. Cet homme détestait les dessins d'imagination. Et j'avoue avoir eu de mauvaises notes. Comment réussir à dessiner proprement une bouteille à côté d'un torchon ? En revanche, je dessinais énormément dans le dos de mes camarades. Puis, un jour, le très sérieux journal *l'Éducation* a organisé un concours. J'ai eu le premier prix : 500 francs en 1959, ce qui était énorme.

3 Et que représentait ce dessin ?

Des enfants au musée. Leur vieille professeur de dessin leur montrait un faux Picasso. Mais les enfants, sans qu'elle s'en rende compte, étaient tous tournés vers une statue antique dévêtue. Et la vieille dame commentait le Picasso en disant qu'on y retrouvait « toute l'inquiétude des temps modernes »...

4 Quand vous étiez petit, lisiez-vous des BD ?

Mes parents étaient instituteurs ! Les BD étaient interdites à la maison. J'ai découvert Tintin et Michel Vaillant à 18 ans. En revanche, on me racontait les aventures de Zig et Puce. C'est tout. Les enseignants de l'époque ne supportaient pas la BD, peu instructive à leurs yeux.

5 Et, à présent, pourquoi n'écrivez-vous plus de BD ?

J'en ai écrit pendant 17 ans. Mais, à la longue, je me suis senti mal à l'aise dans les cadres et les bulles. La bulle est trop petite pour ce que j'ai à dire ! Et puis, je n'aime pas retrouver mes personnages identiques d'une case à l'autre : dans la vie, on change tout le temps. J'ai cependant beaucoup appris de la BD : les techniques d'entrée dans une histoire, l'équilibre et le rythme.

6 Et les héros de BD ? Tintin, par exemple ?

Il ne m'a jamais beaucoup plu. Ou plutôt, ce que j'aime dans Tintin, ce sont

les petites flaques d'eau que le capitaine Haddock laisse derrière lui, lorsque le téléphone vient perturber son bain. Quant à Tintin, il me décourage par sa froideur. Et puis, regardez les mains de Tintin, elles ne sont jamais ouvertes pour donner, mais toujours repliées pour agir et pour prendre. Je préfère la sensibilité d'Haddock.

7 Si vous aviez à représenter un sentiment comme la peur, quel dessin réaliseriez-vous ?
La peur ? C'est pour moi un souvenir d'enfance, un cauchemar... Sur un écran, une ligne comme au golf avec sur le côté un trou vu en coupe. Une balle roule lentement vers ce trou. Et cette balle, c'est moi. L'ensemble est en noir et blanc. La peur pour moi, c'est ça.

8 Et la joie ?
La joie, c'est le vent. Tous mes personnages sont décoiffés, ils vibrent. Cela remonte à l'époque où je gardais les vaches... il y avait du vent... le vent me régénère... Mes personnages sont tous avec moi en train de garder les vaches.

9 Qu'aiment vos lecteurs dans vos livres ?
La liberté et l'insolence, je crois. Le fait aussi que je les prends au sérieux en les faisant mourir de rire. Mes héros aussi leur plaisent : dans *Moi, ma grand-mère*, alors que chacun compare les mérites de sa grand-mère, l'une étant pilote d'essai d'ascenseur, l'autre cosmonaute ou maître nageur pour baleines, un petit gamin mal peigné, oublié dans son coin, finit par répondre : « Moi, ma grand-mère, ce qu'elle sait faire, ce sont de bonnes tartines de beurre avec du chocolat dessus. » Et les enfants fondent comme moi devant ces histoires...

10 Que diriez-vous à un enfant qui veut se lancer dans le dessin ?
D'abord, que c'est un métier de patience — j'ai commencé il y a trente ans !... Au fond, je lui dirais de ne pas trop regarder ce qui se fait ailleurs mais de vouloir dessiner à tout prix. Je crois aussi qu'il doit être bon en orthographe. J'ai trop vu de gens qui étaient bourrés de talent mais qui n'avaient pas de base. Bien dessiner, c'est d'abord bien écrire.

11 Quel dessin aimeriez-vous qu'un enfant réalise ?
Un seul dessin ?... C'est difficile à dire... Au fond, j'aimerais qu'il dessine le vent...

Entretien réalisé par Évelyne Amon et Yves Bomati, le 30 octobre 1989.

OBSERVONS

LIRE UNE BANDE DESSINÉE

1. Interrogez la BD

a/ Les personnages
Combien de personnages comptez-vous dans cette page ? Qu'apprend-on sur chacun d'eux ?
Comment Bill est-il habillé ? Pourquoi ?

b/ L'histoire
Quelle est l'humeur de Bill dans la première image ? dans la dernière image ? Pourquoi ce changement ?
Pourquoi le chien Boule et la tortue Caroline sont-ils tristes puis gais ? Montrez comment l'auteur a traduit cette transformation ?
Quelle autre fin à cette page de BD pourrait-on imaginer ?

c/ L'expression
Est-ce l'image ou le texte qui exprime le mieux les intentions de l'auteur ? Citez des détails à l'appui de votre réponse.

2. Le vocabulaire particulier de la bande dessinée

a/ Les mots
En vous reportant à l'aide-mémoire, trouvez les mots correspondant aux définitions suivantes :
— Image de BD incluse dans un cadre.
— Bordure qui entoure une vignette.
— Ligne fermée qui, à l'intérieur d'une vignette, entoure les paroles d'un personnage. On l'appelle également « ballon ».
— Traits reliant la bulle au personnage qui s'exprime.
— Suite de vignettes.
— Ensemble de bandes disposées sur une même page.
Donnez un exemple pris dans la page de droite.

b/ La vignette
Combien comptez-vous de vignettes dans cet épisode ? Quel est le cadre le plus grand ? le moins grand ? Quelle forme ont-ils ?
Dans quelles vignettes les bulles sont-elles spéciales ? Que traduit leur différence ?
Dans quelles vignettes le dessin déborde-t-il du cadre ? Que pensez-vous de ce procédé ?

c/ La bande et la planche
— Combien de vignettes compte chacune des bandes ?
— Combien de bandes comporte cette planche ?
— Dans quel ordre doit-on lire les vignettes de cette planche ?

234 LE TEXTE ET L'IMAGE : LA BD

COUP DE CAFARD

Roba, extrait de *Attention, chien marrant*, Éd. Dargaud.

APPROFONDISSONS

LES SECRETS DE LA BANDE DESSINÉE

1. INVENTER UNE HISTOIRE

A. Choisir ses héros

1

2

3

4

5

6

7

8

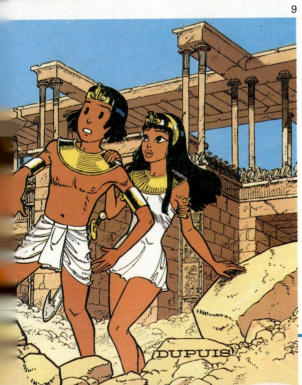

9

Les différents types de héros

a/ Le physique

Comparez les différents traits physiques prêtés à chaque héros : lesquels se ressemblent, lesquels diffèrent le plus ? Lequel est le plus original ?

Quel est l'âge de chacun de ces personnages ? Rangez-les en commençant par le plus jeune. Que constatez-vous ?

b/ La profession

Classez ces personnages selon leur occupation :
— lequel est un aventurier ? un reporter ? un photographe ? un marin ?

c/ L'époque

Certains de ces héros n'appartiennent pas à notre époque. Lesquels ? Vous justifierez votre réponse :
— en décrivant leur costume,
— en précisant le siècle où chacun aurait vécu.

d/ Conclusion

Voici dans le désordre les différents titres des bandes dessinées auxquelles ces héros appartiennent. Rendez à chaque personnage sa BD. Appuyez-vous sur le costume des personnages, le décor...
— Capitaine Sabre, *Sur la route Mandarine,*
— Yoko Tsuno, *Le matin du monde,*
— Les aventures de Jeannette Pointu, reporter photographe, *Yeren,*
— Alix, *Le dernier Spartiate,*
— Jhen, *Les écorcheurs,*
— Guy Lefranc, *L'oasis,*
— Papyrus, *Le pharaon maudit,*
— Les aventures de Tintin, *Le temple du Soleil,*
— Robinson, *Vendredi ou la vie sauvage.*

B. Se documenter

1. Comprendre les documents

a/ Documents 1A et 1B
Quel est le type de document retenu par Hergé ?
Comment Hergé fait-il ressortir l'humour de la situation ?

Dessins de Hergé, extraits de *Hergé et Tintin, reporters,* par Philippe Goddin.
Éd. du Lombard, 1986.

1A

1B

2

b/ Document 2
Dans quel pays la photographie a-t-elle été prise? A quoi servaient les deux paniers représentés? Quelle transformation Hergé leur apporte-t-il? Dans quel but? Comparez le costume du personnage dans la photographie et dans la BD.

3

Affiche dessinée par Cassandre.

Je pense aux malheureux qui, en ce moment, ont une rue à traverser et doivent prendre garde de ne pas se faire écraser !

Dessin de Hergé, extrait de *Hergé et Tintin, reporters*, par Philippe Goddin, Éd. du Lombard, 1986.

◀ **c/ Document 3**
Quels sont les points communs entre l'affiche et le dessin ?
Comment Hergé a-t-il suggéré la puissance du navire dans son image ?

2. L'importance de la documentation

a/ Une documentation solide
Pourquoi le dessinateur de bandes dessinées doit-il s'appuyer sur une documentation solide ?
Où peut-il trouver sa documentation ?

b/ L'utilisation de la documentation
Le dessinateur se contente-t-il de reproduire ses documents ? Justifiez votre réponse en vous appuyant sur les dessins précédents ou sur des BD que vous possédez.

3. Conclusion

Pensez-vous que la BD puisse « instruire en distrayant » ? Justifiez votre réponse.

2. RÉALISER UNE BANDE DESSINÉE

A. Vignettes, bandes et planches

L'oasis

Lefranc est un reporter-aventurier audacieux. Il a atterri en plein désert. Sa mission : retrouver un Airbus détourné dans l'oasis de Djokar.

Jacques Martin, extrait de *L'Oasis*, Éd. Casterman.

1. Interrogez la bande dessinée

a/ L'intérêt de la bande dessinée
Qui s'exprime dans cet épisode ? A quoi le devine-t-on dans les trois premières vignettes ?
Rassemblez les diverses informations données au lecteur sur la situation.

b/ Le personnage
Relevez dans cet épisode les détails qui indiquent que Lefranc est reporter.
Quel est le caractère du héros ? Justifiez votre réponse.

2. L'enchaînement des vignettes, des bandes et des planches

a/ Les vignettes
Combien comptez-vous de vignettes ? Quelles sont leurs formes ? Pourquoi ? Où sont disposées les bulles dans chaque vignette ?
Quelles particularités présentent les trois premières vignettes ?

b/ Les bandes
Combien de bandes constituent chaque planche ?
Quelles caractéristiques présentent les bandes de la première planche ? Quelle est la plus utile à la progression du récit ? Comment sont disposées les bandes de la seconde planche ?

c/ Les planches
Dans quel sens doit-on lire les bandes des deux planches ?
Comment les dessinateurs ont-ils évité la monotonie durant la lecture ?

d/ L'enchaînement
L'histoire se déroule-t-elle rapidement ou lentement sur les deux planches ? Justifiez votre réponse.

B. Le dessin et la couleur

Sirius, extrait de *Mission à Byzance*, Éd. Dupuis.

Goscinny-Uderzo, extrait d'*Astérix le Gaulois*, Éd. Dargaud.

Dessins de Hergé, extraits de *Hergé et Tintin, reporters*, par Philippe Goddin. Éd. du Lombard, 1986.

1. Le sens des vignettes

Décrivez chacun des trois documents en faisant ressortir son originalité.

2. Le dessin et la couleur

Comment le dessin et la couleur ont-ils pu traduire :

– le mouvement (document 1),
– la colère (document 2),
– l'orgueil (document 3) ?

Vous citerez des détails à l'appui de vos réponses.

EXERÇONS-NOUS

Dessins de Hergé, extraits de *Hergé et Tintin, reporters*, par Philippe Goddin. Éd. du Lombard, 1986.

Héros et dessinateur

Voici trois personnages créés par Hergé. Dans quelle situation chaque héros apparaît-il sur ces dessins ?
Que pensez-vous dans ces deux cas des rapports entre les héros et leur dessinateur ?

246 LE TEXTE ET L'IMAGE : LA BD

Jacques Martin, extrait de *L'île Maudite*, Éd. Casterman.

Réunir une documentation

Voici une vignette représentant le dieu Moloch dans « L'île maudite » de Jacques Martin.
Décrivez ce dieu.
A l'aide de votre dictionnaire, découvrez où il était honoré et à quelle époque.
Réunissez une documentation sur la civilisation à laquelle il appartient.

Jim Davis, extrait de *Tiens bon la rampe*, Éd. Dargaud.

Rions un peu

Résumez cette scène.
Comment le dessinateur la rend-il drôle ?

1

Goscinny-Uderzo, *Astérix et les Goths*, Éd. Dargaud.

Des vignettes à gogo

a/ Vignette 1 : quelle est la particularité de la bulle ?

b/ Vignette 2 : quelle est l'impression produite par la forme de cette vignette ?

c/ Vignette 3 : qu'expriment la forme de la bulle et les dessins qui y sont inclus ?

d/ Vignette 4 : comment le mouvement est-il traduit dans cette vignette ?

Goetzinger, *Les mystères de Barcelone*, Éd. Dargaud.

Goscinny-Uderzo, *La serpe d'or*, Éd. Dargaud.

Cuvelier, *Corentin chez les Peaux-Rouges*, Éd. Lo

La violence des images

Jacques Martin, extrait de *Le Prince du Nil*. Éd. Casterman.

a/ Racontez l'épisode en quelques phrases.

b/ Comment Jacques Martin a-t-il suggéré le mouvement dans chaque vignette ? A-t-il réussi ? Justifiez votre réponse.

c/ Recherchez dans votre manuel ou dans vos propres documents des extraits de bandes dessinées où le mouvement est particulièrement bien rendu.

d/ Les couleurs choisies par Jacques Martin conviennent-t-elles à la violence des images ? Justifiez votre réponse.

Des mots bizarres !

Gotlib, extrait de *Rubrique-à-brac*, T. 1, Éd. Dargaud.

Voici trois vignettes qui se suivent. Qu'expriment-elles ? Par quels mots ? Recherchez dans votre dictionnaire la signification du mot « onomatopée ». Recherchez dans ce chapitre ou dans vos documents personnels d'autres onomatopées dont vous donnerez la traduction.

Jacques Martin, extrait de *Avec Alix,* Éd. Casterman.

Une bande dessinée muette

Parmi les projets du dessinateur Jacques Martin, il en est un qui ne vit jamais le jour. Nous n'en avons que les dessins. A vous d'inventer le récit, les bulles...
N'oubliez pas, avant de vous lancer dans la rédaction, de bien observer les dessins, les couleurs, leur enchaînement...

AIDE MÉMOIRE

La bande dessinée (BD) est un mode d'expression combinant **image et texte**.

▪ Le dessinateur

Tout comme un écrivain ou un peintre, le dessinateur de BD choisit ses personnages, ses histoires et ses décors ; il doit s'appuyer sur une large documentation.

▪ Le petit vocabulaire de la bande dessinée

La vignette : surface d'une image BD, incluse dans un cadre.
Le cadre : bordure qui entoure une vignette.
La bulle (ou ballon) : ligne fermée qui, à l'intérieur d'une vignette, entoure les paroles d'un personnage.
L'appendice : traits reliant la bulle au personnage qui s'exprime.
La bande : suite de vignettes.
La planche : ensemble de bandes disposées sur une même page.

La bande dessinée, lorsqu'elle est de qualité, permet à chacun de s'instruire en se distrayant.

L'eau du désert

Akroud est parti à travers le désert pour prouver à son père qu'il est un homme...

L'après-midi du deuxième jour, il continua à marcher, déplacer vers l'avant un corps qui n'était plus que douleurs. Les deux chiens tiraient sur leurs longes[1], comme pressés de se débarrasser de ce fantôme d'homme, maigre déjà au point de ne plus avoir d'ombre. Quand ils commencèrent à japper et que la tension des longes se fit plus forte à son poignet, Akroud ouvrit les yeux à la brûlure du soleil... Une éternité qu'il avançait ainsi les yeux fermés, mort-vivant dans un monde oublié. Alors il vit. Seigneur Dieu ! Rien qu'un arbre au tronc tourmenté et deux branches sans feuilles comme plantées haut dans le ciel...

Là où l'arbre a pu pousser...

L'eau !... L'eau à quelques pas...

La Vie.

— Aralaaaaa !

Un déchirement de toute sa chair et qui avait voulu être un cri.

L'eau !... Déjà il ressentait dans la bouche une fraîcheur fade et salée à la fois.

Quand ils virent l'Homme Bleu accroupi devant ce qui ne pouvait être que l'ouverture du puits, les deux sloughis[2] commencèrent un long frisson qui ressemblait à un tremblement.

Akroud engagea une flèche dans la corde de son arc. L'Homme peut être une bête pour l'Homme et tuer pour quelques gorgées d'eau... L'Homme Bleu avait toujours méprisé les petits hommes et rien n'était moins sûr que de le voir partager l'eau avec Akroud.

— Ooooo !

Pas de réponse. Pas même le soubresaut[3] qui aurait dû marquer la surprise.

Le garçon s'approcha, hésita un peu avant de poser la main sur l'épaule de l'homme penché au-dessus du trou sombre.

— Je suis Akroud.

— Et il ajouta :

— Fils d'Akroud.

Alors seulement il envoya l'extrémité de ses doigts heurter l'omoplate du Targui[4].

Comme en un rêve, l'homme bascula en avant, parut s'immobiliser au-dessus du gouffre, comme retenu par une main invisible, puis disparut brutalement.

Il y eut presque le temps d'une éternité avant qu'Akroud l'entende s'écraser plus bas.

---

1. courroies, laisses. — 2. lévriers arabes. — 3. mouvement brusque. — 4. autre nom de l'Homme Bleu, nomade du Sahara.

TRAVAUX PRATIQUES

TRAVAUX PRATIQUES

L'Homme Bleu était mort depuis longtemps déjà. 35
Et le puits à sec.
Rien alors ne put empêcher le garçon de mêler son hurlement à celui des chiens ni de commencer, comme eux, à quatre pattes de s'user ongles et doigts à gratter la pierre nue.
Quand il eut fini de hurler, il se redressa et repartit. Les chiens suivirent Akroud 40 qui riait comme un dément... Un rire silencieux et bouleversant comme une suite de hoquets.

JEAN COUÉ,
L'infini des sables,
je Bouquine, Bayard Frères.

A vous de jouer !

Voici un texte que vous allez transformer en BD. Pour vous aider, quelques illustrations ont été glissées dans la page.

1. Interrogez le texte

a/ L'intérêt du texte

Résumez ce texte en quelques lignes.
Quel est, à votre avis, le passage le plus intéressant ? Justifiez votre réponse.

b/ L'organisation du texte

Retrouvez dans le texte les passages qui développent les titres suivants :
— La longue marche d'Akroud.
— La découverte du puits et de l'Homme Bleu.
— La terrible déception.

c/ Les personnages

Qui est Akroud ? Relevez quelques détails du texte qui vous permettent de préciser son origine et son caractère.
Qu'est-ce qu'un Homme Bleu ?

d/ Le lieu

Où se passe l'action de ce texte ? Recherchez dans vos documents des informations sur cette région (paysages, coutumes, climat...).

2. Devenez dessinateur de bandes dessinées

Réalisez à présent une bande dessinée à partir de ce texte.
— Déterminez votre nombre de planches, de bandes, de vignettes.
— Quelle sera l'importance du texte (récit, bulles) par rapport aux dessins ?
— Quelles couleurs allez-vous choisir ?

N.B. : Veillez à ce que l'ensemble s'enchaîne parfaitement.

9 décrire

1. Les hommes et les animaux **2.** Les lieux et les choses

Vous allez apprendre à :
– rédiger des portraits et des descriptions

INTERVIEW PAGES 256-257

L'INTERVIEW

1 Lorsque vous étiez enfant, preniez-vous plaisir à lire le portrait des personnages dans un roman, ou, comme certains lecteurs actuels, sautiez-vous les pages qui leur étaient consacrées ?
HENRI TROYAT.
Dès mon plus jeune âge, j'ai aimé découvrir le caractère, l'apparence physique, les manies des héros à travers ce qu'en disait l'auteur. Il me semblait qu'ainsi je m'identifiais à eux, que je vivais plus intensément leur aventure.

Henri Troyat :
« Le détail, le détail... il n'y a que cela de vrai ! »

Devenu romancier, par la suite, j'ai éprouvé le besoin, avant d'aborder la rédaction d'une histoire, de « voir » devant moi mes personnages, de les imaginer dans leur décor familier, de respirer dans leur atmosphère, dans leur climat...

2 Lorsque vous écrivez, vous inspirez-vous de la réalité ?
Oui, la plupart du temps. Et cependant j'avoue n'avoir pas l'esprit d'observation dans la vie courante. Je suis même incurablement distrait. Mais, dès que je suis embarqué dans un roman, je m'éveille, je note tout ce qui bouge autour de moi, j'emmagasine, j'engrange, je fais mon miel de mille détails...

3 Vous projetez-vous dans vos personnages ?
Bien sûr ! Je ne peux les animer qu'en me glissant dans leur peau, en épousant leur caractère, en souffrant de leur drame. Lorsque j'écrivis *Viou*, je me sentis devenir, à mon insu même, une petite fille, avec de frêles épaules et des cheveux longs retenus par une barrette.

Pensez-vous qu'il existe des lieux, des personnages indescriptibles ?

Oui et non. En vérité, tout ce que le romancier décrit, lieux ou paysages, est décevant par rapport à ce qu'il a imaginé. Le tableau est merveilleux dans ma tête. Mais, dès que j'essaie de l'évoquer avec des mots, sur le papier, il s'appauvrit, il se dégrade. Un fossé sépare ce que j'ai voulu de ce que j'ai écrit. Toute œuvre achevée n'est qu'un à-peu-près de l'œuvre rêvée.

Lorsque vous décrivez un personnage, quels sont les aspects sur lesquels vous insistez ?

Sur ceux qui peuvent le rendre vivant, irremplaçable aux yeux du lecteur. Parfois, un seul trait de la physionomie, un tic anodin, suffisent à caractériser un individu. Tchekhov affirmait que, pour décrire un paysage au clair de lune, il suffisait d'évoquer le reflet de cette lune sur un tesson de bouteille. Le détail, le détail, il n'y a que cela de vrai !

6 Quand estimez-vous que la description d'un milieu ou d'un personnage est réussie ?

Quand je me rends compte qu'en la surchargeant je fatiguerais l'attention du lecteur. L'art suprême de Tolstoï est d'avoir créé des « héros ordinaires », si je puis dire, des hommes, des femmes, qu'on pourrait rencontrer dans la rue, dans un salon, sans les remarquer, et cependant ils sont uniques, inoubliables. Ils n'ont pas besoin d'être des monstres pour exister avec autant de chaleur que s'ils étaient vivants. Ça, c'est le génie !

7 La documentation joue-t-elle un grand rôle dans votre travail ?

Oui, lorsqu'il s'agit d'un roman historique. Mais même là, il ne faut pas que la documentation envahisse le récit. Le romancier doit résister à la tentation de faire entrer de force, dans son texte, toutes les informations qu'il a recueillies en fouillant les bibliothèques.

8 Quel conseil donneriez-vous à un enfant de onze ans qui désire devenir écrivain ?

Lire, lire avec passion, avec ivresse... Lorsque j'avais cet âge et que je rêvais d'un avenir littéraire, j'avais imaginé une méthode pour améliorer mon style. Chaque soir, je lisais une page de Flaubert, ou de Maupassant, ou de Daudet, et j'essayais ensuite de la récrire de mémoire. Après quoi, comparant les deux textes, je cherchais à comprendre pourquoi ma version personnelle était tellement inférieure à l'original. De plus, avant de me mettre au lit, je feuilletais le petit dictionnaire Larousse pour enrichir mon vocabulaire. Je vous assure que ce sont là deux exercices utiles et captivants !

9 Quand vous rédigiez un devoir de français, faisiez-vous un brouillon ?

Toujours ! Et aujourd'hui encore mes manuscrits sont repris dix fois, couverts de rajouts, de ratures. La perfection ne s'obtient qu'à force de sévérité et de patience. Si on se plie à cette discipline dans son enfance, on en retire le bénéfice tout au long de sa vie.

Entretien recueilli par Évelyne Amon et Yves Bomati le 3 octobre 1989.

1. Les hommes et les animaux

OBSERVONS

QU'EST-CE QU'UN PORTRAIT ?

Saoud le Rifain

Sur la place du marché de Tanger, au Maroc, des personnages pittoresques se côtoient. Parmi eux, un jeune homme descendu du Rif, ces montagnes élevées qui bordent la côte méditerranéenne du Maroc...

« Il était plus grand que tous les autres, et encore plus élancé, dit Bachir. Il avait la poitrine dure, la ceinture mince, les jambes longues et la démarche la plus noble. Autour de son cou, fin et robuste, tombaient jusqu'aux épaules des cheveux noirs et luisants, et sauvages. Je ne vous ai pas encore parlé de sa bouche large, aux lèvres bien serrées, ni de ses yeux si perçants et immobiles. Mais à quoi bon ? Qui n'a point connu Saoud ne peut connaître la force et la beauté de l'orgueil chez un homme libre.

« Et, n'attendant pitié de personne au monde, il n'en portait non plus pour personne. Et pas davantage pour moi. Et voilà ce qui m'a tant attaché à Saoud. Les amis que je me suis faits, vrais croyants ou infidèles[1], ils ont tous commencé par me plaindre. C'est toujours dans la charité qu'ils m'ont d'abord accueilli, parce que j'étais mendiant et deux fois difforme[2].

« Tous, mais non pas Saoud. Il n'a que dégoût pour les estropiés, et plutôt que de jeter l'aumône[3] à une main tendue, il la trancherait de son poignard. Croyez-moi, la misère et l'infirmité n'ont en rien attendri Saoud le jour où il m'a porté quelque bienveillance[4]. »

JOSEPH KESSEL,
le Petit Âne blanc,
Éd. Gallimard.

1. ici, musulmans ou chrétiens.
2. infirme.
3. faire la charité.
4. ici, quelque amitié.

1. Interrogez le texte

a/ La lecture du texte
Quelles expressions ou quelles phrases de ce texte allez-vous mettre en relief ?

b/ L'intérêt du texte
Qui est Bachir ? Relevez une phrase qui nous renseigne à son sujet.

c/ Le lieu
Saoud et Bachir vivent au Maroc.
Où se trouve ce pays ?
Qu'est-ce qu'un *Rifain* ?

d/ L'expression
Expliquez l'expression suivante :
n'attendant pitié de personne (l. 9).

2. L'observation d'un portrait

a/ Le narrateur
Qui décrit Saoud ? Est-ce son ami ou son ennemi ? Citez le texte.

b/ Portrait physique et caractère
Quelles phrases tirées du texte nous renseignent sur le physique de Saoud ? Lesquelles nous font comprendre son caractère ?
La phrase : *Il n'a que dégoût pour les estropiés* (l. 15-16) nous révèle-t-elle une qualité ou un défaut chez Saoud ? Justifiez votre réponse.

c/ L'impression produite
Quelle impression produit Saoud sur Bachir ? Citez le texte.
Aimeriez-vous rencontrer Saoud ? Pourquoi ?

Le Marocain Amido, 1912, peinture de Henri Matisse (1869-1954), partie gauche d'un triptyque (146 × 162 cm).
Léningrad, Musée de l'Ermitage. © Succession H. Matisse.

259

APPROFONDISSONS

L'ART DU PORTRAIT

Une fille de mon âge

C'était une fille de mon âge, mais qui ne ressemblait en rien à celles que j'avais connues.
Sur de longues boucles d'un noir brillant, elle portait une couronne de coquelicots, et elle serrait sur son cœur une brassée de blanches clématites[1], mêlées d'iris des collines et de longues digitales roses.

Immobile et silencieuse, elle me regardait toute pâle ; ses yeux étaient immenses, et violets comme ses iris.

Elle ne paraissait ni effrayée ni surprise, mais elle ne souriait pas, et elle ne disait rien, aussi mystérieuse qu'une fée dans un tableau.

Je fis un pas vers elle : elle sauta légèrement sur le tapis de thym.

Elle n'était pas plus grande que moi, et je vis que ce n'était pas une fée, car elle avait aux pieds des sandales blanches et bleues comme les miennes.

Sérieuse, et le menton levé, elle me demanda :
« Quel est le chemin qui mène aux Bellons ? »

Elle avait une jolie voix, toute claire, une espèce d'accent pointu[2], comme les vendeuses des Nouvelles Galeries, et ses larges yeux étaient rigoureusement pareils.

Je répondis aussitôt :
« Tu t'es perdue ? »

Elle fit un pas en arrière, en me regardant à travers ses fleurs.
« Oui, dit-elle, je me suis perdue, mais ce n'est pas une raison pour me tutoyer. Je ne suis pas une paysanne. »

Je la trouvai bien prétentieuse, et j'en conclus qu'elle était riche, ce qui me parut confirmé par la propreté et l'éclat de ses vêtements. Ses chaussettes blanches étaient bien tirées, sa robe bleue brillait comme du satin, et je vis, à travers ses fleurs, qu'elle portait autour du cou une petite chaîne d'or qui soutenait une médaille.

« Eh bien, dit-elle, de quel côté ? »

Je lui montrai de la main, au bout du vallon, la patte d'oie[3] de trois sentiers, et je dis :
« C'est celui de droite.

1. plante grimpante.

2. accent du Nord de la France.

3. carrefour qui ressemble à la patte d'une oie.

DÉCRIRE

— Merci. »

Je la regardai s'éloigner : elle avait de jolis mollets ronds (comme les riches) et ses iris dépassaient sa tête.

Je montai vers la vigne de Niéni. Les raisins n'étaient pas encore mûrs, mais après quelques recherches, je découvris trois grappes presque noires. [...]

J'en étais à la moitié de ma première grappe lorsqu'à travers la haie, je vis le bouquet qui revenait vers moi.

Délibérément, je lui tournai le dos, et je continuai ma picorée.

Je l'entendis traverser la haie, puis elle appela.

« Psstt... »

Je ne bougeai pas.

Elle recommença.

« Psstt ! Psstt ! »

Je me retournai.

« C'est vous qui faites ce bruit ?

— Je vous appelle ! dit-elle, sur un ton assez vif.

— Vous n'avez pas trouvé le chemin ? »

Elle me répondit, indignée :

« Vous savez bien qu'il est barré par d'énormes toiles d'araignée ! Il y en a au moins quatre ou cinq, et la plus grosse a voulu me sauter à la figure !

— Vous n'avez qu'à contourner les toiles. Le vallon est assez large pour ça !

— Oui, mais il faudrait marcher dans ces hautes herbes (elle désignait les fenouils) et ça serait encore plus dangereux ! J'ai vu courir un animal énorme, qui était long et vert ! »

Elle me regardait d'un air plein de reproches comme si j'étais le responsable de la sécurité de ces territoires. Je compris qu'elle avait vu un limbert[4], mais parce qu'elle m'agaçait, je dis, d'un air tout à fait naturel :

« Ce doit être un serpent. Ici, c'est le vallon des serpents. Ils se nourrissent de rats ; et comme il y a beaucoup de rats, ça fait qu'il y a beaucoup de serpents. » [...]

Sans bouger d'un pas, je feignis d'examiner de très près ma grappe de raisin, comme si je considérais que la conversation était terminée. Après un long silence, elle dit sur un ton sarcastique :

« Quand un garçon est galant, il n'abandonne pas une demoiselle dans un endroit aussi dangereux. »

4. sorte de lézard.

MARCEL PAGNOL,
le Temps des secrets, Éd. Pastorelly.

1. Interrogez le texte

a/ L'auteur et son époque
Recherchez dans un dictionnaire des renseignements sur Marcel Pagnol. Citez trois de ses œuvres.

b/ L'intérêt du texte
Résumez brièvement les événements de ce passage.

c/ Le lieu et le temps
Relevez dans tout le texte les noms des végétaux (fleurs, fruits, plantes).
Quelles indications ce relevé nous donne-t-il sur le lieu et la saison de la rencontre ?

2. L'art du portrait

a/ Le narrateur
Qui raconte cette rencontre ? le garçon ou la fillette ? En quoi cette information a-t-elle une grande importance ?

b/ Le portrait physique
Quelle est l'allure générale de la fillette ? Citez quelques adjectifs du texte à l'appui de votre réponse.
Quels détails de son physique ce portrait retient-il ? Citez le texte. Dans quel ordre sont-ils évoqués ?

Pensez-vous, comme le narrateur, qu'elle appartient à une famille *riche* (l. 25) ? Justifiez votre réponse.
Qui est désigné par l'expression : *le bouquet* (l. 41) ?

c/ Le caractère
Sur quel ton la fillette s'adresse-t-elle au garçon lors de leur première rencontre ? lors de leur seconde rencontre ?
Que pouvez-vous en déduire sur son caractère ?
Quels sont ses défauts les plus évidents ? A-t-elle des qualités, d'après l'auteur ?
Qu'apprend-on, dans la dernière réplique, sur son caractère (l. 71-72) ?

d/ Les couleurs
Relevez tout au long du texte les notations de couleurs. Qu'apportent-elles à cet extrait ?

e/ L'émotion
Le garçon est-il intrigué par la fillette ? Citez le texte.
Comment le garçon laisse-t-il paraître son plaisir d'avoir rencontré la fillette ?

f/ Le choix des temps
Quels sont les temps principaux employés dans ce texte ?

3. Conclusion

Ordonnez l'ensemble de vos remarques dans la grille suivante :

Portrait physique		Caractère (ou portrait moral)		
Allure générale	Traits physiques	Qualités	Défauts	Signes particuliers

A la lumière de cette grille, dites quelle est la colonne la plus remplie, la moins remplie.

Sur quel aspect de la fillette l'auteur insiste-t-il le plus ?

EXERÇONS - NOUS

L'illustre Puff

Beauty est la plus belle des chattes londoniennes. Sa maîtresse Arabelle lui a donné la meilleure éducation, ce qui peut lui faire espérer un des plus beaux partis de la capitale.

1. membre de la chambre des Lords.
2. chat aux poils longs et soyeux.

Enfin, un jour, un vieux pair¹ d'Angleterre lui dit en me voyant : « Vous avez une bien jolie Chatte, elle vous ressemble, elle est blanche, elle est jeune, il lui faut un mari ; laissez-moi lui présenter un magnifique Angora² que j'ai chez moi. »

Illustration de J.J. Grandville, 1867.

3. mot créé par Balzac, ici, de la Chambre des Lords.

4. résidence du roi et de son entourage.

5. Puff est sans doute, très gourmand.

6. fausse.

7. corpulence.

8. grand parc au centre de Londres.

9. sans que je le sache.

10. région anglaise, inventée par l'auteur; domaine des chats.

Trois jours après, le pair amena le plus beau Matou de la Pairie³. Puff, noir de robe, avait les plus magnifiques yeux, verts et jaunes, mais froids et fiers. Sa queue, remarquable par des anneaux jaunâtres, balayait le tapis de ses poils longs et soyeux. Peut-être venait-il de la maison impériale d'Autriche, car il en portait, comme vous voyez, les couleurs. Ses manières étaient celles d'un Chat qui a vu la cour⁴ et le beau monde. Sa sévérité, en matière de tenue, était si grande, qu'il ne se serait pas gratté, devant le monde, la tête avec la patte. Puff avait voyagé sur le continent. Enfin il était si remarquablement beau, qu'il avait été, disait-on, caressé par la reine d'Angleterre. Moi, simple et naïve, je lui sautai au cou pour l'engager à jouer ; mais il s'y refusa sous prétexte que nous étions devant tout le monde. Je m'aperçus alors que le pair d'Angleterre devait à l'âge et à des excès de table⁵ cette gravité postiche⁶ et forcée qu'on appelle en Angleterre *respectability*. Son embonpoint⁷, que les hommes admiraient, gênait ses mouvements. Telle était sa véritable raison pour ne pas répondre à mes gentillesses : il resta calme et froid sur son *innommable,* agitant ses barbes, me regardant et fermant parfois les yeux. Puff était, dans le beau monde des Chats anglais, le plus riche parti pour une Chatte née chez un ministre : il avait deux valets à son service, il mangeait dans de la porcelaine chinoise, il ne buvait que du thé noir, il allait en voiture à Hyde Park⁸ et entrait au parlement. Ma maîtresse le garda chez elle. A mon insu⁹, toute la population féline de Londres apprit que miss Beauty du Catshire¹⁰ épousait l'illustre Puff, marqué aux couleurs d'Autriche.

HONORÉ DE BALZAC,
Peines de cœur d'une chatte anglaise.

L'univers des fables

a / Le portrait physique de Puff
Pourquoi Puff est-il si célèbre ?
Justifiez l'expression : *Il était si remarquablement beau* (l. 14).
Qu'est-ce qu'un *innommable* (l. 22) ? Que pensez-vous de cette expression dans ce texte ?

b / Le caractère de Puff
Relevez quelques informations sur le caractère de *l'illustre Puff.*

Montrez que Puff est véritablement un chat anglais.
Que pense de lui Beauty ? Citez le texte.

c / Du monde des animaux à celui des humains
Comme dans les fables de La Fontaine, Balzac se sert des animaux pour peindre les hommes.
Réalisez le portrait de Monsieur Puff qui correspondrait chez les hommes à *l'illustre Puff* de Balzac : vous décrirez autant son aspect physique que son caractère.

Miniature, École Moghole vers 1660, Paris, Bibliothèque Nationale.

Une étrange énigme

Charu est la fille de riches propriétaires bengalis[1] (en Inde).

1. le Bengale a pour capitale Calcutta, à l'est de l'Inde.

Charu était la seule enfant de ses parents, la seule à avoir droit à leur affection. Ses caprices et ses fantaisies ne connaissaient pas de bornes. Elle avait ses petites idées pour ses vêtements et ses parures, mais ses idées changeaient constamment. Aussi, quand elle était invitée chez des amis, sa mère était au supplice jusqu'à la dernière minute à la pensée qu'une chose impossible pourrait lui passer par la tête. Si par hasard elle n'aimait pas la manière dont elle était coiffée, c'était en vain qu'on recommençait. Tous les efforts se terminaient par une crise de larmes. Il en était de même pour toutes choses. Quand toutefois elle était de bonne humeur, elle était tout à fait charmante. Alors elle couvrait de baisers sa mère, l'embrassait avec une affection exubérante et la distrayait avec son incessant bavardage et ses rires. En un mot ce petit bout de fille était une étrange énigme.

RABINDRANATH TAGORE,
le Vagabond,
traduit du bengali par Christine Bossennec et Kamaleswar Bhattacharya,
Éd. Gallimard.

Un portrait incomplet

a/ Le portrait de Charu
Pourquoi Charu est-elle si désagréable ? Citez l'un de ses caprices.
Qu'est-ce qu'*une affection exubérante* (l. 12) ? Comment se manifeste-t-elle chez Charu ?
Aimeriez-vous être l'ami(e) de Charu ? Justifiez votre réponse.

b/ Complétez le portrait de Charu
Est-ce son portrait physique ou moral que l'auteur nous donne dans cette page ?
Dessinez le portrait physique de Charu.

A vous de rédiger !

Rédigez le portrait physique et moral de votre animal préféré. Pour vous aider, vous pouvez compléter la grille ci-dessous, après l'avoir recopiée sur votre cahier.

▼

Portrait physique	
Allure générale	Traits physiques

Caractère (ou portrait moral)		
Qualités	Défauts	Signes particuliers

De l'illustration au texte

Patricia Kaas.

A partir de la photo ci-dessus, rédigez le portrait physique de Patricia Kaas. Inventez-lui ensuite un portrait moral.

2. Les lieux et les choses

OBSERVONS

QU'EST-CE QU'UNE DESCRIPTION ?

Une surprise pour le petit Lord

A la mort de son père, Cédric hérite du titre de Lord Fauntleroy. Appelé en Angleterre par son grand-père, l'orgueilleux comte de Dorincourt, pour y recevoir une éducation digne de son rang, il quitte New York accompagné de sa mère qu'il appelle Chérie. Le voici en compagnie de Dawson, la gouvernante, dans le château de ses ancêtres, le premier matin de sa nouvelle vie...

Lorsque Cédric entra, pour y déjeuner, dans la pièce voisine qui était de grandes dimensions et qu'il apprit qu'elle était suivie d'une autre qui faisait également partie de son appartement, le sentiment de sa petitesse[1] le reprit au point qu'il le confia à Dawson en s'asseyant devant la table où était disposé le joli service à déjeuner.

1. petite taille.

— Je suis bien petit, lui dit-il d'un air songeur, pour vivre dans un si grand château et avoir tant de pièces à moi, ne trouvez-vous pas ?

— Allons, allons ! dit Dawson, vous vous sentez un peu dépaysé pour commencer, voilà tout. Mais cela passera vite, et vous vous plairez beaucoup ici. C'est un si beau château !

— C'est un très beau château, assurément, dit Fauntleroy avec un petit soupir, mais je m'y plairais beaucoup plus si Chérie ne me manquait pas tant. Je prenais toujours mon petit déjeuner avec elle le matin ; je mettais le sucre et le lait dans son thé, et je lui beurrais ses tartines. C'était bien plus agréable que de déjeuner tout seul.

— Eh bien ! dit Dawson d'un ton réconfortant, vous savez que vous pouvez voir votre maman tous les jours, et vous aurez des quantités de choses à lui raconter. [...] Mais, j'y pense, vous n'avez même pas encore jeté un coup d'œil dans la pièce à côté !

— Qu'est-ce qu'il y a dedans ? demanda Fauntleroy.

— Dès que vous aurez déjeuné, vous irez voir, dit Dawson.

Illustrations de Honor-C-Appleton pour *Josette, maîtresse d'école*, de H.C. Cradock, Éd. Nathan, 1935. Droits réservés.

Sa curiosité ainsi excitée, Cédric se mit en devoir d'absorber son déjeuner. A en juger par l'air important et mystérieux de Dawson, il devait y avoir quelque chose de très intéressant dans la pièce voisine.

— Maintenant, j'ai fini, annonça-t-il quelques minutes plus tard en se laissant glisser de son siège. Puis-je aller voir?

Dawson fit oui de la tête et se dirigea vers la porte avec un air plus important et plus mystérieux que jamais.

Cédric commençait à être vraiment intrigué. Dawson ayant ouvert la porte, il s'avança et s'arrêta sur le seuil, émerveillé. Il ne dit rien : il mit seulement ses mains dans ses poches, et, rouge comme une pivoine[2], demeura immobile à regarder de tous ses yeux. C'était de surprise et de ravissement qu'il avait rougi. Le spectacle était tel qu'il n'aurait pu manquer de surprendre n'importe quel petit garçon.

Cette pièce était aussi de vastes dimensions, et elle parut à Cédric encore plus belle que les autres, bien que dans un genre différent. Les meubles n'étaient pas anciens et massifs comme ceux des appartements du rez-de-chaussée. Les rideaux, les tapis et les tentures étaient de teintes plus gaies. On y voyait des rayons pleins de livres, et sur les tables étaient disposés toutes sortes de jouets — et de beaux jouets ingénieux, pareils à ceux que Cédric avait contemplés avec émerveillement dans les vitrines des magasins de New York.

— Quelle belle salle de jeux! dit-il enfin quand il eut retrouvé son souffle. A qui tous ces jouets appartiennent-ils?

— Allez les regarder, dit Dawson. Ils sont à vous!

— A moi! s'écria-t-il; à moi! C'est sûr qu'ils sont à moi? Qui est-ce qui me les a donnés?

Et il bondit en avant avec un petit cri de joie. Cela lui semblait trop beau pour être vrai.

— Ce doit être grand-papa! fit-il soudain, les yeux brillants comme des étoiles; je parie que c'est grand-papa.

— Oui, c'est Sa Seigneurie, dit Dawson. Et si vous êtes un petit monsieur bien sage, bien gentil et toujours content, M. le comte vous donnera tout ce que vous lui demanderez.

Frances-H. BURNETT,
le Petit Lord Fauntleroy,
traduit de l'anglais par Ch. et M.-L. Pressoir, Éd. Gallimard.

2. fleurs aux multiples pétales.

1. Interrogez le texte

a/ Les idées du texte
La scène se passe dans un château anglais. Relevez en fin de texte des expressions montrant que le comte de Dorincourt vit encore avec les vieilles traditions.

b/ Les personnages
Faites le portrait de Dawson. Sur quel aspect de son caractère l'auteur s'attarde-t-il?
Comment Cédric réagit-il à sa nouvelle richesse? Citez le texte.

c/ L'expression

Quels sentiments traduisent les points d'exclamation des lignes 12, 21, 46, 49?
Par quelles expressions l'auteur marque-t-il l'excitation grandissante de Cédric?

2. L'étude d'une description

a/ Le plan du texte

Retrouvez les deux parties du texte dont les titres sont les suivants :
— Conversations durant le petit déjeuner;
— La pièce aux merveilles.
Pour chaque partie vous donnerez les lignes correspondantes.
A quel moment précis du texte Dawson excite-t-elle la curiosité de Cédric?

b/ Le choix d'un décor

Où se situe la scène? Relevez quelques mots et expressions qui le précisent.
Pourquoi la pièce parut-elle à Cédric *encore plus belle que les autres* (l. 39)?

c/ Le plaisir de la découverte

Pourquoi le petit Lord ne se précipite-t-il pas immédiatement sur les jouets?
Comment le narrateur exprime-t-il la joie de Cédric? de Dawson?

3. Conclusion

Quelle impression générale retirez-vous de ce texte?
Quelles sont les couleurs dominantes de cette description? Sont-elles gaies ou tristes?
Aimeriez-vous être à la place de Cédric?

Illustration de Honor-C-Appleton pour *Josette, maîtresse d'école*, de H.C. Cradock, Éd. Nathan, 1935. Droits réservés.

APPROFONDISSONS

L'ART DE LA DESCRIPTION

Les derniers jours de Pompéi

Pompéi était une cité antique où les riches Romains venaient se reposer, tout près de Naples, loin de l'agitation de la Rome impériale. Le 24 août 79, le Vésuve, au pied duquel la ville était bâtie, entrait en éruption. Un nuage mortel se répandit sur la ville. Progressivement, les cendres et les laves ensevelirent toute vie...

Le nuage qui avait répandu une si profonde obscurité sur le jour s'était condensé[1] en une masse solide et impénétrable. Il ressemblait moins aux ténèbres de la nuit en plein air qu'à celles d'une chambre étroite où la lumière ne pénètre pas ; mais à mesure que ces ténèbres augmentaient, les éclairs qui partaient du Vésuve étaient plus formidables et plus lumineux. Leur horrible beauté ne se bornait pas aux couleurs habituelles du feu ; jamais arc-en-ciel n'égala leurs teintes changeantes et variées. Tantôt elles paraissaient bleues comme l'azur le plus profond de la mer du Sud, tantôt vertes et livides comme la peau d'un serpent. Les éclairs affectaient[2] parfois la forme et les replis de ces énormes reptiles ; d'autres fois c'était un rouge ardent et intolérable, qui, éclatant à travers des colonnes de fumée, illuminait la ville entière, puis expirait[3] tout à coup, devenant sombre et pâle comme un fantôme de lumière. [...]

Plus le jour s'avançait, plus l'agitation de la terre était sensible : le piéton chancelait sur le sol ; ni char ni litière[4] ne pouvaient se tenir en équilibre, même sur le terrain le plus uni.

On voyait les plus larges pierres se choquer les unes contre les autres en tombant, se rompre en mille morceaux et lancer d'immenses étincelles qui embrasaient tout ce qui se trouvait de combustible[5]

1. s'était resserré.

2. prenaient.

3. disparaissait.

4. lit couvert porté par des hommes, au moyen de brancards.

5. propre à être brûlé.

à leur portée : le long des plaines, hors de la ville, l'obscurité fut dissipée un moment d'une façon terrible ; plusieurs maisons et des vignobles entiers étaient la proie des flammes. Ces incendies éclataient tout à coup au milieu des ténèbres. Pour ajouter à cette clarté intermittente[6], les citoyens avaient çà et là, sur les places publiques, particulièrement sous les portiques[7] des temples et aux entrées du Forum[8], essayé de placer des rangées de torches ; mais les pluies de feu et les vents les éteignaient, et l'obscurité n'en paraissait ensuite que plus redoutable. [...]

Fréquemment, à la lumière momentanée de ces torches, des groupes de fugitifs se rencontraient, les uns fuyant vers la mer, les autres fuyant de la mer vers les campagnes. [...]

Désordonnés, éperdus[9], remplis de craintes surnaturelles, ces groupes passaient à côté les uns des autres sans avoir le loisir de se parler, de se concerter[10], de se conseiller : car les pluies tombaient alors, non pas continuellement, mais à des intervalles si rapprochés, qu'elles éteignaient leurs torches et les forçaient à se disperser pour chercher un abri. Ils n'avaient que le temps de voir leurs faces semblables à celles des ombres. Tous les éléments de la civilisation étaient détruits ; le voleur chargé de butin et riant, à gorge déployée, du profit que lui promettaient ces dépouilles, passait sans crainte à côté du solennel magistrat[11]. Si dans l'ombre une femme était séparée de son mari, un père de son enfant, toute espérance de se retrouver était vaine. On se pressait, on s'enfuyait au hasard.

E.-G. BULWER-LYTTON,
les Derniers Jours de Pompéi,
traduction par H. Lucas, Éd. Presses Pocket.

6. discontinue.
7. les colonnades.
8. place publique.
9. affolé.
10. se réunir pour réfléchir.
11. qui s'occupe de rendre la justice.

1. Interrogez le texte

a/ La lecture du texte
De combien de paragraphes est constitué ce texte ?
Les phrases sont-elles plutôt longues ou courtes ?

b/ Le plan du texte
Complétez le plan proposé ci-dessous :
1re partie (l. 1 à 15) : lumières violentes sur Pompéi.
2e partie (l. 16 à 30) : ....
3e partie (l. 31 à 45) : ....

c/ Les idées du texte
Pourquoi le voleur rit-il en frôlant le magistrat (l. 41 à 43) ?
Que pensez-vous de cette situation ?

d/ L'époque et le lieu
Où se situe l'action décrite dans le texte ?
Relevez deux mots qui nous indiquent que l'action se déroule au temps des Romains.
Combien d'années nous séparent de l'éruption du Vésuve ?

e/ Le vocabulaire
Expliquez l'expression *horrible beauté* (l. 7).

L'éruption du Vésuve, gravure XIXᵉ s.

2. L'art de la description

a/ La vision d'ensemble
Quelle atmosphère générale se dégage de ce passage ? Citez les moments importants du texte.

b/ Le choix des détails
Pourquoi l'auteur ne s'attache-t-il pas à décrire avec minutie les ruines de Pompéi ? Que dépeint-il plutôt ?
Qui désigne-t-il par l'emploi des *on* aux lignes 19 et 45 ?

c/ La lumière et les couleurs
Quelles sont les couleurs dominantes de cette description :
— dans la 1ʳᵉ partie,
— dans la 3ᵉ partie ?
Relevez quelques noms ou adjectifs du texte à l'appui de votre réponse.

d/ L'emploi des temps
A quel temps sont les verbes suivants : *augmentaient* (l. 5), *embrasaient* (l. 21) ?
Pourquoi l'auteur a-t-il choisi ce temps dans ses descriptions ?

3. Conclusion

En quoi l'illustration et le texte sont-ils complémentaires ?

EXERÇONS-NOUS

Une mystérieuse planète

La planète ressemblait étrangement à la Terre. Cette impression s'accentuait à chaque seconde. Je distinguais maintenant à l'œil nu le contour des continents. L'atmosphère était claire, légèrement colorée d'une teinte vert pâle, tirant par moments sur l'orangé, un peu comme dans notre ciel de Provence au soleil couchant. L'Océan était d'un bleu léger, avec également des nuances vertes. Le dessin des côtes était très différent de tout ce que j'avais vu chez nous, quoique mon œil enfiévré[1] [...] s'obstinât follement à découvrir, là aussi, des similitudes[2]. Mais la ressemblance s'arrêtait là. Rien, dans la géographie, ne rappelait notre ancien ni notre nouveau continent.

Rien? Allons donc! L'essentiel au contraire! La planète était habitée. Nous survolions une ville. [...]

Mais nous devions atterrir bien loin de là. Notre course nous entraîna d'abord au-dessus de champs cultivés, puis d'une forêt épaisse, de teinte rousse, qui rappelait notre jungle équatoriale. Nous étions maintenant à très basse altitude. Nous aperçûmes une clairière d'assez grandes dimensions, qui occupait le sommet d'un plateau, alors que le relief environnant était assez tourmenté. Notre chef décida de tenter l'aventure et donna ses derniers ordres aux robots. Un système de rétrofusées entra en action. Nous fûmes immobilisés quelques instants au-dessus de la clairière, comme une mouette guettant un poisson.

Ensuite, deux années après avoir quitté notre Terre, nous descendîmes très doucement et nous nous posâmes sans heurt au centre du plateau, sur une herbe verte qui rappelait celle de nos prairies normandes.

PIERRE BOULLE,
la Planète des singes, Livre de poche.

1. pris de fièvre.
2. ressemblances.

Une approche en douceur

a/ Montrez que l'auteur décrit la mystérieuse planète comme s'il s'en approchait dans un vaisseau spatial. Citez le texte à l'appui de votre réponse.

b/ Quelles expressions nous permettent de la découvrir dans son ensemble?

c/ Quels détails nous permettent d'en avoir une vue plus précise?

Starhammer, peinture de Tim White, 1986.

d/ Cette planète ressemble-t-elle à la Terre ? Relevez quelques comparaisons que l'auteur établit avec la Terre.

e/ A l'aide des réponses précédentes, remplissez la grille suivante :

	Couleurs	Formes	Comparaisons	Autres remarques
Vue d'ensemble				
Vue rapprochée				

275

Le maître de la vallée sanglante

Zâfer, fils de roi, déshérité par son père, part sur les routes de l'Orient...

Il parvint bientôt à une vallée plus belle encore que la première, pleine d'arbres et de fleurs. Il descendit aussitôt vers la rivière et il aperçut sur l'autre rive sept tentes rondes ; à la porte de chacune d'elles un sabre était pendu ; tout auprès, un cheval de noble race était attaché. Plus loin, s'élevait un château dont la description est au-dessus de l'effort de l'homme le plus éloquent. Le prince traversa la rivière, et il approchait de l'une des tentes, quand la toile qui la fermait se souleva, et un jeune homme parut sur le seuil, semblable à la branche ou à la tige élancée du bambou. « Salut à toi ! cria-t-il ! Qui es-tu, toi dont la folie te fait courir à ta perte ? Ignores-tu le nom du maître de ce château ? – Dis-le-moi, répondit Zâfer, et je le connaîtrai. – Son nom est Souyéïd ben Amer ben Madin es Sama, maître de la vallée sanglante. – Es-tu l'un de ses guerriers ? demanda le prince. – Non, nous sommes des chercheurs de vengeance. » Le prince, étonné, le pria de s'expliquer, et le jeune homme lui conta qu'il avait sept frères, fils d'un même roi, que le terrible Souyéïd avait enlevé leur sœur, dans le château même de leur père, et qu'ils s'étaient mis en campagne pour la reprendre ou mourir.

Les Cent et Une nuits,
traduit de l'arabe par M. Gaudefroy-Demombynes, Éd. Sindbad.

Une description impossible

a/ Une situation terrible
Que nous révèle le jeune homme sur le propriétaire du château ?
Qu'est-il arrivé à sa sœur ?

b/ Un château étonnant
Pourquoi, d'après vous, la description du château serait *au-dessus de l'effort de l'homme le plus éloquent* (l. 6) ? Compte tenu de son propriétaire, à quoi ce château devrait-il ressembler ? Dans quel paysage se situe-t-il ? Dans quel pays ?

c/ Réaliser une description
En fonction du texte, décrivez ce château tel que vous l'imaginez.
Choisissez : sa forme générale, ses couleurs dominantes et secondaires, les matériaux utilisés pour sa construction. N'oubliez pas d'en décrire l'extérieur et l'intérieur : possède-t-il des tours, des donjons, des dômes, des escaliers, des terrasses, des statues, des salles d'armes ou des salons, des cheminées... ?

Le paysage au bout du monde

Voici une grille incomplète qui va vous servir à rédiger une description sur le sujet suivant : « Un paysage au bout du monde ».

	Sujet principal	Éléments secondaires (ou caractéristiques)					
	jardin	palmier	oranger	amandier	ruisseau, lac	oiseau	autres...
Adjectifs exprimant la forme	carré	élancé		joufflu			
Adjectifs exprimant la couleur			fleuri		gris-perle	bariolé	
Autres qualificatifs						voltigeur	
Verbes							

a/ Quel est le sujet principal de la description ? Quels sont ses éléments caractéristiques ?

b/ Remplissez comme vous le désirez certaines cases vides de la grille dans l'ordre suivant :
— les formes,
— les couleurs,
— les autres qualificatifs.

Attention ! Certaines cases ont déjà été remplies à titre d'exemples ; vous pouvez imaginer d'autres mots à leur place.

Ne remplissez pas les cases « verbes » pour l'instant.

c/ En vous aidant de la grille remplie, rédigez une courte description de ce « paysage au bout du monde ». Vous utiliserez le présent de l'indicatif.

d/ Complétez alors la grille en lui rajoutant les verbes que vous avez utilisés.

e/ Transformez votre texte en employant l'imparfait de l'indicatif. Préférez-vous votre description au présent ou à l'imparfait de l'indicatif ? Pourquoi ?

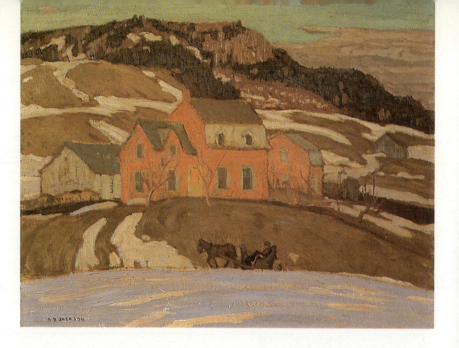

Printemps hâtif, peinture de Alexandre Young Jackson, 1923. (54 × 66,7 cm). Ottawa, Musée des Beaux-Arts du Canada.

L'été canadien

Après cela, c'était l'été : l'éblouissement des midis [...], la montée de l'air [...] qui faisait vaciller l'horizon et la lisière du bois, les mouches tourbillonnant dans la lumière, et à trois cents pas de la maison les rapides et la chute — écume [...] sur l'eau [...] –, dont la [...] vue répandait une fraîcheur [...]. Puis la moisson, le grain [...] s'empilant dans les granges, l'automne, et bientôt l'hiver qui revenait... Mais voici que miraculeusement l'hiver ne paraissait plus [...] ni [...] : il apportait tout au moins l'intimité de la maison close et au-dehors, avec la monotonie et le silence de la neige amoncelée, la paix, une [...] paix... 10

LOUIS HÉMON,
Maria Chapdelaine,
Éd. Bernard Grasset.

Les adjectifs perdus

En vous aidant de leur genre et de leur nombre, ainsi que de leur sens, rétablissez les adjectifs qui conviennent d'après vous, en puisant dans la liste ci-dessous :

délicieuse, noire, nourricier, grande, détestable, brûlant, blanche, ensoleillés, terrible, seule.

A vous de rédiger !

Traitez au choix un des sujets de rédaction suivants :

- Au cours d'une partie de pêche sous-marine, vous découvrez une épave chargée de biens précieux. Décrivez les fonds sous-marins et faites l'inventaire du trésor.

- La mer ou la montagne ? Décrivez votre coin de vacances préféré.

AIDE MÉMOIRE

Il existe deux types de description :
- **le portrait** où l'on décrit des personnages et des animaux,
- **la description** proprement dite où l'on décrit des lieux et des choses.

■ Le portrait

On distingue :

- **le portrait physique** où le narrateur insiste sur l'allure générale d'un personnage, sa démarche, son regard, son habillement…;
- **le portrait moral** ou caractère où il montre les qualités et les défauts du personnage, son attitude dans la vie quotidienne, les sentiments qu'il inspire aux autres.

■ La description

Elle permet de montrer au lecteur ce que l'on voit.

On y précise **les formes, les couleurs, les matières** qui font l'originalité d'un objet ou d'un paysage.
Le narrateur peut aussi évoquer **les bruits, les odeurs.**

Enfin, une description réussie met en valeur ce que l'on représente et traduit l'émotion de celui qui voit.

TRAVAUX PRATIQUES

Bois gravé d'Hermine David pour « Le Grand Meaulnes » d'Alain-Fournier. Éditions Émile-Paul, 1930.

La fête des enfants

Meaulnes, le héros du roman, a quitté son collège et s'est perdu dans la campagne. Il pénètre enfin dans un domaine où l'on donne un bal masqué somptueux...

Dans les couloirs s'organisaient des rondes et des farandoles. Une musique, quelque part, jouait un pas de menuet... Meaulnes, la tête à demi cachée dans le collet[1] de son manteau, comme dans une fraise[2], se sentait un autre personnage. Lui aussi, gagné par le plaisir, il se mit à poursuivre le grand pierrot à travers les couloirs du domaine, comme dans les coulisses d'un théâtre où la pantomime[3], de la scène, se fût partout répandue. Il se trouva ainsi mêlé jusqu'à la fin de la nuit à une foule joyeuse aux costumes extravagants. Parfois il ouvrait la lanterne magique[4]. Des enfants applaudissaient à grand bruit... Parfois, dans un coin de salon où l'on dansait, il engageait conversation avec quelque dandy[5] et se renseignait hâtivement sur les costumes que l'on porterait les jours suivants...

---

1. col. — 2. collerette plissée que portaient autour du cou les hommes et les femmes du XVIe siècle. — 3. pièce de théâtre mimée. — 4. ancêtre du projecteur à diapositives. — 5. jeune homme à l'habit recherché.

TRAVAUX PRATIQUES

Bois gravé d'Hermine David pour « *Le Grand Meaulnes* » d'Alain-Fournier. Éditions Émile-Paul, 1930.

Un peu angoissé à la longue par tout ce plaisir qui s'offrait à lui, craignant à chaque instant que son manteau entrouvert ne laissât voir sa blouse de collégien, il alla se réfugier un instant dans la partie la plus paisible et la plus obscure de la demeure. On n'y entendait que le bruit étouffé d'un piano.

Il entra dans une pièce silencieuse qui était une salle à manger éclairée par une lampe à suspension. Là aussi c'était une fête, mais fête pour les petits enfants.

Les uns, assis sur des poufs, feuilletaient des albums ouverts sur leurs genoux ; d'autres étaient accroupis par terre devant une chaise et, gravement, ils faisaient sur le siège un étalage d'images ; d'autres, auprès du feu, ne disaient rien, mais ils écoutaient au loin, dans l'immense demeure, la rumeur de la fête.

Une porte de cette salle à manger était grande ouverte. On entendait dans la pièce attenante[6] jouer du piano. Meaulnes avança curieusement la tête. C'était une sorte de petit salon-parloir ; une femme ou une jeune fille, un grand manteau jeté sur ses épaules, tournait le dos, jouant très doucement des airs de rondes ou de chansonnettes. Sur le divan, tout à côté, six ou sept petits garçons et petites filles rangés comme une image, sages comme le sont les enfants lorsqu'il se fait tard, écoutaient. De temps en temps seulement, l'un d'eux, arc-bouté sur les poignets, se soulevait, glissait par terre et passait dans la salle à manger : un de ceux qui avaient fini de regarder les images venait prendre sa place...

ALAIN-FOURNIER,
le Grand Meaulnes.

---
6. la pièce voisine.

TRAVAUX PRATIQUES

1. Interrogez le texte

a/ L'intérêt du texte
Pourquoi cette fête est-elle si étonnante ?

b/ L'organisation du texte
Dans quels lieux successifs Meaulnes pénètre-t-il ?

c/ L'époque
Relevez une expression indiquant que Meaulnes ne vit pas à notre époque.

d/ L'expression
Que signifie l'adjectif *extravagants* (l. 7) ? Employez-le dans une phrase de votre composition.

2. L'art du portrait

a/ Meaulnes
Meaulnes est-il à l'aise durant cette fête ? Relevez quelques détails du texte à l'appui de votre réponse.

b/ Les enfants
Comment les enfants sont-ils habillés ?
D'après vous, sont-ils heureux ? Justifiez votre réponse.

3. L'art de la description

a/ Le choix des détails
A partir des éléments du texte, décrivez le domaine où Meaulnes est entré.

b/ La lumière et les couleurs
Quelles sont les couleurs dominantes du texte ?
Quelle atmosphère dégagent-elles ?

c/ Les bruits
Quels différents sons parviennent aux oreilles de Meaulnes ? Citez le texte.

4. Le plaisir du texte

Quelles impressions retirez-vous de la lecture de ce texte ?
Aimeriez-vous être à la place de Meaulnes ? des enfants ?

5. Rédaction

- Vous vous trouvez parmi les enfants de cette fête mystérieuse. Tout à coup, Meaulnes entre dans le salon. Racontez.

- Décrivez le lieu où vous aimeriez donner un grand bal masqué.

- Vous êtes invité à une soirée costumée. Quel déguisement allez-vous choisir ? Vous le décrirez puis vous raconterez votre soirée.

INDEX DES AUTEURS

ALAIN-FOURNIER (1886-1914), *Le grand Meaulnes*, « La fête des enfants » — 280
ANDERSEN Hans Christian (1805-1875), *Contes, la Petite Sirène*, « Le peuple des Sirènes » — 152
Contes, la Petite Poucette, « Les coquilles » — 49
Contes, la Petite Sirène, « Le château du prince » — 120
ARAGON Louis (1897-1982), *Choix de poèmes*, « Les Poissons noirs » — 90
ARDANT Fanny (née en 1949), Entretien — 202
AYMÉ Marcel (1902-1967), *le Proverbe*, « Rien ne sert de courir » — 98
le Passe-Muraille, « Le passe-muraille » — 57

BACH Richard, *Jonathan Livingston le Goéland*, « Jonathan le Goéland » — 132
BALZAC Honoré de (1799-1850), *Peines de cœur d'une chatte anglaise*, « L'illustre Puff » — 263
le Lys dans la vallée, « La passion des étoiles » — 134
BARRIE James M., *Peter Pan dans les jardins de Kensington*, « Les barreaux » — 154
BEBEY Francis (né en 1929), Entretien — 142
BLIXEN Karen (1885-1962), *Contes d'hiver*, « Un roi à sa fenêtre » — 144
BOMBARD Alain (né en 1924), *Naufragé volontaire*, « Naufragé volontaire » — 53
BOULLE Pierre (né en 1912), *la Planète des singes*, « Une mystérieuse planète » — 274
BULWER-LYTTON E.-G., *les Derniers Jours de Pompéi*, « Les derniers jours de Pompéi » — 271
BURNETT Frances H., *le Petit Lord Fauntleroy*, « Une surprise pour le petit Lord » — 267
BURROUGHS Edgar Rice (1875-1950), *Tarzan, seigneur de la jungle*, « Un singe amoureux » — 94
BUTEN Howard, *Quand j'avais cinq ans, je m'ai tué*, « Le concours d'orthographe » — 122

CARROLL Lewis (1832-1898), *Alice au pays des merveilles*, « La table des matières » — 26
De l'autre côté du miroir, « Le jardin des fleurs vivantes » — 157
CAYROL Jean (né en 1911), *Lectures*, « La pomme » — 15
CENDRARS Blaise (1887-1961), *En voyage, 1887-1923*, « Menus exotiques » — 46
CHÉDID Andrée (née en 1920), Entretien — 178
CICÉRON Marcus Tullius (106-43 av. J.-C.), dans *l'Antiquité en poésie*, « L'épée de Damoclès » — 86
COHEN Brigitte, *Je Bouquine*, juin 1986, « Bouquins à choisir » — 24
COLETTE (1873-1954), *les Vrilles de la vigne*, « Le rossignol prisonnier » — 67

COLLECTION « MONDES ET VOYAGES », *l'Italie*, « Le climat de l'Italie » — 56
COUÉ Jean, *L'Infini des sables*, « Le pays de la soif » — 252
COURTELINE Georges (1858-1929), *Coco et Toto*, « Le petit malade » — 115
CROMPTON Richmal, *l'Insupportable William*, « Les seringas » — 187

DAHL Roald (né en 1916), *le Champion du monde*, « Ce que j'essaie de vous dire » — 43
DAVID Martine, DELRIEU Anne-Marie, *Aux sources des chansons populaires*, « La marquise empoisonnée » — 182
DESNOS Robert (1900-1945), *Destinée arbitraire*, « L'oiseau du Colorado » — 52
Corps et biens, « Élégant cantique de Salomé Salomon » — 214
Destinée arbitraire, « Demi-rêve » — 91
DOLTO Françoise (1908-1988), *la Cause des enfants*, « Les babouches d'Aboukassem » — 38
DUMAINE Geneviève, *le Livre des déserts*, « Le pays de la soif » — 50
DUMAS Alexandre fils (1824-1895), *le Chevalier d'Harmental* — 135
DUTOURD Jean (né en 1920), *Contre les dégoûts de la vie*, « Passionnément » — 32
Entretien — 6

ESCARPIT Robert, *Contes de la Saint-Glinglin*, « Le Jeu de Tire-larigot », « L'anorexia pertinax » — 88

FARÉMONT Henri (adapté par), *la Farce du cuvier*, « La farce du cuvier » — 227
FINEL Gérard, SASSIER Daniel, *Un livre, des hommes*, « L'histoire du papier » — 8
Un livre, des hommes, « A la bibliothèque » — 17
Un livre, des hommes, « Naissance de l'écriture » — 72
FLORIAN (1755-1794), *Fables*, « La Fable et la Vérité » — 199
FOURIER Charles (1772-1837), *Lettres à sa cousine Laure*, « Lettre à Laure » — 213
FRANK Anne (1929-1945), *Journal*, « Une bavarde incorrigible » — 96

GARCIA LORCA Federico (1899-1936), *Romancero gitan et poèmes*, « La fillette au beau visage » — 114
GARIN Christine, *le Monde de l'Éducation*, juin 1988, « Une classe-lecture dans la nature » — 65
GAUDEFROY-DEMOMBYNES N. (traduit par), *les Cent et une nuits*, « Le maître de la vallée sanglante » — 276

GODIN Philippe, *Hergé et Tintin* —— 246
Hergé et Tintin —— 238
l'Aventure du journal Tintin —— 245
l'Aventure du journal Tintin, « Le signor Spaghetti » —— 210
GOLDING William (né en 1911), *Sa Majesté-des-Mouches*, « Les explorateurs » —— 121
GOTLIB Marcel, *Rubrique-à-brac*, « Le prince et la bergère » —— 148
Rubrique-à-brac —— 149
GRIMM Jacob (1785-1863) et Wilhelm (1786-1859), *Contes*, « La clé d'or » —— 192
Contes d'enfants et du foyer, « L'eau de la vie » —— 158
GROENSTEN Thierry, MARTIN Jacques, *Avec Alix* —— 236
GUTH Paul (né en 1910), *Entretien* —— 70

HÉMON Louis (1880-1913), *Maria Chapdelaine*, « L'été canadien » —— 278
HERGÉ (1907-1983), *Tintin*, « Le Sceptre d'Ottokar » —— 236
HIGHSMITH Patricia (née en 1921), *le Nichoir vide*, « Les yeux noirs » —— 138
HUGO Victor (1802-1885), *les Rayons et les Ombres*, XLIV, « Sagesse », « Ô jours de mon enfance » —— 219
Carnets de voyage, « L'Alphabet » —— 76

JACOB Max (1876-1944), *Histoire du roi Kaboul Ier et du marmiton Gauwain*, « L'ambition du marmiton Gauwain » —— 170
JAPRISOT Sébastien (né en 1940), *la Dame dans l'auto avec des lunettes et un fusil* —— 135
JÉROME Jérôme K. (1859-1927), *Trois hommes dans un bateau*, « Privés de dessert ! » —— 126

KESSEL Joseph (1898-1979), *le Petit âne blanc*, « Saoud le Rifain » —— 258

LA FONTAINE Jean de (1621-1695), *Fables*, XVIII, livre VI, « Le Charretier embourbé » —— 224
LAGERLÖF Selma (1858-1940), *le Merveilleux Voyage de Nils Holgersson*, « Les oies » —— 45
LAYE Camara (1928-1980), *l'Enfant noir*, « Le serpent » —— 180
LEBLANC Maurice (1864-1941), *813 : La double vie d'Arsène Lupin*, « Le secret » —— 28
LEMAITRE Maurice, *Lemaître présente le lettrisme*, « Roxana » —— 222

LOTI Pierre (1850-1923), *le Roman d'un enfant*, « Le roman d'un enfant » —— 101
LOUŸS Pierre (1870-1925), *Byblis changée en fontaine*, « La métamorphose de Byblis » —— 156

MAETERLINCK Maurice (1862-1949), *l'Oiseau bleu*, acte II, scène 3, « Le pays du souvenir » 174
MARTIN Jacques, *l'Ile maudite*, « Réunir une documentation » —— 247
MARTIN J., CHAIULLET G., *Lefranc*, « L'oasis » 242
MARY André (adapté par), *le Bel Inconnu*, « Le bel inconnu » —— 128
MAUPASSANT Guy de (1850-1893), *Contes et nouvelles : le père Amable*, « La noce » —— 204
MICHELET Claude, *Rocheflame*, « Tu dors ? » 221
MOLIÈRE (1622-1673), *le Bourgeois gentilhomme*, acte II, scène 4, « La leçon » —— 207

NGUGI WA THIONG'O, *Enfant, ne pleure pas*, « La leçon d'Isaka » —— 58

OWEN Thomas, *la Truie*, « Le paradis sur terre » 110

PAGNOL Marcel (1895-1974), *le Temps des secrets*, « La voie d'Isabelle » —— 216
le Temps des secrets, « Une fille de mon âge » 260
PEF, *Entretien* —— 232
PEIGNOT Gabrielle, *Amusements philologiques*, « La lettre manquante » —— 49
PELOT Pierre, *Je suis la mauvaise herbe*, « Journal de vacances » —— 92
PEREC Georges (1936-1982), *la Boutique obscure*, « Mes chaussures » —— 196
PERRAULT Charles (1628-1703), *Contes, La Barbe bleue*, « La barbe bleue » —— 55
Contes, Peau d'Ane, « Une robe couleur du temps » —— 150
PETIT ROBERT 1, *Dictionnaire*, « Paon » —— 84
POE Edgar Allan (1809-1849), *le Scarabée d'or*, « Le scarabée d'or » —— 27
PONSON DU TERRAIL Pierre-Alexis (1829-1871), *Rocambole*, XII, « L'Enfant perdu » —— 195
POURNAPRÉMA, *les Contes de Ramayana*, « Le palais d'or de Swayamprabha » —— 146

QUENEAU Raymond (1903-1976), *Zazie dans le métro*, « Le cacocalo » —— 211

RENARD Jules (1864-1910), *Poil de Carotte*, « La révolte » — 103
ROY Claude (né en 1915), *Enfantasques*, « L'oiseau futé » — 41
RUSSEL Pat, *Alphabet décoratif* — 83

SABATIER Robert (né en 1923), *Trois Sucettes à la menthe*, « Les trésors de l'oncle Henri » — 12
Entretien — 108
SAINT-EXUPÉRY Antoine de (1900-1944), *le Petit Prince*, « La planète du buveur » — 47
SARTRE Jean-Paul (1905-1980), *les Mots*, « L'huître » — 15
les Mots, « Tu écriras » — 100
SIRIUS, *Mission à Byzance* — 248

TAGORE Rabindranath (1861-1941), *le Vagabond*, « Une étrange énigme » — 265
TARDIEU Jean (né en 1903), *le Fleuve caché*, « Les erreurs » — 223
THALY Daniel, *Poèmes choisis*, « Le vieil esclave » — 136

TOULET Paul-Jean (1867-1920), *Contrerimes* — 80
TOURNIER Michel (né en 1924), Entretien — 36
les Contes du Médianoche, « Le lièvre et ses oreilles » — 172
TROYAT Henri (né en 1911), Entretien — 256

VALLÈS Jules (1832-1885), *l'Enfant*, « L'île d'un Robinson » — 61
VERLAINE Paul (1844-1896), *Œuvres en proses complètes*, « Un héros » — 51
VERNE Jules (1828-1905), *Voyage au centre de la terre* — 22

WION Simone, COLBUS Jean-Paul, *Je Bouquine*, sept. 1989, « Vendredi ou la vie sauvage » — 236
WUL Stephan, *Niourk*, « Un enfant prodige » — 64

YOURCENAR Marguerite (1903-1987), *Quoi l'éternité ?* « Remords » — 112

INDEX THÉMATIQUE

La conversation

F. Ardant 202
F. Bebey 142
A. Chédid 178
J. Dutourd 6
P. Guth 70
Pef 232
R. Sabatier 108
M. Tournier 36
H. Troyat 256

La nature

L. Carroll 157
Collection « Mondes et voyages » 56
G. Finel, D. Sassier 8
L. Hémon 278
T. Owen 110
P. Russel 83

La vie quotidienne

B. Cendrars 46
H. Farémont (adapté par) 227
G. Finel, D. Sassier 17
S. Japrisot 135
J. de La Fontaine 224
G. de Maupassant 204
C. Michelet 221
D. Thaly 135

Le désert

G. Dumaine 50
J. Kessel 258
J. Martin, H. Chaillet 242
J. Coué 252

Le mystère

A. Dumas 134
J. et W. Grimm 192
P. Highsmith 138
M. Leblanc 28
Sirius 248
J. Verne 22

Les animaux

L. Aragon 90
R. Bach 132
H. de Balzac 163
Colette 67

R. Desnos 52
S. Lagerlöf 45
Petit Robert 1 84
C. Roy 41
P.-J. Toulet 80
M. Tournier 172

L'Histoire

E.-G. Bulwer-Lytton 271
Cicéron 86
J. Martin 247

L'amitié

R. Dahl 43
J. K. Jérome 126
R. Sabatier 12

L'amour

E. R. Burroughs 94
M. David, A.-M. Delrieu 182
F. Garcia Lorca 114
M. Pagnol 260

L'aventure

A. Bombard 53
Gauydefroy-Demonbynes (traduit par) 276
P. Godin 245, 238, 246
W. Golding 121
T. Groensten, J. Martin 236
Hergé 236
A. Mary (adapté par) 128
E. A. Poe 27
Pournaprema 146
A. de Saint-Exupéry 47
S. Wion, J.-P. Colbus 236

L'enfance

Alain-Fournier 280
J. M. Barrie 154
F. J. Burnett 268
F. Dolto 38
J. Dutourd 32
C. Laye 180
P. Loti 101
M. Pagnol 216
P. Pelot 192
Ponson du Terrail 195
R. Queneau 211
J. Renard 103
J.-P. Sartre 100

R. Tagore 265
S. Wull 64
M. Yourcenar 112

L'école

M. Aymé 98
H. Buten 122
R. Crompton 187
A. Frank 96
C. Garin 65
V. Hugo 219
Molière 207
Ngugi Wa Thiong'o 58
J. Vallès 61

L'humour

H. C. Andersen 49
G. Courteline 115
P. Godin 210
M. Gotlib 148, 249
M. Jacob 170
P. Verlaine 51

L'imagination

H. C. Andersen 152
M. Aymé 57
P. Boulle 274
L. Carroll 26
J. Cayrol 15
B. Cohen 24
R. Desnos 91, 214
Florian 199
C. Fourier 213
V. Hugo 75
M. Lemaître 222
P. Louÿs 156
M. Maeterlinck 174
G. Perec 196
C. Perrault 55
J.-P. Sartre 15
J. Tardieu 223

Princes et princesses

H.-C. Andersen 120
K. Blixen 144
R. Escarpit 88
J. et W. Grimm 158
G. Peignot 49
C. Perrault 151

INDEX NOTIONNEL

accents   45, 66, 102
action   136, 159, 173
adjectifs   278
alphabet   74, 78, 82, 83
appendice   252
articuler   226
auteur   21, 30, 31, 111, 137, 159

balayage   42, 54, 66
bande   234, 242-243, 252
bibliothèque   18
bulle   252

cadre   252
calligraphie   80
caractère   262, 264, 266
chapeau   25
comparaison   153, 275
consonne   209
coquilles   49
couleurs   147, 244-245, 262, 273, 279

début d'une histoire   31, 125, 135, 181, 184, 185, 193, 198
décor   145, 170
définition   88-89, 93
dénouement   151
description   191, 193, 279
dessin   244-245
détails   273
dialogue   117, 121, 136, 198
dictionnaire   16, 88, 93, 102

écriture   81, 83, 95, 97, 99-101
éditeur   31, 111, 136
enchaînement   243
épreuve   151
événements successifs   173, 181, 184, 186, 193, 198
exclamation   220
explication   130
expression des sentiments   102, 191, 218, 223, 226

faits et gestes   191, 196
famille des mots   85
fin d'une histoire   31, 125, 135, 181, 184, 186, 193, 198

guillemets   137

hiéroglyphe   74, 79
histoire d'un mot   85

illustration   21, 25, 31, 266, 273
imagination   66
incident   181, 184, 193, 198
indications scéniques   117, 137
inspiration   97
instruments magiques   163, 165, 171
intonation   226
introduction   125, 137

lieu   137, 147, 198
ligne   119
lumières   147, 273

majuscules   78, 102
maquettiste   31
mauvaise prononciation   206, 210, 213
merveilleux   147, 156, 173
méthode de lecture   40
milieu social   148
minuscule   78, 102
mise en page   31, 119
morale   155
morceaux choisis   125
mots déformés   206
mots raccourcis   206
mystère   147

narrateur   259, 262
niveau d'un texte   128, 137
notes de vocabulaire   111, 137

orthographe   85, 93, 102, 213

paragraphes   113, 119, 137
paroles   191, 196
pause   220, 226
pensées   191, 196
personnage   121, 128, 137, 145, 159
personnage principal   148, 193
phrase   44, 113, 119, 137, 153
plan   270
planche   234, 242-243, 252
poésie   153, 156
ponctuation   45, 66, 223
portrait   198, 259, 262, 264, 266, 279
prononciation   102, 209, 214-215, 226
publicité   25

question   130, 136, 157, 220

réaction   151, 191, 196, 198
relecture   54
repérage   42, 48
réplique   117
réponse   130, 136
résumé   21, 25, 29, 31
roman   14
rythme   66

scénario   186
sens des mots   85, 87, 102
sentiments   196-198, 262
situation   145, 155, 159, 173, 276
situation de départ   161
strophe   115, 120, 137
sujet d'un texte   128
superlatif   153
suspense   28, 93
synonyme   87, 90, 102

table des matières   31
technique du livre   10, 16
temps   145, 262, 273
tiret   137
titre   21, 26, 30-31, 66, 111, 137
ton   218, 220-223
ton d'un texte   128

unité d'un texte   128

vers   115, 120, 137
vignette   148, 234, 242-243, 245, 247-249, 252
voix   218, 223
voyelle   209

TABLE D'ILLUSTRATION

Pages		
6	ph ©	J. Robert/Gallimard-NRF
9-d	©	Droits réservés
9-g	©	Droits réservés
10	©	Kharbine/Tapabor
11	©	Beloit Italia – Photo MarkCom, Bruxelles
13-hg	©	Street and Smith Publishers, New York
	ph ©	Kharbine/Tapabor © Droits réservés, 1990
13-hd	©	Éd. Pierre Laffitte
	©	Kharbine/Tapabor © Droits réservés
13-mg	©	Street and Smith Publishers, New York
	ph ©	J.-L. Charmet
13-md	ph ©	Kharbine/Tapabor © Droits réservés
13-bd	©	Éd. Fume-Jouvet, 1878
	ph	J.-L. Charmet © Hatier © Droits réservés
14-h	©	Kharbine/Tapabor
14-b et 15	©	J.-L. Charmet © Hatier
16	ph ©	François Place/Savoir Livre
17	ph ©	J.-L. Charmet © Droits réservés
18	ph ©	Musées de la Ville de Strasbourg
19-h	©	A. Le Saux/Éd. Rivages, 1987
19-b	©	D. Chouaba
20		« Voyage au Centre de la Terre » de Jules Verne – Ill. de Enki Bilal et Jame's Prunier
	©	Éd. Gallimard-Folio Junior
21-h	ph ©	Dianne/Jerrican
21-b	ph ©	Pierre Michaud
23	ph ©	J.-L. Charmet © Hatier
24/25	ph	J.-L. Charmet © Hatier
	©	Bayard Presse – Je Bouquine 1986
26		Éd. Mac Millan, New York, 1886
	ph	J.-L. Charmet © Hatier
29	ph	J.-L. Charmet © Hatier
	©	Bayard Presse – Je Bouquine 1987
30-hg	©	Éd. Gallimard – Folio Junior
30-mg	©	Hatier
	©	Librairie Hachette
30-mm	ph	J.-L. Charmet © Hatier
	©	Éd. de l'Amitié – G.T. Rageot
30-md	©	Hatier
	©	by Éd. Denoël
33	©	C. Charillon, Paris
36	©	Gastaud/Sipa Press
39	©	R.M.N.
41-hg	©	Kharbine/Tapabor
41-bg	©	Kharbine/Tapabor
41-d	©	Dagli Orti
42	©	Hatier
	©	J.-M. Queneau © by ADAGP Paris, 1990
45	ph ©	J.-L. Charmet © Droits réservés
47	©	Éd. Gallimard
49	ph ©	J.-L. Charmet
	©	Gruppo editoriale Fabbri Bompiani Sonzogno Etas S.p.A.
50-h et b	©	Hatier © Droits réservés
51-h	©	Bayard Presse – Pomme d'Api, 1978
51-b	ph	J.-L. Charmet
	©	École des Loisirs, 1984
52	©	Carl-Henning Pedersen/Sechel Ramson
55	ph ©	Hatier
	©	Musée International de l'Imagerie Populaire, Épinal
56	ph ©	Fusterega/Jerrican
59	©	Hatier © Droits réservés
62	ph	J.-L. Charmet © Hatier © Droits réservés
67	ph ©	J.-L. Charmet
70	ph ©	Pelletier/Gamma
72	ph ©	Dagli Orti
73-h	©	Archives L'Hopitault
73-m	ph	R.M.N. – extrait du Catalogue « Naissance de l'écriture »
73-b	ph ©	Giraudon
74-h	ph ©	Dagli Orti
74-m	ph ©	Dagli Orti
74-b	©	R.M.N. – extrait du Catalogue « Naissance de l'écriture »
77	ph ©	Kharbine/Tapabor
78-h	ph ©	Archives L'Hopitault
78-b	ph ©	Kharbine/Tapabor
80	ph ©	Archives Hatier
83-h	ph ©	Hatier
	©	Bookking International
83-b	©	Stork Colorproofing
85	ph ©	J.-L. Charmet © Droits réservés
87	ph ©	Lauros-Giraudon
89	ph ©	J.-L. Charmet © Droits réservés
90	©	1990 M.-C. Escher Heirs/Cordon Art – Baarn, Holland
91	ph ©	Stadt Essen © Cosmopress © by ADAGP Paris, 1990
92	©	Collection particulière © by SPADEM Paris, 1990
93	©	Collection particulière © Droits réservés
95	ph ©	Édimédia
	©	1972, Edgar Rice Burroughs, inc. — All Rights Reserved
96/97	©	1990, by Anne Frank-Fonds et Cosmopress, Genève
99	©	Kharbine/Tapabor
100-h	ph ©	J.-L. Charmet © Hatier © Tullio Pericoli, 1990
100-b	ph ©	J.-L. Charmet © by ADAGP Paris, 1990
103	©	Archives Hatier © by SPADEM Paris, 1990
104	©	Archives Hatier © by SPADEM Paris, 1990
105	©	Archives Hatier © by SPADEM Paris, 1990
106	©	Archives Hatier © by SPADEM Paris, 1990
108	©	U. Andersen/Gamma
110	©	Courtesy by the Trustees of the National Gallery, London
115	©	J.-L. Charmet © Droits réservés
116	©	J.-L. Charmet © Droits réservés
117	©	J.-L. Charmet © Droits réservés
118	©	C. Charillon, Paris
119	©	Chaumat/Petit Format
120	©	J.-L. Charmet © Droits réservés
123	ph	J.-L. Charmet © Hatier © Droits réservés
124	ph ©	Gaillard/Jerrican
125	ph ©	Gaillard/Jerrican
127	ph	J.-L. Charmet © Hatier
	©	Thomas Nelson & Sons Ltd
129	©	Tim White
134	ph ©	Lauros-Giraudon
136	ph ©	T.W. Wood Art Gallery, Montpelier, U.S.A.
143	©	X/Droits réservés
145	©	Attila Mudrák/Archives Hatier
148/149	©	Dargaud Éditeur Paris, 1970 de Gotlib
150	ph	J.-L. Charmet © Hatier © Droits réservés
153	©	J.-L. Charmet © Droits réservés
154	ph	J.-L. Charmet © Hatier
156	©	Édimédia © Droits réservés
157	©	Collection particulière – J.-L. Charmet © Hatier
170	©	C. Charillon, Paris
172	©	Éd. Gallimard
174	ph	J.-L. Charmet © Hatier © ADAGP Paris, 1990
175	ph	J.-L. Charmet © Hatier © ADAGP Paris, 1990
176		J.-L. Charmet © Hatier © ADAGP Paris, 1990
178	ph ©	Ph. Simon/Gamma
180		J.-L. Charmet © Hatier
181	©	Gerster/Rapho
183	©	Anne Gold/Archives Hatier
185	©	Cabu
186-h		Collection les Cahiers du Cinéma
186-b	©	Dargaud Éditeur Paris, 1971, de Gotlib
188 et 189	©	Éd. Gallimard – Folio Junior
190 et 191	©	Éd. Gallimard – Folio Junior
195 et 196	©	Lauros-Giraudon
199	©	J.-L. Charmet
203		P. Robert/Sipa Press
204	©	Giraudon
208	©	Enguerrand/Steinberger
211	©	Lombard 90 – Attanasio
212-h	ph ©	Édimédia © Gallimard, 1976 © by ADAGP Paris, 1990
212-b	©	Hatier © J.-M. Queneau © by ADAGP Paris, 1990
214	ph	Hatier
	©	International Typeface Corp./Jill Tannenbaum
215	©	Hatier © Droits réservés
217	ph	J.-L. Charmet © Hatier © Droits réservés
219	©	Noël Blin/Petit Format
220-h	ph ©	Sarah Ney/Jerrican
220-mg	©	Limier/Jerrican
220-md	©	Kharbine/Tapabor
221	©	C. Charillon, Paris
225	ph	J.-L. Charmet © Hatier © by ADAGP Paris, 1990
227	ph ©	Édimédia
		Ce dessin a été réalisé par PEF pour son ouvrage « La belle lisse poire du Prince de Motordu » © Éd. Gallimard
233-h	©	J. Sassier/Éditions Gallimard
233-b		Extrait de « Attention chien marrant »
235	©	Jean Roba Sprl © Dargaud Benelux
236/237 :		
n° 1		Extrait de « Avec Alix »
	©	Jacques Martin – Thierry Groensteen/Casterman
n° 2		Extrait de « Les écorcheurs »
	©	Jacques Martin – Jean Pleyers/Casterman
n° 3		Extrait de « Sur la Route mandarine »
	©	Lombard 90 – Gine
n° 4		Extrait de « Le matin du monde »
	©	R. Leloup/Éd. Dupuis – Belgique
n° 5		Extrait de « Le Temple du Soleil »
	©	Hergé/Casterman
n° 6		Extrait de « Avec Alix »
	©	Jacques Martin – Thierry Groensteen – Casterman
n° 7		Extrait de « Yeren »
	©	by Wasterlain/Éd. Dupuis – Belgique
n° 8		Extrait de « Vendredi ou la Vie Sauvage »
	©	Bayard Presse – Je Bouquine 1989/Jean-Paul Colbus
n° 9		Extrait de « Le Pharaon Maudit »
	©	De Gieter/Éd. Dupuis
238-h	©	Le Patriote illustré, 1925 – Droits réservés
238-b		Extrait de « Le Sceptre d'Ottokar »
	©	Hergé/Casterman
239-h	©	Le Patriote illustré, 1925 – Droits réservés
239-m		Extrait de « Le Lotus Bleu »
	©	Hergé/Casterman
239-b		Extrait de « Le Sceptre d'Ottokar »
	©	Hergé/Casterman
240		Cassandre © by ADAGP Paris, 1990
240/241		Extrait de « Toutes voiles dehors »
	©	Hergé/Casterman
242/243		Extrait de « L'Oasis »
	©	Jacques Martin – Gilles Chailler/Casterman
244-h		Extrait de « Mission à Byzance »
	©	Sirius/Éd. Dupuis
244-b		Extrait d'« Astérix le Gaulois »
	©	1990 Les Éd. Albert-René/Goscinny-Uderzo
245-h	©	Hergé
245-b		Extrait de « Tintin au Tibet »
	©	Hergé/Casterman
246-g	©	Hergé
246-d	©	Hergé
247-h		Extrait de « L'Île Maudite »
	©	Jacques Martin/Casterman
247-b		Extrait de « Tiens bon la rampe »
	©	Graph-Lit
248-h	©	1990 Les Éd. Albert-René/Goscinny-Uderzo
248-m	©	Dargaud Éditeur Paris, 1982 de Mora et Goetzinger
248-bg	©	1990 Les Éd. Albert-René/Goscinny-Uderzo
248-bd	©	Lombard 90 – Cuvelier
249-h	©	Jacques Martin/Casterman
249-b	©	Dargaud Éditeur Paris, 1970 de Gotlib
250		Extrait de « Avec Alix »
	©	Jacques Martin – Thierry Groensteen/Casterman
253		Extrait de « L'infini des sables »
	©	Bayard Presse – Je Bouquine 1985/Daniel Ceppi
256	ph ©	Ciccione/Rapho
259	ph ©	Succession Henri Matisse, Paris, 1990
260	ph ©	Linder/Vloo
261	ph ©	Linder/Vloo
263	ph ©	J.-L. Charmet
265	ph ©	Bibliothèque Nationale, Paris
266	ph ©	Lefranc/Kipa
268	ph	J.-L. Charmet © Hatier © Droits réservés
270		J.-L. Charmet © Hatier © Droits réservés
273	ph ©	Dagli Orti
275	©	Tim White
278	ph ©	Édimédia © Dr Naomi Jackson Groves
280	ph ©	Archives Hatier
281	ph ©	Archives Hatier

Couverture : H. Matisse « Le silence habité des maisons », Vence 1947 – Huile sur toile, 61 × 50 cm.
© Succession Henri Matisse, Paris, 1990.

Nous remercions la bibliothèque « L'Heure Joyeuse » pour son aimable collaboration. Illustrations des pages : 13-bd, 14-b, 15, 26, 62, 127, 150, 154, 174, 175, 176, 180, 217, 225.

© DROITS RÉSERVÉS : malgré nos efforts, il nous a été impossible de joindre les artistes suivants ou leurs ayants-droit pour solliciter l'autorisation de reproduction, mais nous avons naturellement réservé en notre comptabilité les droits usuels : Louis Forton, p. 13-md ; Cana, p. 45 ; Félix Lorioux, p. 62, 150 ; Louise Bourgeois, p. 85 ; Doma et Kacs Romi, p. 89 ; Germaine Bouret, p. 93 ; Adrien Barrère, p. 115, 116, 117 ; E.G. Berne, p. 120 ; Margaret W. Tannant, p. 153, 154 ; Jill Tannenbaum, p. 214 ; Jacques Viotte, p. 215 ; Brunelleschi, p. 217 ; Honor C. Appleton, p. 268, 270.

Impression V. Bona s.r.l.
Dépôt légal n° 13118 - août 1992